Das Schwarz-Weiss-Buch der Mitarbeiter-Motivation

Arnold Lanz

Das Schwarz-Weiss-Buch der Mitarbeiter-Motivation

Copyright © 1998 by SmartBooks Publishing AG
Seestrasse 182, CH-8802 Kilchberg

Aus der Schweiz:	Tel. 01 716 14 24, Fax 01 716 14 25
Aus Deutschland und Österreich:	Tel. 0041 1 716 14 24, Fax 0041 1 716 14 25
http://www.smartbooks.ch	E-Mail: smartbooks@smartbooks.ch

ISBN 3-907601-02-5

1. Auflage 1998

Originalausgabe

Konzeption und Koordination:	SmartBooks Publishing AG
Lektorat	Peter Wolf
Layout:	Volpain
Gestaltung:	Kabeljau Design, St. Gallen

Alle Rechte vorbehalten. Die Verwendung der Texte und Bilder, auch auszugsweise, ist ohne die schriftliche Zustimmung des Verlags urheberrechtswidrig und strafbar. Das gilt insbesondere für die Vervielfältigung, Übersetzung, die Verwendung in Kursunterlagen oder elektronischen Systemen.

Der Verlag übernimmt keine Haftung für Folgen, die auf unvollständige oder fehlerhafte Angaben in diesem Buch zurückzuführen sind.

Übersicht

Einleitung	1
Kapitel 1 – Manager	7
Kapitel 2 – Typische Führungsformen	13
Kapitel 3 – «Management by»-Techniken	29
Kapitel 4 – Das haben wir jetzt davon…	49
Kapitel 5 – Das Unternehmensziel	59
Kapitel 6 – Die Motivationskriterien	83
Kapitel 7 – Motivationsfaktoren	95
Kapitel 8 – Führung im Informationszeitalter	125
Kapitel 9 – Fit für die Motivation durch Emotionen	135
Kapitel 10 – Ausblick	159
Anhänge	165
Buchprogramm	235
Index	247

Inhaltsverzeichnis

Einleitung — 1
Humutopia — 2
Alltag — 3
Vorwort — 4

Kapitel 1 – Manager — 7
Manager leben wie Könige — 8
Manager leben unsicher — 9
Manager fühlen sich berufen — 10

Kapitel 2 – Typische Führungsformen — 13
Die Autorität — 14
Der Antiautoritäre — 17
Der Patriarch — 18
Der Demokrat — 20
Der Homo oeconomicus — 23
Das Team und die Kooperation — 25
Zusammenfassung Führungsformen — 27
Quintessenz — 27

Kapitel 3 – «Management by»-Techniken — 29
Management by Objectives (MbO) — 30
Management by Results (MbR) — 33
Management by Exception (MbE) — 39
Management by System und Management by Information and Communication — 42
Management by Planning and Controlling — 45

Kapitel 4 – Das haben wir jetzt davon… — 49
Der Loyale — 50
Die graue Maus — 51
Der Dynamische — 52
Der Aufmerksame — 53
Weitere exemplarische Auswirkungen — 54
Was wir wirklich brauchen — 54
Was vielerorts versucht wird/Irrwege — 56

Kapitel 5 – Das Unternehmensziel — 59
Das Firmenleitbild — 60
Natürliche Ziele — 63
Das visionäre auf ein einziges Ziel gebündelte Bild — 65
Der Mensch als Ganzheit — 67
Das Aktivbild — 70
Ihr eigenes Aktivbild — 73
Die Konkretisierung — 76
Zukunftsvision Humutopia — 77

Kapitel 6 – Die Motivationskriterien — 83
Unternehmenskultur als Motivationsnährboden — 84
Arbeit ist Maloche — 86
Arbeit ist Vergnügen — 87
Die Bedürfnisse der Menschen als Motivationskriterien — 88
Die Rangfolge der Bedürfnisse — 89
Anerkennung und Lob als primäres Motivationskriterium — 91

Kapitel 7 – Motivationsfaktoren   **95**

Motivations-Stufenfolge *96*
Die Bedürfnispyramide nach Maslow *97*
Motivationsfaktor Selbsterhaltung *97*
Motivationsfaktor Sicherheit *99*
Motivationsfaktor Weiterbildung *101*
Motivationsfaktor Kommunikation *110*
Motivationsfaktor Anerkennung *114*
Motivationsfaktor Macht *120*
Zusammenfassung der Motivation *123*
Tabelle der Motivationsfaktoren *124*

Kapitel 8 – Führung im Informationszeitalter   **125**

Motivation gestaltet Arbeitsplätze attraktiv *126*
Der Motivationspegel *127*
Motivationsreize *132*

Kapitel 9 – Fit für die Motivation durch Emotionen   **135**

Die Ordnungsprinzipien des Hippokrates *136*
Erfolgreiche Menschen (Manager) setzen Emotionen ein *137*
Emotionale Kompetenz schulen *138*
Negative Emotionen überwinden *140*
Positive Emotionen pflegen *142*
Introvertiert / Extrovertiert *145*
Die emotionale Entwicklung *147*
Die Emotions-Skala nach Musil *150*
So nehmen Sie den Weg zur persönlichen Emotionalität unter die Füsse *152*
Die erfolgreiche Führungspersönlichkeit *154*
Den erfolgreichen Angestellten zeichnet aus *156*
Den erfolgreichen Chef zeichnet aus *157*

Kapitel 10 – Ausblick   **159**

Vorbilder *160*
Setzen Sie Ihr Unternehmen unter Strom! *162*

Anhänge   **165**

Anhang 1: Begriffe *165*
Anhang 2: Hierarchische Struktur eines Unternehmens *167*
Anhang 3: Psychologische Definition von Fachausdrücken *169*
Anhang 4: Manager haben einen schlechten Ruf *171*
Anhang 5: Praktische Illustration: Aus Hänschen wird Hans *173*
Anhang 6: Das Unternehmen mit anderen Augen sehen *183*
Anhang 7: So erwecken Sie Kreativität auch im Unternehmen *191*
Anhang 8: Unternehmensziel praktisch *199*
Anhang 9: Motivation *209*
Anhang 10: Hintergründe zum besseren Verständnis der Menschen *219*
Literaturverzeichnis *234*

Buchprogramm   **235**

Index   **247**

Dieses Buch widme ich all meinen Kunden und ihren Mitarbeitern.

Der Autor

 Arnold H. Lanz wurde 1945 in Bern geboren. Er lernte Kaufmann, bildete sich weiter und graduierte zum dipl. Wirtschaftsprüfer. Neben leitenden Linienfunktionen betreute er Hunderte von kleinen und mittelständischen Betrieben als Unternehmensberater. Dabei sammelte er Einblicke in viele tausend Berufs- und Privatalltage, und zwar vom einfachen Arbeiter bis zum Generaldirektor.

Gezwungen durch ein sogenannt unheilbares Leiden bildete er sich weiter zum kant. appr. Heilpraktiker. Heute verbindet er die Welt des Business und Managements mit der Welt der Fürsorge und Liebe und führt den Leser zu verblüffend einfachen Strukturen und Lösungen, in denen emotionale Kompetenz nicht bloss ein neues Schlagwort ist.

Einleitung

Humutopia

Als Unternehmer glauben und wissen wir, dass sich dank unseren stark motivierten, autonom und verantwortungsbewusst handelnden und denkenden Mitarbeitern unsere Unternehmensvision materialisiert. Wir erreichen unser Ziel dank der Tatsache, dass alle unsere Mitarbeiter, vom einfachen Hilfsarbeiter bis zum Generaldirektor, jeden Tag ihre geballte Intelligenz und Kreativität mit viel Freude und Lust einsetzen.

Brainpower ist das höchste Gut unserer Firma. Wir setzen alles daran, die positiven kreativ-mentalen und emotionalen Fähigkeiten nach besten Kräften weiter zu entwickeln. Sie sind für unseren Betrieb wertvoller als das logische, technisch-wissenschaftliche Fachwissen. Letztere Fähigkeiten können nötigenfalls kostengünstig ersetzt werden, die seelisch-geistigen Fähigkeiten aber sind selten wie Edelsteine und müssen über Jahrzehnte kultiviert werden. Sie garantieren uns, dass wir am Markt als lächelnde Sieger auftreten. Diese individuellen, positiven, persönlichen Charaktereigenschaften bauen wir laufend aus. Sofern und soweit negative Emotionalitäten auftreten, helfen wir den Mitarbeitern, diese zu überwinden.

Stark macht uns

- Das Denken und Handeln unserer Mitarbeiter, das genau mit dem Unternehmensziel übereinstimmt
- Die Freude, ja Begeisterung, mit der unsere Mitarbeiter zur Arbeit kommen
- Die Selbstsicherheit, Natürlichkeit und Zuvorkommenheit, mit der unsere Mitarbeiter gegenüber jedermann auftreten
- Die Offenheit und Flexibilität gegenüber allem und jedem, insbesondere auch gegenüber Neuem
- Die Kreativität, mit der täglich nach neuen, noch besseren Methoden gesucht wird
- Die stets geübte Toleranz und Lernwilligkeit aller Mitarbeiter
- Das neidlose Anerkennen von Leistungen anderer
- Die Natürlichkeit in der Annahme eines Lobes für eigene gute Leistungen
- Die Einigkeit und der Sinn für das gemeinsam Verbindende, wenn es gilt, optimale, zielgerichtete Lösungen anzustreben
- Das freiwillige Zurücksetzen der eigenen Person, sofern und soweit es das gemeinsame Ziel erfordert
- Das entschlossene Zupacken und initiative Vorwärtsstürmen, wenn es der gemeinsamen Sache dient
- Der unaufgeforderte, ja geradezu selbstlose Einsatz für die Unternehmensvision

Alle diese Eigenschaften erreichen wir, indem wir jeden einzelnen Mitarbeiter, unabhängig von Herkunft, Rasse, Geschlecht und beruflichen Fähigkeiten als völlig gleichwertig wichtigen Menschen behandeln. Unsere Mitarbeiter sind das mit grossem Abstand wichtigste und wertvollste Gut unseres Unternehmens. Sie zu fördern und zu unterstützen ist oberste und lohnendste Managementtätigkeit. Jeder einzelne Mitarbeiter soll seine geballten positiven Kräfte bei uns völlig frei und ungestört entfalten können.

Alltag

Wir sind ein technisch-wissenschaftlich orientiertes Unternehmen mit einer starken Marktstellung, die wir unserer überragenden Fachkenntnis, optimalen Organisation, klaren Struktur und engen Hierarchie verdanken. An diesen Werten halten wir unverrückbar fest.

Am Markt haben wir uns durch jahrelange Anstrengungen einen Vorsprung durch Technik und Fachwissen verschafft. Das ist, neben dem optimierten Einsatz von Kapital und Produktionsmitteln mit ein Verdienst modernster Produktions- und Bewirtschaftungsmethoden wie lean production und just in time. Die Zertifizierung nach nationalen und internationalen Normen brachte uns einen weiteren Schritt voran. Ebenso das ausgeklügelte Computersystem, das von der Kontrolle der Arbeitszeit der Mitarbeiter über die Produktionssteuerung bis hin zu Fakturierung und Leistungsabrechnung und Managementinformationssystemen reicht.

Als weiterer Beitrag zu unserem Siegeszug sind die straffe Hierarchie, die minutiös geregelten Arbeitsabläufe und die klare, eindeutige Managementmethode zu nennen. Diese letztgenannten Instrumente weisen jedem einzelnen Mitarbeiter seinen Platz im Gefüge des Unternehmens zu, regeln seine Aufgaben, Pflichten und Kompetenzen. Sie lassen keinerlei Zweifel über Zuständigkeiten aufkommen und unterbinden so alle eventuellen Reibungspunkte bereits im Keime.

Unsere Mitarbeiter sind hochqualifizierte Meister ihres jeweiligen Fachgebietes.

Sie stellen ihre Qualitäten unter Beweis durch

- Einsatz ihres Fachwissens
- Eine streng logische Denkweise
- Firmentreue
- Loyalität
- Kompetente, fachlich hochstehende Kundenbetreuung
- Korrektes Verhalten gegenüber Mitarbeitern
- Linientreue gegenüber Vorgesetzten

Ziel unseres Unternehmens ist der Ausbau unserer Marktstellung, eine gerechte Entlöhnung, die Sicherstellung unserer Angestellten im Alter und eine möglichst optimale Kapitalverzinsung für unsere Aktionäre. Wir befinden uns in einem ständigen Optimierungsprozess, der geprägt ist durch Umsatzausweitung einerseits und wettbewerbsgerechte, kostenbewusste Kalkulation andererseits. Wir setzen alles daran am Markt Spitze zu bleiben. Dafür sorgen nicht zuletzt unsere riesigen Werbebudgets, das Heer der fachtechnisch und verkaufspsychologisch geschulten Verkaufsmitarbeiter und unsere ständigen Produkteneuentwicklungen.

Unseren Erfolg verdanken wir unserer weitestgehend vollautomatisierten High-tech-Produktion, unserer straffen, klaren hierarchischen Struktur und unserem kompetenten, im Wettbewerb gestählten Management, das im Notfall rasch und unbürokratisch durchgreift.

Vorwort

Die Industrie, das Gewerbe, der Handel, die Dienstleistungen – sie alle sind unser Lebensnerv. Ohne sie ist unsere arbeitsteilige Kultur und unser Wohlstand nicht denkbar. Wir alle hängen in vielfältiger Weise davon ab.

Die Arbeitsprozesse, die alle diese Gebilde (Gewerbe, Industrie, Dienstleistung usw.) in Schwung halten, werden in vielen hunderttausend kleinen, mittelgrossen und grossen Unternehmen erbracht. Sie können deshalb als eigentliche Grundzellen unserer Kultur angesprochen werden. Hier geschieht die wirkliche Wertschöpfung und das Umsetzen der Idee in die Tat. Was passiert in den Unternehmen wirklich und welche Bedingungen herrschen in den Betrieben? Wer sind die Menschen, die das Ganze in Schwung halten? Unter welchen Bedingungen arbeiten sie?

Einerseits stehen die Unternehmen da als Vorzeigeobjekte: Wir haben es zu etwas gebracht, wir haben eine starke Industrie, wir verfügen über Arbeitsplätze, Technologien und Know-how. Dieses Bild wird in vielfältiger Art und Weise aufrechterhalten. Firmenjubiläen werden gefeiert, Pressemitteilung über Grossaufträge publiziert und Neuentwicklungen werden vorgestellt.

Andererseits sind die Unternehmen nicht selten die Buhmänner der Nation. Sie verschmutzen die Umwelt, sie stellen nicht genügend sichere Arbeitsplätze zur Verfügung und die Inhaber oder Manager werden schief oder neidisch angesehen.

Welches Bild ist richtig? Was sind die wirklich wichtigen Werte eines Unternehmens? Das Kapital, die Anlagen, das Know-how, die Mitarbeiter?

Wer sind die Menschen, die diese gegen aussen so verschlossenen Gebilde managen und steuern? Haben sie einen Einfluss auf den Ruf und das Auftreten in der Öffentlichkeit?

Einleitung

Dieses Buch ist für Sie als Manager, Boss, Chef oder Verantwortlicher eines Unternehmens geschrieben. Für Führungspersönlichkeiten, Männer und Frauen gleichermassen. Auch wenn die Frauen nicht immer direkt angesprochen werden sollten, das Buch ist genauso für sie.

Dieses Buch ist für Sie als Angestellter, Mitarbeiter oder Lohnempfänger eines Unternehmens geschrieben.

Dieses Buch ist sehr persönlich. Es spricht Sie als Vorgesetzte und/oder als Angestellte in vielen Passagen direkt und höchstpersönlich an. Viele dieser Stellen sind speziell gekennzeichnet und laden Sie ein, zu verweilen – und sich Ihre eigene Meinung zu bilden.

Das Buch nimmt Stellung für die Vorgesetzten, und es bezieht Stellung für die Angestellten. Es legt dar, was Vorgesetzte empfinden, aber auch, was Angestellte zum gleichen Thema denken. Zudem vertritt es die Ansicht der Anleger, der Kapitalgeber, der Sozialpartner, des Publikums.

Kein Wunder, ist das Buch kontrovers. Kein Wunder, werden Sie als Leser, je nach Ihren eigenen Interessen und Erfahrungen, viele der Darstellungen als Schwarz-Weiss-Malerei empfinden. Kein Wunder, werden dadurch gängige Klischees in Frage gestellt, neue Ansichten ausgeleuchtet und kontroverse Probleme tiefgründig analysiert.

Dieses Buch spricht Ihre Alltagssprache. Psychologische Begriffe werden zitiert, aber auch in Empfindungen, Auswirkungen und Folgen für Sie persönlich offen ausgebreitet, so dass sich jeder Leser direkt angesprochen fühlt.

Dieses Buch ist eine Herausforderung an Sie, Ihre persönliche Arbeit, die Arbeitswelt insgesamt, das Management und die Unternehmen als solche mit neuen Augen zu sehen.

Dieses Buch ist eine Herausforderung und Einladung an Sie, aktiv zu werden, das heisst, gewonnene Erkenntnisse in Ihr Leben aufzunehmen und umzusetzen. Sie werden nach dem Lesen nicht mehr der gleiche Mensch sein wie zuvor.

Gleichgültig, ob Vorgesetzter oder Untergebener, gleichgültig, ob Hilfsarbeiter oder Generaldirektor, gleichgültig, ob Schlosser, Sekretärin, Chemiker oder Verkäuferin: Dieses Buch wird Sie nicht kalt oder gleichgültig lassen.

Wenn Sie sich dies ersparen möchten, dann sollten Sie dieses Buch nicht lesen…

Kapitel 1
Manager

In diesem Kapitel lesen Sie

❖ Manager, also aktive, vorwärtsstrebende Menschen, haben uns viel gegeben und unsere Kultur stark beeinflusst.

❖ Heute allerdings sieht das Bild der Manager anders aus.

❖ Einige Menschen beneiden die Führungsleute wegen ihrer Position und Machtfülle.

❖ Andere Menschen sehen in ihnen die Buhmänner der Nation.

❖ Wiederum andere Menschen sehen, wie gefährlich Manager leben und wie ungenügend sie auf ihre Aufgabe vorbereitet sind.

Manager...

1.1 ...leben wie Könige

Der oberste Boss eines Unternehmens herrscht wortwörtlich wie ein König. Zieht er die Augenbrauen hoch, herrscht Alarmstimmung, schnippt er mit dem Finger, zucken hundert Angestellte zusammen, und wenn er hustet, dann fallen Mitarbeiter aus Ihren sicheren Stellungen. Ein Manager verfügt über unumschränkte Macht. Sein Wort gilt. Was er sagt, ist Gesetz. Ist er guter Laune, freut sich das ganze Unternehmen, ist er mieser Stimmung, ziehen dicke Wolken auf.

Neben dieser Machtfülle geniessen Manager eine Palette von Vorzügen: Ein hohes Salär, Vertrauen und weniger Kontrolle. So profane Dinge wie eine Stechuhr wird ihnen selten zugemutet. Sie geniessen also mehr Spielraum als das gemeine Fussvolk. Dazu kommen die Geschäftsreisen, die vielen Konferenzen, die Seminarbesuche und – ganz wichtig – die häufigen und wichtigen Repräsentationspflichten.

Die wohl angenehmste Seite des Managerlebens ist das Einheimsen von Erfolgen. Regelmässig, wenn das Unternehmen sich in irgend einer Disziplin hervorgetan hat, tritt der Manager ins Rampenlicht der Öffentlichkeit und nimmt die Ovationen entgegen. Dass nicht alles Eigenverdienst ist, das wird gelegentlich auch verschwiegen.

Eigentlich kennt so ein Managerleben keine wirklichen Probleme. Sollte der unwahrscheinliche Fall eintreten, dass trotzdem einmal etwas schiefläuft, dann gilt es, konsequent zu handeln und notfalls hart durchzugreifen. Es wäre ja noch schöner, wenn irgend so ein dahergelaufener schlafmütziger Angestellter den guten Ruf der Firma in den Dreck ziehen würde. Einzelschicksale mögen darunter leiden, aber im Interesse aller sind Opfer nun einmal notwendig.

Überhaupt gilt es, die Säulen der Tradition, die Firmenpolitik, die Hierarchie und das ganze interne Gefüge aufrecht zu erhalten. In der Vergangenheit hat es uns gross und stark gemacht. Wer daran rüttelt, ist ein Frevler. Zu diesen unverrückbaren internen Gesetzen gehören selbstverständlich auch Dinge wie die minutiöse Überwachung und Beurteilung der Leistung der Angestellten. So etwa Stempeluhr, Rapporte, Leistungsnachweise, Beurteilungsbögen, Qualifikationsgespräche und natürlich die Personalakte. Das Unternehmen zahlt einen generösen Lohn und blutet für die mannigfachen Sozialleistungen. Also kann es mit Fug und Recht auch eine gehörige Leistung erwarten. Es ist nachgerade eine Schande, wieviel kostbare Zeit ein Manager in die Führung der Mitarbeiter investieren muss. Fast scheint es so, als würde man nur noch unwillige und unzuverlässige Leute finden. Immer mehr ist die Tendenz zu spüren, dass den Leuten nichts mehr heilig ist. Hinter vorgehaltener Hand lachen sie sogar über hart erkämpfte Positionen. Wirklich, diese Seite des Managerlebens ist degoutant und auch etwas unter der Würde einer arrivierten Führungsperson.

Da sieht es in der Politik doch ganz anders aus. Nein, nein, nicht dass Sie jetzt denken, ich wäre neidisch auf die viele Publizität der Politiker. Aber man kommt doch etwas ins Grübeln, wenn man bedenkt, dass einige Volksrepräsentanten jede Woche oder fast jeden Tag einen Fernsehauftritt erhalten. Ja, als Kommissionsvorsitzender oder als Ratsmitglied hat man ganz offensichtlich noch viel grössere Repräsentationsverpflichtungen als ein gewöhnlicher Manager. Und eine solche Stellung macht auch unverwundbar. Schliesslich steht immer die ganze Kommission oder der ganze Rat hinter einem Beschluss. Da kann so gut wie nichts passieren. Als Manager kann man da nur sagen: Hut ab vor so viel Umsicht und Weitsicht.

1.2 ...leben unsicher

Wenn wir objektiv sein wollen, dann müssen wir die Manager unserer Tage eigentlich bedauern. Natürlich wollen wir meistens nicht objektiv sein, denn wir sehen ja ihre dicken Schlitten und das pralle Spesenkonto. Wir erleben sie in piekfeiner Schale, mit teuren Krawatten und Leder-Aktenkoffern. Aber wenn wir etwas genauer hinsehen, dann ist das alles meist sehr vergänglich. Haben wir nicht erst gestern wieder gelesen, dass der oberste Boss fristlos entlassen wurde? Ganz offensichtlich sind viele dieser Chefsessel richtige Schleudersitze. Kein Mensch weiss genau, wie sicher eine solche Position ist. Da stehen sie dann einsam, allein und unbedeutend, die ehemals stolzen Kapitäne unserer Wirtschaft. Viele von ihnen können von Glück sagen wenn sie bloss auf die Strasse fallen und nicht ins Gefängnis.

In der Tat ist die Grenze zwischen Freiheit und Gefängnis in sehr vielen Berufen ganz schmal. Das hängt mit unseren Gesetzen zusammen. Wir haben einfach zu viele davon. Der Strassenverkehr mag da als Beispiel dienen. Haben wir uns nicht alle daran gewöhnt, gelegentlich zu schnell zu fahren oder ein Stoppschild nicht so ganz ernst zu nehmen? Oder den Gurt zu vergessen? Solche Gesetzesübertretungen begehen wir meist nicht vorsätzlich, sondern gedankenlos, aus Unachtsamkeit.

Im Geschäftsalltag herrschen verschiedenste Gesetze: Arbeitsrecht, Kartellgesetze, Steuergesetze, Warenverkehrsvorschriften, Gesetze und Vorschriften zur Produktehaftpflicht, Gesetze zum Umweltschutz und tausend weitere spezifische Paragraphen. Dazu kommt internationales Recht.

Neben diesem Gesetzesdschungel bergen wirtschaftliche Entwicklungen ein riesiges Gefahrenpotential. Wer hätte jemals gedacht, dass die Immobilienpreise zusammenfallen würden wie ein Kartenhaus und dass die vielen gewährten Hypotheken einigen Immobilienspekulanten den Hals brechen würden? Gehörten nicht gerade die Immobilienprofis zu jenen Managern, die wir am meisten bewunderten? Sie verfügten über grenzenlose Geldmittel, hatten einen wunderbaren Draht zu Banken, und kauften millionenschwere Immobilien so häufig und so selbstverständlich wie wir gewöhnlich Sterblichen Brot und Butter. Was ist von ihnen übriggeblieben? In vielen Fällen ein Scherbenhaufen.

Aus wirtschaftlichen Interessen wurden Gesetze wohl zu allen Zeiten gebeugt. Mit der explosionsartigen Zunahme neuer Vorschriften hat sich dieser Zustand entsprechend mit entwickelt. Waren Gesetzesverstösse bis vor einigen Jahrzehnten Einzelfälle, gehören sie heute nahezu zum täglichen Leben. Wir haben uns daran gewöhnt. Es gibt auch Fälle in denen wir gar nicht anders können.

Obwohl der Gesetzgeber mit der Flut der Vorschriften versucht, Recht und Ordnung Geltung zu verschaffen, gelingt ihm gerade das immer weniger. Die Grenze zwischen Legalität und Kriminalität wird immer unschärfer. Die Inflation der Gesetze hat auch eine Inflation der Verstösse gebraucht. Es gibt so viele Schuldige wie Sand am Meer. Mehr und mehr gewöhnen sich die Menschen daran und nehmen es als gegeben hin. Schuldig zu sein wird ein Normalzustand. Gesetze, die fortwährend gebrochen werden, verlieren ihre Gültigkeit. Sie werden zu reinen Papiertigern. Die alle jene Unglücksraben beissen, die sich erwischen lassen und die alle jene lachen lassen, die glimpflich davon gekommen sind. Wir könnten mit diesem Zustand herrlich leben wären da nicht die Radarfallen. Ab und zu gefällt es der Polizei, Radarkontrollen zu machen. Da diese so ergiebig sind, werden sie unter dem Vorwand der Verkehrssicherheit auch häufig wiederholt. Das füllt den Staatssäckel und lässt sich in den Medien als Dienst an der Allgemeinheit verkaufen. So kommt als Resultat all dieser Gesetze etwas heraus, was wohl nicmand in dicscr Form wollte, nämlich ein Heer von Gesetzesbrechern. Das gilt nicht nur für den Strassenverkehr.

1.3 ...fühlen sich berufen

Viele Manager fühlen sich berufen oder gar auserwählt für ihre Führungsaufgabe. Sie mögen eine Fachausbildung genossen haben, so etwa ein Studium (Chemie, Jurisprudenz, Ingenieur oder Betriebswirtschaft) oder eine Lehre mit Meisterdiplom (Schreiner, Maschinenbau). Aber das Führen von Menschen an sich, das zu lernen erachten viele als nicht notwendig. Dazu fühlen sie sich von ihrer Veranlagung her berufen. In eine solche Aufgabe wachsen sie im Laufe der Zeit hinein. Das erscheint ihnen als völlig natürlicher Prozess, schliesslich sind sie auch im Privatleben, als Erzieher, in eine ähnliche Rolle hineingewachsen. Zudem wird eine ganze Reihe von Managementseminaren angeboten.

Genau dieses Bild zeigt eine vom Management-Zentrum der Universität St. Gallen in Auftrag gegebene Studie auf. Dort wird allerdings auch festgehalten, dass Manager eigentlich ein Beruf ist wie jeder andere auch, und dass man ihn lernen kann. Das Lernen bedeutet auch, dass man sich über häufig anzutreffende Ansichten wie z.B. das ergebnisorientierte Denken («Wichtig ist nur das Resultat, nicht, wie es zustandekommt») überdenkt. Jeder verantwortungsvolle Manager wird das auch – im Interesse all seiner Untergebenen – tun.

Weitere Ausführung zur zitierten Untersuchung finden Sie in Anhang 4: «Manager haben einen schlechten Ruf.»

Schlaglicht

Das Bild der Manager in der Öffentlichkeit ist zwiespältig: Von Neid über Vorurteile bis hin zu Ablehnung und Unterstellungen. Es ist ein Gebot der Stunde, sich mit dem Management gründlich auseinanderzusetzen.

Kapitel 2
Typische Führungsformen

Überall, wo Menschen zusammenleben und insbesondere da, wo sie zusammenarbeiten, bilden sich Führungsformen heraus.

In diesem Kapitel lesen Sie

❖ Das Wort Autorität löst wohl bei jedem Menschen unangenehme Gefühle aus. Die Autorität steht für Macht, Befehle, Zwang, Druck. Könnte diese Interpretation daher rühren, dass wir keine echten Führungspersönlichkeiten mehr haben?

❖ Die antiautoritäre Erziehung hat ihre Blütezeit hinter sich. In vielen Verkaufsabteilungen lebt sie fröhlich weiter.

❖ Der Patriarch gilt als ergrauter, tyrannischer Frauenhasser. Dabei könnte gerade er Vorbild im Sinne eines weisen, väterlich-zuvorkommenden Chefs sein.

❖ Die Demokratie wird im Westen hoch gelobt. In Unternehmen ist sie nicht praktizierbar, denn ein Unternehmen braucht klare, visionäre Entscheide und keine dogmatischen Machtkämpfe mit faulen Kompromissen.

❖ Der Homo oeconomicus als Wunschtraum verschiedener Theorien beantwortet die wohl wichtigste Frage nicht: «Warum sollte ein Mitarbeiter plötzlich ökonomisch für das Unternehmen denken?»

❖ Das Team und die Kooperation ohne flankierende Massnahmen sind potentiell gefährliche Instrumente, die den einzelnen Mitarbeiter abwerten und der Unternehmensführung die Verantwortlichen entziehen.

2.1 Die Autorität

Der Begriff «Autorität» wird im Geschäftsleben leider oft gründlich falsch verstanden. Rein theoretisch hat Autorität nichts mit Druck, Knechtschaft, Befehle durchsetzen und auch nichts mit starren Strukturen zu tun. Theoretisch ist eine Autorität eine Persönlichkeit, die durch sich selbst wirkt. Sie strahlt Kraft, Kompetenz, Zivilcourage, Unbestechlichkeit, Stimmigkeit und Richtigkeit der Handlungen aus. Eine Autorität ist eine Führungspersönlichkeit, die nicht durch Befehle, Zwang, Nötigung oder gar Erpressung, sondern schlicht und einfach durch das gute Beispiel führt. Sie geht voran, und ihre Anhänger folgen ihr nicht nur freiwillig, sondern richtiggehend begeistert. Ein autoritärer Chef ist ein immer und allüberall beliebtes, hoch geschätztes Vorbild für jedermann. Er nimmt gerne und von jedermann (ungeachtet der internen Stellung) einen Rat an. Er steht sich selbst nicht im Weg. Er leidet nicht unter verkorksten Würdevorstellungen und ist nicht statusgeschädigt. Bei, mit und für eine solche Persönlichkeit zu arbeiten, ist eine wahre Freude. Solche Arbeitsstellen sind auch ausserordentlich lehrreich. Sie sind weit von sklavenartiger Einengung oder Gleichmacherei entfernt.

In der Praxis wird Autorität mit Druck, Befehl und Macht gleichgesetzt. Selbst die Definition lautet «Geltung, Ansehen, Einfluss aufgrund der Leistung, Persönlichkeit oder Würde des Amtes». Könnte es sein, dass unsere Welt nur sehr wenige wirkliche Autoritäts-Persönlichkeiten kennt? Könnte es weiter sein, dass gerade deshalb der Begriff Autorität gründlich falsch interpretiert wird?

Sofern und soweit Autorität mit Struktur, Druck, hartem Durchgreifen usw. gleichgesetzt wird, muss bedacht werden, dass jeder Druck immer Gegendruck erzeugt. Diese Gegenbewegung mag lange auf sich warten lassen oder kann lange unterdrückt werden. Schliesslich aber behält sie doch die Oberhand. Der Fall des eisernen Vorhanges ist dafür ein gutes Beispiel.

Manager, die ihre Autorität auf Macht und Zwang aufbauen, leben aus diesem Grunde gefährlich. Gegendruckbewegung wird in den Untergrund gedrängt. So werden giftige Klapperschlangen und heimtückische Skorpione herangezüchtet, die nur darauf warten, zuzustossen. Da die Mitarbeiter nichts sagen, sondern nur mit unzufriedenen Gesichtern herumlaufen, ist das Ausmass der unterdrückten Wut und der Grad der Explosivität nicht erkennbar. Ausbrüche von autoritätsgeschädigten, gegängelten oder erpressten Mitarbeitern kommen immer unerwartet und im denkbar ungünstigsten Moment. Solche Sabotage- und Racheaktionen können relativ harmlos sein wie z.B. Buchungsfehler, Zerstörung von Werkzeugen, Computer-Virenprogramme. Aber es sind auch tragische und weitreichende Aktionen möglich wie z.B. Brandstiftung oder Mord.

Der autoritäre Führungsstil mag bereits einige Jahre auf dem Buckel haben, trotzdem eignet er sich für den Geschäftsalltag immer noch hervorragend. Jeder Unternehmer steht immer wieder vor dem Problem, dass er rasch reagieren muss. Das hektische Geschäftsleben verlangt Flexibilität und damit natürlich auch sofortige Entscheidungen. Einen Wettbewerbsvorteil kann sich heute nur jenes Unternehmen verschaffen, das auf jede nur denkbare Situation gezielt, sofort und schlagkräftig reagieren kann. Diesem Erfordernis stehen alle Ideen wie Teams, Demokratie, Kooperation und Kollegialität grundsätzlich, oft sogar diametral, im Wege. Alle die genannten Entwicklungen mögen eine gewisse Randberechtigung haben, insbesondere aus sozialer Sicht. Aber sie verhindern klare, eindeutige, rasche Entscheide und wirken auch störend, wenn es gilt, das Unternehmen auf Kurs zu halten. Wie bitte soll ein Unternehmen sein anvisiertes Ziel erreichen, wenn ständig alle möglichen Leute dreinreden und ihre Ideen einbringen? So kann niemals eine schlagkräftige Organisation aufgebaut werden.

Jede Organisation, die im heutigen harten Wettbewerb bestehen will, braucht klare, eindeutige Strukturen. Dazu gehört eine fest gefügte Hierarchie. Jeder muss seinen Platz ganz genau kennen, muss wissen, was er zu tun hat und wie weit er gehen darf. Eine solche Strukturierung ist nicht nur aus führungstechnischer Sicht wichtig, sie erspart darüberhinaus auch jede Art von Kompetenz- und Sinngehalt-Diskussion. Die klare Struktur erleichtert die Übersicht und ist eine wichtige Voraussetzung dafür, dass die Arbeit des Mitarbeiters kontrolliert und bewertet werden kann, denn solange jeder Mitarbeiter die ihm zugeteilte Arbeit richtig durchführt, funktioniert auch das Ganze. Sollte es in einem Unternehmen klemmen, dann lässt sich der Fehler rasch zur betreffenden Stelle zurückverfolgen.

Autorität schafft klare Verhältnisse. Autorität lässt sich leicht durchsetzen. Schliesslich sind die Aufgaben einer Stelle ja definiert. Also liegt es einzig und allein beim Mitarbeiter, ob sie erfüllt werden oder nicht. Sollten Abweichungen auftreten, kann gutes Zureden weiterhelfen. Bleibt der Mitarbeiter uneinsichtig, muss eine deutlichere Sprache gesprochen werden. Das kann ganz sachlich erfolgen, denn die Struktur und die Vorgaben als unbestechliche Messlatte sind ja eindeutig fixiert. Wird die vorgegebene Leistung nicht erbracht, muss natürlich auch über den Lohn nachgedacht werden. Was ist das Resultat solcher Massnahmen? **In den allermeisten Fällen passen sich die Mitarbeiter willig an, sie werden also zu einem guten Rädchen im Getriebe des Unternehmens. Damit bestätigt sich der autoritäre Führungsstil.**

Die Autorität, verstanden als Befehlsgewalt, ist heute längst überholt. Sie ist menschenunwürdig und wirkt auf die Angestellten deprimierend und erniedrigend, denn sie werden zu reinen Nummern oder Maschinen degradiert. In Verbindung mit starren hierarchischen Strukturen ist sie im höchsten Masse kontraproduktiv, denn sie lässt der Kreativität des Mitarbeiters keinen Raum. Aber nicht nur die Kreativität wird völlig abgewürgt, auch das normale Wissen und Können des Angestellten kommt zu kurz. In fast allen Fällen ist es doch so, dass der Mitarbeiter sehr viel mehr kann, als an seinem Arbeitsplatz von ihm verlangt wird. Denken wir beispielsweise an den Buchhalter, der Debitoren bucht. Er hat neben der ganzen Buchhaltung z.B. auch Sprachen gelernt und er ist zudem ein begeisterter Hobby-Angler. Er ist in die Firma eingetreten, weil sie Sportgeräte herstellt und vertreibt – unter anderem auch Anglerausrüstungen. Muss der Buchhalter in einer autoritären Firma arbeiten, ist ihm jede Möglichkeit verwehrt, seine Erfahrungen aus seinem Hobby z.B. mit dem Einkauf oder der Produktion auszutauschen, und so entgeht dem Betrieb wertvolles, praktisches Basiswissen.

Der autoritäre Führungsstil beruht auf Druck und Zwang. Nein, natürlich steht in unserem Zeitalter der Chef nicht mehr mit einer Peitsche neben seinem Angestellten. Trotzdem wird Gewalt ausgeübt. Sie erfolgt auf einer anderen, viel subtileren Ebene. Beispielsweise durch eine offizielle Rüge an einer Mitarbeiterversammlung. Oder durch Herabsetzung der Arbeit, durch Nötigung in Form von Androhung von Lohngesprächen, durch Arbeitsplatz-Versetzungen, durch Änderung der Aufgaben bzw. Kompetenzen und durch tausend weitere solche Grausamkeiten, oft auch Mobbing genannt.

Natürlich widersetzen sich die meisten Angestellten solchen autoritären Praktiken nicht. Sie sind in einer Zwangslage, denn sie sind auf die Arbeit und den Lohn angewiesen. Wird sogar offen mit Versetzung oder mit Lohnkürzungen gedroht, dann werden sie wohlweislich spuren.

Was also erhält der autoritäre Chef? Er erhält angepasste Duckmäuser, die ganz genau jenes Minimum leisten, das ihnen vorgegeben ist. Die Mitarbeiter sind frustriert und in höchstem Masse unselbständig. Sie zweifeln an ihrem Können und neigen zu Minderwertigkeitskomplexen und Depressionen. Sie sind wiederholt krank und leisten nur einen Bruchteil dessen, was sie wirklich leisten könnten. **Ein autoritärer Chef erhält sehr, sehr wenig für sein Geld. Er bezahlt ein volles Gehalt für ein Minimum an Leistung.**

SCHLAGLICHTER

Der Autoritäre ist ein Tyrann. *(Teufel)*

Der Autoritäre ist gefestigte, überragende Führungspersönlichkeit. *(Engel)*

- Erklärungen zu den verwendeten Begriffen finden Sie in Anhang 1, «Begriffe».
- Psychologische Begriffe werden in Anhang 3, «psychologische Definitionen von Fachausdrücken» aufgelistet.

2.2 Der Antiautoritäre

Die antiautoritäre Erziehung ist eine Form des Erziehungsverhaltens, das auf Jean-Jacques Rousseau zurückgeht und in Deutschland als Gegenbewegung zu institutionalisierter und repressiv-autoritärer Erziehung verstanden wurde. Von dieser Erziehungsmethode verspricht man sich eine autonome Entwicklung des Kindes, eine grosse Entfaltungsmöglichkeit, Kreativität und eine Enttabuisierung auch sexueller Normen. Gleiche Prinzipien wurden auf die Berufsausbildung und den Berufsalltag übertragen.

Der Antiautoritäre kann auch im Geschäftsleben mit unterschiedlichen Augen gesehen werden.

Die antiautoritäre Erziehung fördert die Individualität einer Persönlichkeit wie keine andere Methode sonst. Sie ist eine der wichtigsten Voraussetzungen für Kreativität, Spontaneität, Entfaltungsmöglichkeit, Selbstvertrauen und Lebensfreude. Der Antiautoritäre mag sich vielleicht nicht so leicht einordnen in einen Betrieb, da er sich weit weniger in Schemata pressen lässt als ein autoritär erzogener und ausgebildeter Mitarbeiter. Dafür ist der Antiautoritäre der geborene, vorwärtsstürmende Macher. Er sprüht vor lauter Dynamik, passt sich neuen Trends spielerisch und rasch an und ist jederzeit in. Er eignet sich hervorragend als Verkäufer, insbesondere wenn es darum geht, bestehende Festungen einzurennen. Der ist ein echter Türknacker und meist auch ein unverderbliches Stehaufmännchen. An der richtigen Stelle eingesetzt ist der Antiautoritäre ein richtiger Dynamo für den Fortschritt.

Antiautoritär erzogene Menschen sind ungehobelte, unzivilisierte Flegel, die rücksichtslos den eigenen Egoismus ausleben. Dem Antiautoritären fehlen die primitivsten Umgangsformen, er ist sozusagen im Schnellzugstempo durch die Kinderstube gerast. Er hat weder Respekt noch Achtung vor Einrichtungen oder der Würde des Mitmenschen. Er hat nie gelernt, seine eigenen Gefühle und Emotionen zu beherrschen, sondern lebt alle seine Triebe frei aus wie ein wildes Tier. Ihm ist es völlig gleichgültig, ob jemand oder wer darunter leidet, Hauptsache ist, er kann seinen eigenen Willen durchsetzen und sich selbst profilieren. Der Antiautoritäre ist weit von echter, zielgerichteter Dynamik entfernt. Er ist labil, hält weder Abmachungen noch Zeiten ein. Er missachtet alle Regeln und Gebote, ist unzuverlässig und unbeständig. Werte oder gar Traditionen bedeuten ihm nicht das geringste, oft legt er es sogar darauf an, sie vorsätzlich zu missachten oder zu torpedieren. Alle seine Energie konzentriert er immer und ausschliesslich auf ein einziges Ziel: Die Befriedigung seines Egos. Alles, was ihm dabei im Wege steht, wird rücksichtslos und mit allen Mitteln – auch mit roher Gewalt – vernichtet und in den Boden gestampft.

Der Antiautoritäre ist meist nicht belastbar. Trifft seine Vorstellung auf Widerstand, reagiert er bockig oder zornig. Er verhält sich oft auch mimosenhaft, ist rasch eingeschnappt und beleidigt, wenn sein Verhalten in Frage gestellt wird. Er hat nie gelernt, auf andere Rücksicht zu nehmen oder sich selbst in Frage zu stellen. Tun das andere, fällt er in ein riesiges Loch von Selbstzweifeln und verstrickt sich in widersprüchlichste Gefühle, aus denen heraus er völlig unberechenbar handelt.

Wird er in einer Firma eingesetzt, wird er deren Ruf innerhalb kürzester Zeit zu Schanden reiten. Wird er im Verkauf eingesetzt, wird er Kunden noch und noch verprellen, denn die erwarten neben höflicher Bedienung auch Aufmerksamkeit und Entgegenkommen – mithin Eigenschaften, die dem Antiautoritären so fremd sind wie dem Normalsterblichen die Marsmännchen.

SCHLAGLICHT

Der Antiautoritäre ein ist dynamischer Macher.	(Teufel)
Der Antiautoritäre ist verantwortungsloser Rüpel.	(Engel)

2.3 Der Patriarch

Das Patriarchat wird in unserer Zivilisation gleichgesetzt mit Sexismus und sozialer Benachteiligung der Frauen. In der Industriegesellschaft stand das Patriarchat für überragende und unumstrittene Dominanz der Männer gegenüber den Frauen, und zwar, obwohl die Damenwelt verfassungsmässig die gleichen Rechte hatte wie der Mann. Das Patriarchat wurde ein Synonym für Sexismus, Aggression, Krieg und Vernichtung der natürlichen Umwelt.

Bei diesem Hintergrund ist es nicht weiter verwunderlich, dass der patriarchalische Führungsstil in praktischen allen Unternehmen verschwunden ist – zumindest dem Namen nach.

Die Abneigung und die Vorurteile gegen den Patriarchen kommen höchstwahrscheinlich nicht von ungefähr, sondern basieren wohl auf ausgeübtem Machtmissbrauch. Dass das Patriarchat heute von der ganzen Gesellschaft nicht nur geächtet, sondern nachgerade verteufelt wird, muss aber als Überreaktion eingestuft werden. Genau wie bei der Autorität hat auch das Patriarchat viele Vorteile – vorausgesetzt, der Patriarch ist eine Autorität im Sinne einer gefestigten Persönlichkeit und kein Egoist oder Tyrann.

Auch im Unternehmen kann der Patriarch in zwei sehr unterschiedlichen Formen auftreten.

Der Patriarch ist nichts weiter als ein verkappter, sehr autoritär herrschender Diktator, der zu allem Überfluss meistens auch noch ein Frauenhasser ist. Er verfügt über ein ausgeprägtes Geltungsbedürfnis, unter dem jeder Mitarbeiter zwangsläufig zu leiden hat. Er ist selbstherrlich und gefällt sich in der Rolle des Paschas, lässt sich also bedienen – und zwar bevorzugt von der Damenwelt. Dass das Patriarchat noch lange nicht ausgestorben ist, wird in jedem Büro sichtbar, in dem die Sekretärin ihrem Chef den Kaffee holt. Der Patriarch gefällt sich in einer königlichen, übermächtigen Rolle. Jedermann, der mit ihm in Berührung kommt, muss sich klein und unbedeutend vorkommen. Tut er das nicht, wird er zusammengestaucht und auf seinen Platz verwiesen. Dabei umgibt sich der Patriarch mit dem Nimbus der Weisheit. Er sieht sich als Oberhaupt. In diese Rolle ist er aufgestiegen kraft seiner männlich überragenden Intelligenz. Seine Stellung ist unantastbar, weil sie gottgewollt ist und zwar durch Geburt. Selbstverständlich folgt daraus, dass er auch unfehlbar ist. Rat oder Unterstützung von Dritten hat er nicht nötig, insbesondere nicht von Frauen. Er ist allwissend und hat jederzeit den Überblick.

 Der Patriarch ist ein wohlwollender, väterlich fürsorgender Chef, der alle seine Mitarbeiter achtet und nur das Beste für sie will. Er fühlt sich für sie verantwortlich, hilft ihnen, ihre Aufgabe zu erfüllen, schult sie und betreut sie wie ein verantwortungsbewusster Vater. Das Wohlergehen der Mitarbeiter – und zwar jedes einzelnen – liegt ihm wirklich am Herzen. Beim Patriarchen findet jeder Mitarbeiter jederzeit nicht nur eine offene Türe, sondern auch ein offenes Ohr. Da die Mitarbeiter das Wohlwollen des Vorgesetzten spüren, vertrauen sie ihm neben beruflichen auch persönliche und private Sorgen an.

Der Patriarch setzt sich für seine Mitarbeiter ein. Er ist sehr darauf bedacht, dass sie ihre Arbeit reibungslos erledigen können. Ihm liegt viel daran, dass sich die Angestellten wohl fühlen. Die Mitarbeiter danken es ihm durch Fleiss und Leistung. Es fällt ihnen leicht, sich mit dem Unternehmen zu identifizieren, fühlen sie sich doch rundum gut aufgehoben. Sie gehen freudig zur Arbeit und treten zuvorkommend, überzeugend und kompetent auf. Es gibt keine Reibereien unter den Mitarbeitern, da jeder einzelne wichtig ist und jeder genügend individuelle Betreuung erfährt.

Der Vorgesetzte ist weniger Übervater als vielmehr nachahmenswertes Vorbild. Die Mitarbeiter werden sich hüten, ihren Chef zu enttäuschen. Für ihn gehen sie notfalls auch durchs Feuer.

Schlaglicht

Der Patriarch ist ein frauenhassender Tyrann. *(Teufel)*

Der Patriarach ist ein verantwortungsbewusster, wohlwollend liebevoller Übervater. *(Engel)*

2.4 Der Demokrat

Die Demokratie geht begrifflich auf die Antike zurück. In Griechenland waren drei Staatsformen bekannt, nämlich die Monarchie (die Herrschaft einer Einzelperson, z.B. eines Königs), die Oligarchie (die Herrschaft einer Gruppe) und die Demokratie, die als Herrschaft des ganzen Volkes verstanden wurde. Die Volksherrschaft wurde erstmals in Athen im Jahr 462 v. Chr. verwirklicht. Sie kam allerdings nicht in reiner Form vor, denn es gab auch Sklaven ohne politische Bürgerrechte. Trotzdem hat sich die Demokratie als die heute vorherrschende Staatsform durchgesetzt, insbesondere in westlichen Ländern. Zu den Grundprinzipien dieser Staatsform gehören Gleichheit der Bürger vor dem Gesetz, Entscheidungen durch Mehrheitsprinzip, Schutz der Minderheiten und die Freiheit der Meinungsbildung. In den meisten Staaten Westeuropas wird nicht etwa die reine, sondern die repräsentative Demokratie gelebt, d.h. gewählte und abwählbare Vertreter des Volkes üben die Staatsgewalt aus.

Auch in der Wirtschaft wurde und wird mit demokratischen Methoden und Modellen experimentiert. Dabei hat sich im Laufe der Zeit eine ständige «demokratische» Institution herausgebildet, nämlich der Betriebsrat, den jeder grössere Betrieb kennt. Diese mit Mehrheitsbeschluss gewählten Vertreter der Mitarbeiter vertreten die Anliegen der Arbeiter auf der Ebene der Geschäftsleitung. Interessant zu wissen ist, dass die Organe des Betriebsrates in vielen Ländern nur dank gesetzlichen Regelungen existieren. In diesem Sinne ist es also eine dem Unternehmen mit Staatsgewalt aufgezwungene Demokratie. Allein diese Tatsache zeigt, wie demokratisch unser Wirtschaftsleben ist...

Überlegen wir uns für einen Moment, wie die Demokratie in einem Betrieb aussehen könnte:

Nur in der Demokratie kann dem wohl vornehmsten und gleichzeitig klügsten Grundsatz, nämlich dem «Primus inter Pares» (erster unter gleichen) nachgelebt werden. In jedem Unternehmen ist regelmässig viel Wissen und Können vereint. Diese geballte Intelligenz kann in hierarchisch strukturierten Betrieb viel zu wenig genutzt werden. Für das Unternehmen ideal ist, wenn die Mitarbeiter die Klügsten und Erfahrensten unter ihnen in die Geschäftsleitung wählen. Aus der Mitte dieses hochkarätigen Gremiums wird dann der wirklich Beste als Oberhaupt gewählt. Alle Beschlüsse werden unter Beachtung des Mehrheitsprinzips gefasst, der Primus fungiert dabei als Zünglein an der Waage, wenn ein Unentschieden droht.

In dieser demokratischen Führungsform ist jedes Mitglied der Geschäftsleitung gleich viel wert. Er ist immer auch, neben der ehrenvollen Führungsaufgabe, ein ganz gewöhnlicher Mitarbeiter. Da jeder gleich viel wert ist, gleichgültig, ob er der Geschäftsleitung angehört oder nicht, gibt es auch keinerlei Ränkespiele, Machtkämpfe oder Kapitalzwänge bzw. -rücksichten. Die ganze menschliche Schaffenskraft, Intelligenz, Kreativität und der ganze Leistungseinsatz können so vollumfänglich zum Wohle des Unternehmens genutzt werden. In diesem Sinne ist die Demokratie die klügste Managementform überhaupt.

 Die Demokratie ist eine für die Wirtschaft denkbar ungeeignete Methode. Man braucht sich bloss den Schlamassel in der hohen Politik anzusehen, um zu wissen, was man von diesem sogenannten Führungsstil zu halten hat: Die gewählten Vertreter sind eher selten wirklich überragend intelligente Menschen, von Primus inter Pares ganz zu schweigen. Zwar werden mit unvorstellbar hohem Einsatz an Geld und Arbeitseinsatz Wahlen durchgeführt, aber das Endergebnis ist meist mehr als enttäuschend. Kommt dazu, dass viele Politiker weit davon entfernt sind, charakterlich gefestigt zu sein. So lesen wir in der Presse fast täglich von Bestechung, Korruption und beruflichen oder privaten Fehltritten.

Auch ist die Entscheidungsfindung in politischen Gremien für jedes Unternehmen ein Horrorszenario sondergleichen. Kommissionen und Einzelpersonen, die keifen und feilschen wie Marktweiber, sind meilenweit von der Idealvorstellung eines Managers entfernt. Kein Unternehmen kann es sich leisten, Entscheidungen auf die lange Bank zu schieben. Zudem herrscht in jedem Unternehmen Kostendenken vor: Gremien, Ausschüsse, Sitzungen, die nicht selten reinen Machtspielen oder Ausscheidungskämpfen dienen, kann sich ein Unternehmen, das im Wettbewerb steht, schlicht und einfach nicht leisten. Profilneurotiker ebenfalls nicht. In den allermeisten Fällen ist das auch gut so, denn politische Gremien finden nur selten zum Optimum. Als Resultat aus den unterschiedlichen, oft rein dogmatischen Ansichten resultieren nicht selten Lösungen, die man im besten Fall als faulen Kompromiss bezeichnen kann.

Es ist leider eine Tatsache, dass der an sich hehre Gedanke der Demokratie in den niederen Gefilden des Tagesgeschäftes regelmässig unter die Räder kommt. Diese Räder heissen Kapitalabhängigkeit, Egoismus, persönliches Machtstreben und Streben nach Publizität und Ansehen. So wird die Demokratie nicht nur torpediert, sondern ad absurdum geführt. **Sollte theoretisch einer für alle stehen, müssen in Tat und Wahrheit nicht selten alle für einen leiden.**

Die Demokratie, so wie sie heute gelebt wird, hat einen weiteren gravierenden Nachteil, an dem sie längerfristig zugrunde gehen wird: Der Mangel an Verantwortung. Fehlentscheidungen in der Politik werden unter den Teppich gekehrt, Fehlinvestitionen verschwiegen oder verniedlicht und Missbräuche möglichst verheimlicht. Kommt doch einmal etwas ans Licht, wird dementiert, abgestritten oder mit Sachzwängen begründet. Verantwortliche finden sich selten. Können Sie sich erinnern, wann zum letzten Mal ein politisch Verantwortlicher zur Rechenschaft gezogen wurde? Wann eine Gehaltskürzung stattfand? Eine Herabstufung oder Versetzung? Jeder Betroffene weist Schuld mit viel Entrüstung weit von sich. Man verschanzt sich hinter einer Partei, einem Gutachten oder dem Fehlverhalten der Opposition. Die Demokratie in der heute gelebten Form leidet ganz offensichtlich an mangelndem Verantwortungsbewusstsein. Das wird ihr das Genick brechen, denn die Bürger werden zusehends mündiger. Und je mehr sie hinter die Kulissen sehen, um so staatsverdrossener werden sie.

Dass sich die Demokratie überhaupt so lange halten konnte, ist dem Umstand zu verdanken, dass den Verantwortlichen das Verbreiten ihrer eigenen Version des Geschehens (um nicht zu sagen, das Vertuschen und Verschleiern) leicht gemacht wird. Niemand sonst erhält so viel Eigenwerbung und Publizität wie die Politiker. So können sie ihre eigenen Ansichten dem Volk immer und immer wieder einhämmern und ihre Hände nachhaltig in Unschuld waschen.

In einem Unternehmen können solche Praktiken nicht oder nur sehr beschränkt angewandt werden. Meistens sehen und hören die Angestellten einfach zu viel, denn sie sind zu nahe am Geschehen. Wenn die Eigeninteressen aber nicht so gut kaschiert werden können, dann ist das Risiko, zur Verantwortung gezogen zu werden, zu hoch. So machen «demokratische» Spiele in einer Unternehmung auch aus dieser Sicht wenig Sinn.

SCHLAGLICHT

| Die Demokratie ist die zivilisierteste Form des Zusammenlebens. | (Teufel) |

| Die Demokratie ist ein Eldorado für Machtbesessene und Profilneurotiker und bringt nichts ausser faulen Kompromissen. | (Engel) |

2.5 Der Homo oeconomicus

Der Homo oeconomicus ist eine Definition, die sich im Harzburger Modell und im DIB-Modell findet. Das Harzburger Modell beschreibt den Führungsverantwortlichen als eine vollkommene, integre, wirtschaftlich denkende Persönlichkeit. Als Idealvorstellung ist es ein Angestellter, der an der Entwicklung des Unternehmens das genau gleich grosse Interesse hat wie der Inhaber selbst.

Das Harzburger Modell ist ein umfassendes betriebswirtschaftliches Modell mit Betonung der Unternehmensorganisation. Die Hierarchie wird strukturiert, der Aufbau des Unternehmens festgelegt, die Abläufe durchleuchtet. Es werden umfassende Planungen dargestellt, wobei auf das Instrument der Delegation grosser Wert gelegt wird. Insgesamt gesehen ist das Harzburger Modell ein gutes Lehrbeispiel der Betriebswirtschaft. Zwar wird viel Rüstzeug angeboten, aber es wird nicht definiert, wie der «Homo oeconomicus» zu seiner wirtschaftlichen Denkart bewegt werden könnte. Genauer gesagt: Wie soll jeder einzelne Mitarbeiter dazu bewegt werden, rigoros zu sparen und zwar auch bei sich selbst? Damit wird das Prinzip mehr als durchlöchert.

Mehr oder weniger auf dem gleichen Gedankengut aufbauend sind im Laufe der Zeit weitere europäische Techniken entwickelt worden, so etwa das DIB-Modell, das vom deutschen Institut für Betriebswirtschaft in Zusammenarbeit mit grossen Firmen erstellt wurde. Hier wird der erkannte Mangel des Harzburger Modells korrigiert, d.h. das DIB basiert nicht so sehr auf einer starren, festen Reglementierung, sondern formuliert das Führungskonzept wie folgt: «Der Wechsel ist das einzig Beständige.» Das darf als Fortschritt gewertet werden, denn Führungskräfte sind heute mehr denn je gefordert, sich anzupassen, flexibel zu reagieren, die ständige Herausforderung anzunehmen und mit konkreten, individuell passenden Lösungsmöglichkeiten zu antworten. Das DIB-Modell hat in diesem Sinne viele positive Ansätze, die gut in unsere schnellebige Zeit passen.

Ergänzend sei auf das SIB- (Schweizerisches Institut für Betriebsökonomie) und auf das NPI-Modell (niederländisches Institut für Betriebspädagogik) hingewiesen. Alle diese Modelle gewichten einzelne Bestandteile der Betriebswirtschaftslehre etwas anders. So trägt das SIB-Modell dem sozialen Gedanken stärker Rechnung, das NPI-Modell legt zudem Gewicht auf die Unternehmensentwicklung bzw. -Geschichte.

Im Unternehmen ergeben sich verschiedene Auswirkungen:

Endlich ist ein Modell gefunden, das die Mitarbeiter fordert und in den Unternehmens-Prozess einbindet. Sie stehen nicht länger abgesondert als Almosenempfänger da, sondern sie können mit ihrem Einsatz die wirtschaftliche Entwicklung der Firma direkt mitbestimmen. Jeder einzelne hat es in der Hand, zum Gedeihen des Unternehmens beizutragen. Diese Möglichkeit wird er mit Freude annehmen, sich voll und ganz einsetzen und das Unternehmen zur Blüte bringen.

Vorbei ist die Zeit, in der die Mitarbeiter gedankenlos zur Arbeit kamen, ihre Handgriffe mechanisch ausführten und den Feierabend herbeisehnten. Jetzt arbeiten sie Seite an Seite mit dem Inhaber und unterstützen ihn mit Rat und Tat.

Alle diese Modelle und die daraus abgeleiteten Erwartungen sind reines Wunschdenken des Unternehmers, denn kein Modell beantwortet die wohl wichtigste Frage: «Warum sollte der Mitarbeiter plötzlich unternehmerisch denken?» So bleiben die Modelle trotz aller Raffinesse und Korrektheit rein technische, seelenlose Instrumente, die den Menschen als abstrakte Schachfigur sehen, die fast beliebig auf dem Papier hin und her geschoben werden kann. Die Mitarbeiter werden in Form von Menschenmaterial eingeplant. Zwar werden Ansätze und Versuche in

Richtung Sozialverträglichkeit und Humanität gemacht, aber am Prinzip der Machtausübung wird nicht gerüttelt. Ebensowenig an Organisation, Hierarchie und Struktur. Es bleibt bei der Definition von Zielen, Vorgaben und Kontrolle des geplanten Outputs. Wenig und nichts von Kreativität, Eigenentwicklung oder Einsatz des vollen Wissens und Könnens.

Zudem wird von der völlig realitätsfremden Annahme ausgegangen, dass die Mitarbeiter in Betriebswirtschaft geschult werden, um sich so zum Homo oeconomicus zu entwickeln. Kein Unternehmen hat die Mittel, Kraft oder Möglichkeit, alle Mitarbeiter in Wirtschaftswissenschaften schulen zu lassen. So ist nicht nachvollziehbar, wie das an sich wünschenswerte ökonomische Denken realisiert werden könnte. Für Lohn und gute Worte allein entwickeln sich Angestellte nicht zu Mitinhabern bzw. Mitdenkern.

SCHLAGLICHT

Der Homo oeconomicus ist ein Wunschtraum der Theoretiker. *(Teufel)*

Der Homo oeconomicus ist der einzige sozialverträgliche Führungsansatz.
(Engel, aber ein sehr blauäugiger Engel)

2.6 Das Team und die Kooperation

Beim Harzburger Modell, beim DIB-Modell und beim demokratischen Stil haben wir Ansätze in Richtung Team und Kooperation gesehen. Deshalb liegt es nahe, dieses Denken, losgelöst von althergebrachten Schemata, zu vertiefen. Genau das wird heute vielerorts getan, werden doch beispielsweise Fliessbandarbeiten neu in Gruppen- oder Team-Aufgaben umgeformt. Die Produktion besteht dann nicht mehr aus Hunderten von Einzelarbeiten, sie wird vielmehr in vorausdefinierte Teilbereiche aufgeteilt, deren Bewältigung verschiedenen Teams obliegt.

Im Unternehmensalltag entwickelt der Teamgedanke erstaunliche Resultate:

Das Team ist eine zukunftsgerichtete Arbeitsform, denn sie kommt dem Individuum entgegen. Der einzelne muss nicht mehr für sich alleine kämpfen, er steht nicht mehr einsam da, sondern ist in der Gruppe aufgehoben. Treten Probleme auf, springt das Team für ihn ein. Er wird getragen und umsorgt und kann seinerseits Grossmut und Einsatz zeigen, wenn ein Kollege Probleme hat. Durch das Zusammenarbeiten lernen sich die Mitarbeiter auch viel besser kennen. Die gegenseitige Wertschätzung wird gefördert. Spezialkönnen kommt zum Tragen und kann ausgenutzt werden.

 Der einzelne leidet unter der Gruppe, denn eine erbrachte Leistung ist nie mehr sein Verdienst allein. Der Spezialist wird abgewertet. Es besteht auch kein Anreiz mehr zu Sonderleistungen. Lob erhält die Gruppe als Ganzes. Anerkennung wird für den Angestellten anonym und kann nicht mehr oder nur noch beschränkt persönlich empfunden werden. Damit fällt der wohl wichtigste Motivator für die Arbeit flach.

☺ ☺ ☺

In der Gruppenarbeit muss sich jeder Mitarbeiter weit tiefer entblössen als bei Einzelarbeit, d.h. die übrigen Teammitglieder lernen den einzelnen genau kennen inklusive alle seine Marotten und Schwächen. So stärkt das Team den einzelnen nicht, sondern macht ihn unsicherer und vor allem viel verletzlicher. Subtilen Angriffen wie Beleidigungen, Tratsch, Hohn, Spott und Mobbing ist damit Tür und Tor geöffnet, denn sie treffen jetzt hundertprozentig.

☺ ☺ ☺

Auch aus Sicht der Unternehmensleitung ist das Team nicht ideal, denn bei Fehlern kann sich der einzelne hinter der Gruppe verstecken, d.h. niemand kann mehr konkret zur Rechenschaft gezogen werden. Wird die ganze Gruppe bestraft, wird die Ungerechtigkeit gefördert, denn nicht alle sind gleichermassen schuldig. Strafe baut somit Unzufriedenheit auf, denn nicht jedes Teammitglied hat die Grösse, Fehler des anderen zu verzeihen oder sogar mitzutragen. So bauen sich Aggressionen innerhalb eines Teams auf, die sich sehr negativ auf die Qualität und die Produktivität der Gruppe auswirken.

Schlaglicht

| Team und Kooperation sind zukunftsgerichtete Arbeitsformen. | (Teufel) |

| Team und Kooperation entwerten das Individuum und fördern die Verantwortungslosigkeit. | (Engel) |

2.7 Zusammenfassung Führungsformen

Die Führungformen auf einen Blick:

Führungsform	Positive Ausgestaltung	Negative Ausgestaltung
Die Autorität	Umsichtige, charakterlich gefestigte Führungspersönlichkeit	Machtbesessener Tyrann oder Despot
Der Antiautoritäre	Dynamischer Macher	Labiler, unzivilisierter Egoist
Der Patriarch	Liebevoller Übervater	Frauenhassender Chauvinist
Der Demokrat	Bringt die Klügsten an die Macht	Profilneurotiker liefern faule Kompromisse
Der Homo oeconomicus	Umsichtiger, von sich aus ökonomisch denkender Mitarbeiter	Soziologisch-ökonomischer Deckmantel für knallharte hierarchische Machtstrukturen
Das Team, die Kooperation	Der einzelne wird von der Gruppe getragen	Der Spezialist wird abgewertet, Lob wirkt unpersönlich, Einzelverantwortung fehlt

2.8 Quintessenz

Wie wir gesehen haben, steckt in jedem der genannten Modelle ein Kern Weisheit. Mit etwas gutem Willen liesse sich dieser jeweilige Ansatz auch leicht zur tragenden Fläche ausdehnen, so dass einige der genannten Formen für den Führungsalltag eines Managers durchaus denkbar wären. Leider muss hier ein «wären» und nicht ein «sind» stehen, denn alle Methoden und Formen werden umgehend torpediert von menschlichen Eigenschaften wie Machtgelüste, Geltungsdrang, Ehrgeiz, Egoismus, Uneinsichtigkeit, Sturheit, Unbelehrbarkeit, Korruption und insbesondere auch Geldgier.

So bleibt als Schlussfolgerung die Einsicht, dass Modelle und Formen wenig bis nichts bringen. Sie bleiben vielmehr der Mode und dem Zeitgeist unterworfene Klassierungen oder Hüllen ohne wirklichen Inhalt. Jede dieser Hüllen trägt heute ein Etikett, d.h. ist gezeichnet und damit für eine Neuorientierung oder eine

Neufüllung mit anderem Sinngehalt verloren. Was im einzelnen Unternehmen unter einem Etikett wirklich vor sich geht, bleibt dem Aussenstehenden verborgen. Das mussten und müssen auch heute Millionen von Stellensuchenden erfahren, stimmt doch der Inhalt des Alltages oft überhaupt nicht überein mit dem Text des Stelleninserates und den Worten beim Vorstellungsgespräch. Das wahre Klima und der wirklich gelebte Führungsstil in einem Unternehmen zeigt sich ungeschminkt nur dem direkt Betroffenen, dem Mitarbeiter. Damit ist auch gesagt, dass das wahre Verhältnis zwischen Vorgesetzten und Mitarbeitern viel weniger von Namen oder technischen, politischen oder wissenschaftlichen Formen abhängt als vielmehr vom menschlichen Verhalten im Alltag. Und dieses wiederum ist nichts mehr und nichts weniger als Charaktersache. Zuerst einmal des Vorgesetzten, aber auch des Mitarbeiters.

SCHLAGLICHT

Für die innermenschlichen Beziehungen im Unternehmen (Mitarbeiter unter sich, Angestellte zu Führungspersonen usw.) ist die Betriebswirtschaftslehre die falsche Wissenschaft am falschen Ort.

SCHLAGLICHT

Nicht die Form, sondern der Mensch, der die Form füllt, ist entscheidend. Stile und Techniken sind Schall und Rauch, das Verhalten der Verantwortlichen erweckt sie zum Leben.

Die BWL stellt mit den Formen Autorität, Demokratie usw. zwar Gefässe zur Verfügung, aber sie hat keinen Einfluss darauf, wie, durch wen und womit diese Gefässe gefüllt werden. Das lässt sich am Beispiel der Autorität gut demonstrieren. Dieses Gefäss ist, rein theoretisch betrachtet, von hohem und unzweifelhaft positivem Gedankengut getragen. Über Jahrzehnte wurde das Gefäss aber für persönliche Machtdemonstrationen missbraucht, so dass es heute allerorten mit Zwang, Macht und Druck gleichgesetzt wird.

Die Wirtschaftswissenschaft hat diese Situation natürlich längst erkannt. Deshalb wurden Führungslehren entwickelt, die als «Management by»-Techniken bekannt sind. Sie erheben den Anspruch, neben den rein betriebswirtschaftlichen Gesichtspunkten auch psychologische Grundwahrheiten mit zu berücksichtigen.

- Erklärungen zu den verwendeten betriebswirtschaftlichen Begriffen finden Sie in Anhang 1.
- Eine Darstellung hierarchischer Strukturen ist in Anhang 2 wiedergegeben.
- Erläuterungen zu psychologischen Begriffen sind in Anhang 3 enthalten.

Kapitel 3
«Management by»-Techniken

Die Betriebswirtschaftslehre hat viele Techniken entwickelt, die das Führen von Menschen regeln und erleichtern sollen.

In diesem Kapitel lesen Sie

❖ Management by Objectives setzt ein klares, einfach zu kontrollierendes Unternehmensziel voraus.

❖ Management by Results ist leicht zu kontrollieren, ist aber potentiell gefährlich, denn es züchtet Unehrlichkeit.

❖ Management by Exception zerstört mit Sicherheit jeden letzten Rest von allfällig noch vorhandenem Goodwill oder Motivation der Angestellten.

❖ Management by System fördert die Unselbständigkeit und vergrault die aktivsten Mitarbeiter.

❖ Management by Information and Communication wird oft als Machtinstrument missverstanden.

❖ Mangement by Planning and Controlling fördert einen aufgeblähten Controllingapparat, der keinen messbaren Nutzen bringt. Es züchtet zudem Besserwisser und Tyrannen unter den Mitarbeitern.

3.1 Management by Objectives (MbO)

Das «Management by Objectives» dürfte die wohl bekannteste Führungstechnik sein. Sie kommt aus Amerika und wird hierzulande oft fälschlicherweise als Management durch Ziel-Vorgabe übersetzt. Könnte es sein, dass die Technik so übersetzt wird, weil es der gängigen Praxis entspricht? Ist es nicht so, dass auf der Chef-Etage Ziele festgelegt werden, die danach den Untergebenen vorgegeben werden?

Objectives sind Ziele, und zwar eigentlich gemeinsam anzustrebende und somit auch gemeinsam zu definierende. So sollte die Übersetzung vielmehr «Zielvereinbarung» als Zielvorgabe lauten. Zwischen diesen unterschiedlichen Übersetzungen liegen Weltanschauungen, nämlich, um nochmals politische Begriffe zu bemühen, die Diktatur (Zielvorgabe) und die Demokratie (Zielvereinbarung).

Das MbO, richtig verstanden und angewandt, hat ein riesiges positives Potential, denn es regelt eines der wichtigsten Dinge in einem Unternehmen: Die gemeinsame Zielsetzung. Viele kleinere Unternehmen geben sich selbst keine Rechenschaft darüber, was sie sind, wo sie stehen und was sie erreichen wollen. Zwar mag in den Köpfen der Führungsleute eine Vorstellung vorhanden sein, aber sie wird meist nicht zu Papier gebracht und leider wird ihr auch nur selten konsequent nachgelebt. Zudem fehlt oft das Allerwichtigste: Die allenfalls im Kopf des Inhabers vorhandene Idee dringt nicht bis zum Fussvolk vor.

In Grossunternehmen existieren natürlich schriftlich fixierte Leitbilder, die nicht selten sogar publiziert werden. Liest man diese Zielumschreibungen, ist man irgendwie unangenehm berührt und man weiss nicht so recht, soll man es als futuristische Fiktion, als Werbetext oder als Kopie eines Textes der Konkurrenz ansehen. Die Leitbilder der Grossen sind so allgemein und so unverbindlich, dass wohl kein einziger Mitarbeiter dieser Firmen in der Lage ist sie im Alltag konkret umzusetzen. Und damit verfehlen sie jede Wirkung. Oder noch schlimmer: Sie verunsichern nicht nur die Leser sondern insbesondere auch die eigenen Angestellten.

Ob es sich um ein KMU (kleine und mittlere Unternehmung) ohne schriftliches Leitbild oder um eine Grossunternehmung mit Zielumschreibung auf Hochglanzpapier handelt, beide verfehlen das eigentliche Potential. Das Ziel muss nämlich erstens visionär sein (und zwar sowohl für die Vorgesetzten als auch für die Angestellten) und es muss zweitens so konkret sein, dass jeder einzelne (vom Generaldirektor bis hinunter zur Putzfrau) ganz genau weiss, was er an seinem Platz tun kann und muss, damit dieses Ziel erreicht wird. Ein so verstandenes MbO ist von der Praxis, in der meist bloss Umsatzziele formuliert werden, so weit entfernt wie der Mond von der Erde. Aber nur ein gemeinsam definierte Ziel einerseits und die daraus abgeleitete konkreten Aufgaben und Unterziele für jede Stelle andererseits generieren die für das Gelingen notwendige Motivation. Nur ein so formuliertes und eingesetztes MbO wirkt als Turbobeschleuniger der Leistungsfähigkeit. Werden diese wichtigen Voraussetzungen (gemeinsame Vereinbarung und Aufgliedern auf Einzelstellen) nicht erfüllt, kann man sich die ganze Arbeit ruhig sparen.

Die heute vielerorts anzutreffende MbO-Praxis definiert Ziele beispielsweise als Umsatzgrösse, Kosteneinsparung oder anzustrebender Deckungsbeitrag. Solche Ziele werden nicht selten willkürlich fixiert: Beim Umsatz wird ein Plus von x Prozent erwartet, bei den Kosten eine Reduktion und beim Deckungsbeitrag eine Verbesserung. Damit wird MbO lebendigen Leibes kastriert. Chefs, die so vorgehen, schaffen Totgeburten. Sie killen jede Art von Motivation, Leistungsbereitschaft und Arbeitsfreude. Sie setzen auf Druck, Verpflichtung und Zwang. Meistens wird gleichzeitig auch der «Tarif durchgegeben», wie es so schön heisst, d.h. es werden Massnahmen angedroht für den Fall der Nichterfüllung. Damit verbreiten sie viel Widerwillen, Frust, Ärger und auch Angst.

Das alles ist weit vom Potential des echten MbO entfernt. Steht das MbO eines Mitarbeiters in Verbindung mit einem realistisch-visionären Unternehmensziel, dann entwickelt es eine Schubkraft und Motivation, die immer wieder Erstaunen hervorruft. MbO wirkt motivierend, fördert die Arbeitsfreude, generiert Leistung und lässt Mitarbeiter kreativ denken. MbO enthält ein riesiges leistungssteigerndes Potential, das sich dem erschliesst, der es richtig anwendet.

Damit MbO funktioniert, bedarf es eines Umdenkens auf der Führungsebene. Nicht die Angestellten sind schuld, wenn sie die Ziele nicht erreichen. Es sind die Chefs, die nicht in der Lage sind, wirklich planerisch und kooperativ-menschlich zu denken. Sie lassen die elementarsten menschlichen Bedürfnisse ausser acht. Das ist ausserordentlich schade, denn wir sind hier an einem zentral wichtigen Punkt angelangt, den ich als praxisbezogene Psychologie bezeichne. Ziele berühren generell etwas Urmenschliches, tief Innerliches, das auf Befehle stur reagiert und vor Manipulation höllisch auf der Hut ist. Wird dieser hochsensible menschliche Punkt nicht richtig angesprochen, ist alles verloren, denn der ganze Mensch geht blitzartig auf Abwehrstellung. Jeder Mensch nimmt diese Abwehrhaltung meist völlig unbewusst ein. Sie ist eine urmenschliche Schutzreaktion und kann durch nichts übersteuert oder übertölpelt werden.

Ich gebe gerne zu, dass wir hier nicht mehr über Wirtschaftswissenschaft, sondern über Psychologie sprechen. Ich gebe weiter zu, dass es nicht ganz einfach ist, diese Zusammenhänge zu erkennen und dass das herkömmliche einfache Festlegen von Zielen viel rascher erledigt ist. Das alles ist richtig. Wohin es geführt hat, dürfte auch bekannt sein: Die Mitarbeiter sind frustriert, leistungsschwach, unkonzentriert und desinteressiert. Haben Sie sich über solche Punkte nicht auch schon oft beklagt? Gehen Sie nochmals über die Bücher, bevor Sie sich das nächste Mal beklagen. Versuchen Sie MbO richtig anzuwenden, denn es kann alle diese Nachteile vermeiden

Aber kehren wir nochmals zurück zum springenden Punkt. Er liegt, wie wir gesehen haben, in der menschlichen Seele. Jeder Mensch trägt in seinem Herzen eine tiefe innere Sehnsucht, in seinem Leben etwas wirklich Grosses und Bedeutendes zu leisten. Etwas, wofür er Anerkennung und Lob erhält. Etwas, von dem man noch spricht, wenn er bereits gestorben ist. Wenn er das findet, dann wird er sich dafür mit Haut und Haaren einsetzten. Dafür geht er buchstäblich und wortwörtlich durchs Feuer. Dafür entwickelt er ein Kreativitätsfeuerwerk, eine Begeisterung und einen unermüdlichen Einsatz, wie er im Buche steht.

Lieber Chef, vergleichen Sie jetzt bitte die von Ihnen gesetzten Ziele (z.B. Erhöhung des Deckungsbeitrages) mit dieser tief verinnerlichten Sehnsucht Ihrer Mitarbeiter. Erkennen Sie, wie das von Ihnen befohlene Ziel auf den Mitarbeiter wirkt? Es ist wie eine tüchtige, schallende Ohrfeige! In den Ohren hallt es noch lange nach, das Gesicht ist flammend rot und der Schmerz gräbt sich tief ein und rumort immer weiter. Zu allem Überfluss haben Sie ihm auch gesagt, was er zu erwarten hat, wenn er das Ziel nicht erreicht: Weitere Backpfeifen! Können Sie sich vorstellen, wie Ihr Mitarbeiter das von Ihnen gesetzte Ziel hasst? Er führt die Arbeit höchstens deshalb aus, weil er doch einen gewissen Berufsstolz hat und insbesondere, weil er auf den Verdienst angewiesen ist. Also widerwillig, der Not gehorchend, mehr schlecht als recht.

Bedenken Sie jetzt, dass Sie Ihre Mitarbeiter entlöhnen müssen. Sie bezahlen also ein Gehalt für eine minimale Leistung.

Das «Management by Objectives» ist eine einfache und leicht zu praktizierende Methode. Jeder logisch denkende Mensch kann die Vorteile dieser Methodik rasch erkennen, denn mit ihr lassen sich eindeutige, leicht kontrollierbare mengen- und wertmässige Ziele vorgeben. Das MbO passt deshalb hervorragend in die hierarchische Struktur eines Unternehmens, lassen sich doch die anzustrebenden

Werte ebenfalls hierarchisch gliedern. Zudem gestaltet sich die Kontrolle der Ziele denkbar einfach. Die ganze Führungsaufgabe beschränkt sich auf die Kontrolle einiger weniger Schlüsselzahlen. Das ist mit einer der grössten Vorteile von MbO. Das Kontrollieren und Steuern von grossen Unternehmen ist erst dank dieser Technik möglich geworden.

MbO unterstützt alte, traditionelle Werte wie klare Führung durch eindeutige Befehle. Dank dieser Methoden sind viele Unternehmen gross und stark geworden. Dank solcher Werte können die Unternehmen auch in Zukunft bestehen und den harten Konkurrenzkrampf bestehen. Gefühlsduselei hilft niemandem, im Geschäftsleben zählen Fakten und Taten. Emotionale Waschlappen haben in dieser harten Männerwelt nichts zu suchen.

MbO ist auch stark praxisbezogen. Viele Chefs haben einen übervollen Schreibtisch. Sie führen einen ständigen Kampf mit der Flut von Aufgaben. Da kommt die einfache Methode, Ziele ein für alle Mal festzulegen, gerade recht. Wo kämen wir auch hin, würden wir mit jedem Mitarbeiter lange diskutieren, womöglich feilschen und all die möglichen Ausreden, warum die Ziele nicht erreicht werden können, auch noch anhörten? Dazu ist schlicht keine Zeit. Und überhaupt: Die sollen arbeiten! Man weiss ja, was bei all der Konferenzitis herauskommt: Nichts ausser unproduktiver Zeit. Und was all das Gefasel über Psychologie und Menschenführung angeht: Ist es nicht so, dass der stärkste Antrieb eines jeden Menschen Geld ist? In unseren Zielen ist eine Leistungsprämie mit enthalten. Also ist unser MbO ein ausgewogenes, für jeden Mitarbeiter sehr lukratives und ansporndendes Führungsinstrument. Es bietet auf beiden Seiten des Tisches viele Vorteile: Der Unternehmer kann die Ziele einfach, eindeutig und rasch vorgeben. Dem Angestellten winken profitable Prämien. So ist beiden Seiten gedient.

Schlaglicht

Zielvorgaben mögen sich gut ausnehmen auf Hochglanzpapier. Sie zu befehlen bewirkt Ärger, Frust und Widerwillen.

3.2 Management by Results (MbR)

«Management by Results» (Management durch Resultate, Ergebnisse) ist dem MbO vergleichbar. Auch hier werden Ziele gesetzt. Allerdings handelt es sich in aller Regel um Kostenziele. Die Methode wird oft auch mit «Management durch Erfolg» übersetzt, wobei unter Erfolg immer das Erreichen des gesetzten Kostenzieles, des gewünschten Umsatzes oder des vorgegebenen Deckungsbeitrages verstanden wird. «Management by Results» wird oft in klar abgegrenzten Betriebseinheiten, so beispielsweise in Abteilungen, in Profit Centers und in Divisions eingesetzt.

«Management by Results» hat die gleichen Vor- und Nachteile wie MbO. Für den Vorgesetzten ist es eine ganz einfache und schön übersichtliche Methode, für den Angestellten ist es Zwang und Verpflichtung ohne grosse Motivationskraft. So bleibt alles beim alten und im gutbürgerlichen Durchschnitt. Mit anderen Worten: Der Angestellte bemüht sich. Also trifft der nur allzu bekannte Spott «Gibt sich, macht und hat Mühe» wohl öfter genau ins Schwarze.

Dabei fordert diese Methode Resultate oder sogar Erfolge. Was assoziieren Sie mit diesen Worten? Für mich stehen sie für Dynamik, Sprengkraft, Bewegung. Erfolg verbinde ich mit einem wahren Feuerzauber an Aktivität, Ideenreichtum, Kreativität und Innovation. Der aussenstehende Betrachter (Kunde, Konkurrent) muss von diesem Feuerzauber genau so fasziniert (Vorsicht: fasziniert, nicht geblendet!) sein wie der Betrachter eines Feuerwerkes an einem Seenachtsfest. Erfolg ist gekonnt grandios, überraschend innovativ, fesselnd, perfekt, professionell und es spricht alle unsere Sinne an, so dass wir nur eine einzige Reaktion kennen: Wir klatschen vor Begeisterung in die Hände, springen in die Luft, schreien laut Hurra. Das ist Erfolg. Erreichen Sie das mit Ihrem MbR?

«Management by Results» ist stark ergebnisorientiert. Es kann also nicht ausbleiben, dass irgendwann das Ergebnis auf dem Tisch liegt. Da Planung nie ganz genau sein kann, werden auch Abweichungen nicht ausbleiben. So beginnt das grosse Schuldzuweisen. Und damit nicht selten eine Ungerechtigkeit, denn der Mitarbeiter musste ja mit den Steinen mauern, die ihm zur Verfügung standen. In einer Produktionseinheit muss er zwangsläufig den vorhanden Maschinenpark verwenden. Dafür werden ihm interne Kosten angelastet, die er in aller Regel nicht beeinflussen kann. Auch ist er abhängig beispielsweise von der Avor, die möglicherweise in seinen Augen alles andere als optimal funktioniert. Mit anderen Worten ausgedrückt: Zwar erscheint das MbR auf den ersten Blick als einfach kontrollierbar, in Tat und Wahrheit enthält es eine Menge Zünd- und Diskussionsstoff.

MbR eignet sich hervorragend zur Führung von Entities (Betriebseinheiten), können doch Deckungsbeiträge vorgegeben werden. Solche Schlüsselzahlen sind für beide Seiten nachgerade ideal. Der Vorgesetzte hat wenig Arbeit, d.h. er kann die Situation jederzeit auf einen Blick kontrollieren. Der Angestellte hat einen grossen Spielraum, er ist völlig frei, wo und wie er den Hebel ansetzt sei es auf der Ertrags- oder der Kostenseite. Damit geniesst der verantwortliche Mitarbeiter einen sehr grossen Freiraum. Er kann sich und sein Können unter Beweis stellen, und er schöpft viel Motivation aus seiner Aufgabe, denn das Resultat entschädigt ihn immer wieder.

Kapitel 3 «Management by»-Techniken

MbR öffnet Raubrittern Tür und Tor. Nicht die langfristige Entwicklung der Firma, nicht das gemeinsame Ziel stehen im Vordergrund, sondern der kurzfristige Profit. MbR fördert die Skrupellosigkeit jener Karrieremenschen, die die Firma des Arbeitgebers als Sprungbrett und Leistungsausweis benützen für ihre eigenen Ziele. Sie werden mit viel Tricks und unter Ausnützung aller vorhanden Ressourcen ein Bombenresultat herbeizaubern. Dieser Ausweis verschafft ihnen eine noch besser bezahlte Anstellung, und Sie als Firmeninhaber bleiben auf einem ausgebluteten Scherbenhaufen sitzen. Da Sie als Vorgesetzter nur das Resultat kontrollieren, haben Sie keine Chance, sein Tun rechtzeitig zu entlarven. Nach und nach werden Sie durch Kündigungen der Angestellten, durch Kundenreklamationen und durch übergrosse Reparaturrechnungen der Anlagen merken, was wirklich gespielt wurde.

In diesem Beispiel wird die Problematik von Führungsmethoden aus einem anderen Blickwinkel beleuchtet. Das Beispiel ist bewusst einfach gehalten.

Nehmen wir an, Herr Stich ist ein ausgewiesener Buchhalter und wird von einer Treuhandfirma neu eingestellt. Seine Aufgabe ist es, Kundenbuchhaltungen nachzuführen, abzuschliessen und die Kunden in Steuer- und Sozialversicherungsabrechnungen zu beraten bzw. zu unterstützen. Das Anstellungsgespräch läuft etwa so: «Herr Stich wir sind eine sehr liberale Unternehmung. Sie werden ohne Einschränkung in unser Team aufgenommen, Sie erhalten einen eigenständigen Arbeitsbereich und wir lassen Ihnen in der Bewältigung Ihrer Aufgabe weitestgehend freie Hand. Sie geniessen bei uns viel Vertrauen. Wir verfügen über eine ausgebaute Infrastruktur, Computeranlage und schöne Büroräumlichkeiten.» Tönt gut, nicht wahr? Findet Herr Stich auch, also nimmt er die Stelle an. Die letzten beiden Sätze des Arbeitgebers hatte er dabei rasch vergessen. Sein zukünftiger Chef sagte nämlich noch: «Fühlen Sie sich wie zu Hause, denn wir sind wie eine grosse Familie. Und wir werden Sie jederzeit unterstützten, damit Sie Ihre 1700 produktiven Stunden erreichen.»

Herr Stich tritt also die Stelle an. Und erlebt eine tüchtige Ernüchterung. Erstens stellt er fest, dass die eingesetzte Buchhaltungssoftware sehr gewöhnungsbedürftig, zeitaufwendig und heikel in der Bedienung ist. Zweitens merkt er, dass alle Kunden die viel zu hohen Rechnungen beanstanden und dass viele der Kunden, die ihm zugeteilt wurden, ihre Unterlagen gar nie abgeben, d.h. gar keine Kunden mehr sind und er somit auch keine oder nur ungenügend Arbeit hat.

Drittens wird er von einigen Kunden angepöbelt, weil die Steuererklärungen der letzten Jahre falsch ausgefüllt waren, d.h. die Kunden fühlen sich falsch beraten. Viertens stellt er fest, dass der Teamgedanke nur auf dem Papier besteht, denn für Rückfragen in der Firma hat niemand Zeit, am allerwenigsten der Chef. Der ist vorsichtshalber so gut wie immer aus dem Haus. Also muss Herr Stich alles selbst lernen, vorrangig das komplexe, schwerfällige Computerprogramm. Kommt dazu, dass die Gesellschaft ein widersinniges Ablagesystem hat, indem nämlich Unterlagen nicht pro Kunde, sondern pro Arbeitsgebiet abgelegt werden. Es gibt somit eine separate Ablage für Buchhaltungen, eine separate Ablage für Steuerunterlagen und eine separate Ablage für die Sozialversicherungsabrechnungen und eine separate Ablage für Kundenkorrespondenz und eine separate Ablage für Mehrwertsteuerabrechnungen. Man kann sich die Mühe und den Zeitverschleiss, die aus diesem System erwachsen, leicht vorstellen. Trotz alledem beisst sich Herr Stich fest, er ist ausgebildeter Buchhalter und will sich beweisen.

Nach dem ersten Quartal wird routinemässig eine Sitzung aller Mitarbeiter einberufen. Herr Stich wird hier erstmals offiziell willkommen geheissen. Die Worte, die der Chef findet, lassen sich hören: «Besonders herzlich möchte ich unseren neuen Mitarbeiter, Herrn Stich, begrüssen. Er ist ein ausgewiesener Fachmann auf seinem Gebiet, und wir alle wollen ihm den Einstieg so leicht wie irgend möglich machen.» Etwa dreissig Minuten später, nämlich als die erreichten Zahlen diskutiert werden, tönt es dann ganz anders: «Herr Stich hat im ersten Quartal lediglich 292 produktive Stunden erreicht, das ist wesentlich unter dem anvisierten Ziel von 425 Stunden pro Quartal.» Aus Rücksicht auf den Neuling wird kein weiterer Kommentar nachgeschoben.

Für den Vorgesetzten war soweit alles in Ordnung. Er hatte das Resultat kontrolliert, er hatte das Nichterreichen gerügt und er hatte die Mitarbeiter angespornt in ihren Leistungen nicht nachzulassen. Der Vorgesetzte sieht zwar, dass Herr Stich Mühe hatte, sich einzuarbeiten, aber solche Anfangsschwierigkeiten, die legen sich. Es schadet nicht, wenn er seine Illusionen verliert. Ein Treuhandbüro ist kein Ferienlager. Da wird gearbeitet, dafür wird ja auch ein gutes Gehalt bezahlt.

Für Herrn Stich sieht die Situation etwas anders aus. Er hatte das, was man ihm bei der Anstellung sagte als bare Münze genommen. Er erwartete tatsächlich ein funktionierendes Buchhaltungsprogramm. Jetzt muss er sich aber mit Schrott abquälen. Zudem erwartete er Unterstützung. Alles was er aber erhält, ist Futterneid und Argwohn. Er erwartet zwar keine Begeisterung bei den Kunden, aber doch mindestens bestehende und geregelte Beziehungen. Nach Ablauf eines Quartals ist Herr Stich also enttäuscht und er fühlt sich in vieler Hinsicht betrogen. Am liebsten würde er sofort kündigen. Aber er hat gerade ein neues Auto auf Abzahlung gekauft, und die Probezeit ist längst vorbei, und den anderen Stellen hat er auch abgesagt. Also muss er wohl bleiben. Er tröstet sich vorerst mit dem Trost aller Angestellten: «An jeder Stelle ist irgend etwas faul. Es gibt keinen optimalen Arbeitsplatz.» Er beisst die Zähne zusammen, reisst sich am Riemen und bemüht sich redlich.

Aber die Probleme lassen sich nun mal nicht aus der Welt diskutieren. Im zweiten Quartal stürzt das Buchhaltungssystem zweimal ab, und Herr Stich verliert dadurch viele produktive Stunden. Er macht Überzeit, aber er kommt trotzdem auf keinen grünen Zweig. Im zweiten Quartal schafft er gerade mal 300 produktive Stunden. Er bleibt somit wieder erheblich unter den geforderten 425. An der Ergebniskonferenz wird er jetzt ganz offen gerügt. Etwa so: «Herr Stich, wir haben Sie als ausgewiesenen Fachmann eingestellt. Sie haben bis jetzt leider unsere Erwartungen nicht erfüllt. Unsere Buchhaltungsmandate sind doch wirklich einfache Arbeiten, die sollten Sie als Fachmann eigentlich spielend leicht meistern können. Ich bitte um etwas mehr Einsatz, Herr Stich.»

Der Vorgesetzte sieht in seiner Rede eine sachliche und durch das Resultat mehr als gerechtfertigte Rüge. In seinen Augen ist Herr Stich etwas schlafmützig und wohl auch nicht richtig organisiert, sonst würde er die geforderten Stunden ohne weiteres erreichen. Die anderen Angestellten erreichen sie ja auch. Für Herrn Stich sieht die Welt etwas anders aus. Er fühlt sich beschuldigt für etwas, das er nicht verbrochen hat.

Er hat jetzt zwei Möglichkeiten: Er kann entweder weiter ehrliche Arbeit leisten und somit wiederum zu wenig verrechenbare Stunden produzieren. Dann wird er früher oder später hinausgeworfen und hat einen Knacks. Ihm hängt dann das Image des Versagers an. Je nach Konstitution drohen ihm Minderwertigkeitskomplexe und Depressionen.

Oder er kann seinen geraden Weg etwas beugen und Tricks anwenden. Die einfachste List wäre, den Kunden mehr Zeit zu belasten, als für die Arbeit wirklich benötigt wird. Niemand kann seine Stundenrapporte genau kontrollieren, denn ein Teil der Arbeit wird beim Kunden ausgeführt. Da Herr Stich viele unzufriedene Kunden übernommen hatten, die alle über zu hohe Rechnungen klagten, bleibt zu vermuten, dass sein Vorgänger sich ebenso verhalten hatte. Wenn Herr Stich einen liederlichen Charakter hat, dann macht er sich jetzt einen Spass daraus, gönnt sich selbst etwas mehr Zeit, hält die Stelle bis Ende Jahr, kassiert die fette Leistungsprämie und sucht sich in all dieser Zeit in Ruhe eine neue Stelle.

Gehen wir also davon aus, dass Herr Stich im dritten Quartal etwas schummelt und jetzt erstmals mehr als 425 Stunden erreicht. Was tut der Vorgesetzte? Er wird loben! Etwa so: «Zu unser aller Freude ist auch unser Mitarbeiter Stich aufgewacht. Als ausgewiesener Fachmann hat er jetzt seine Leistung unter Beweis gestellt. Wenn es ihm jetzt noch gelingt, sein Manko aus den beiden Vorquartalen aufzuholen, dann steht auch ihm die versprochene Prämie zu.»

Je nach Formulierung (ich wählte hier absichtlich eine moderate) wird Herr Stich seine Stundenproduktion regulieren. Fühlt er sich betroffen, dann stehen ihm weitere Möglichkeiten offen, z.B. falsche Deklarationen, das Frisieren von Buchhaltungsabschlüssen, die Kunden abschätzig behandeln, fiktive Arbeiten aufschreiben usw. Bei solchen Aktivitäten am Rande der Legalität ergibt sich auch eine grundsätzliche Problematik für den Vorgesetzen, denn er visiert die Stundenrapporte und er verschickt die Rechnungen. Sollte es zu einem Prozess kommen, dann droht ihm mindestens eine Anklage als Mitschuldiger.

Von diesem Beispiel ausgehend, das nicht etwa frei erfunden ist, lassen sich einige interessante und wohl auch provokative Fragen stellen, die von grundlegender Bedeutung sind:
- Wie weit ist das Unternehmen oder der Vorgesetzte dafür verantwortlich, dass der an sich ehrliche Angestellte (Buchhalter) nach und nach auf schädliche Gedanken kommt?
- Welche Verantwortung lädt sich der Vorgesetzte auf, wenn er auf die berechtigten Reklamationen (ungeeignete Arbeitsinstrumente) nicht eingeht?
- Wie kann der Vorgesetzte diese Reklamationen prüfen und beurteilen, wenn er selbst nicht Fachmann (Buchhalter) ist?

- Wie kann ein Vorgesetzter ein Resultat beurteilen, wenn er nicht weiss (und/oder sich auch nicht darum kümmert), wie es entstanden ist?

SCHLAGLICHT

> «Management by Results» mag für den Vorgesetzten theoretisch einfach sein, weil das Ziel rasch formuliert ist. Es zu kontrollieren, ist mit vielen Problemen verbunden, nicht zuletzt mit einer grossen Verantwortung.
> *(Teufel)*

«Management by Results» bringt jeden ehrlichen Angestellten rasch in Gewissenskonflikte. *(Engel)*

3.3 Management by Exception (MbE)

«Never change a winning team» mag einer der Grundsätze der MbE-Technik sein. Sie geht davon aus, dass das Unternehmen im Normalfall voll funktioniert, die Maschinen laufen, die Angestellten ihre Aufgaben erfüllen, die Kundenbestellungen hereinkommen, die Auslieferungen ordentlich ablaufen usw. So lange als das Unternehmen planmässig rollt, so lange besteht für die Vorgesetzten auch kein Handlungsbedarf. Erst wenn es irgendwo klemmt, also wenn ein Ausnahmezustand auftritt, erst dann wird eingegriffen. Dieses Gedankengut besticht auf den ersten Blick, denn es birgt einige Vorteile sowohl für die Vorgesetzen als auch für die Angestellten. Der Vorgesetzte wird nicht belastet mit Kleinkram oder Alltagsfragen. Er kann seine ganze Arbeitszeit und -Kraft für die wichtige Planung und das Lösen der Ausnahmesituationen einsetzen. Somit bleibt er immer verfügbar und kann im Notfall auch sofort einspringen und auch entscheiden, wie das Problem gelöst wird. Der Mitarbeiter hat im Rahmen seiner Aufgabenstellung freie Hand, wie er seine Arbeit ausführt. Er hat somit viel Spielraum und kann seine Talente gut entfalten.

Um die Methode etwas besser kennenzulernen, müssen wir uns überlegen, was denn die Exception, also die Ausnahme, eigentlich ist. In der Praxis müssen diese Ausnahmen mindestens so genau aufgelistet und definiert sein, dass sie als solche erkennbar sind, wenn sie auftreten. Das kann einige Fragen aufwerfen, dürfte aber im Normalfall gut lösbar sein. Trotzdem enthält gerade diese Exception einen Stolperstein erster Güte, denn eine Ausnahme kommt ja nicht einfach aus der Luft, sondern wird von irgend jemandem oder irgend etwas verursacht. Die Ausnahme ist somit immer mit einem Fehler verbunden. Und beim Wort «Fehler» läuft bei jedem Menschen ganz automatisch ein Film ab. Wir alle sind von Kindsbeinen an für Fehler gerügt worden. In der Schule wurden unsere Leistungen oder Nichtleistungen sogar geprüft und benotet. Wohl jeder Mensch hat in seinem Leben Sätze gehört wie «Das ist falsch» oder «Das hast Du schon wieder falsch gemacht» oder «Bist Du denn nicht in der Lage, einmal etwas wirklich richtig zu machen?» oder «Du bist ganz einfach zu dumm, du machst nur Fehler.»

Was uns so lange eingehämmert worden ist, das haben wir schliesslich auch begriffen. Nämlich erstens, dass wir unzulänglich sind und zweitens, dass Fehler bestraft werden müssen. MbE zielt ganz genau in diese offenen Wunden. Es ist also eine Methode, die für jeden Betroffenen sehr schmerzhaft ist, denn wer will sich gerne seine Fehler vorhalten lassen?

Trotzdem enthält MbE eigentlich sinnvolle Ansätze. Das einzige, was getan werden muss, ist der Frage nachzugehen, was Fehler eigentlich sind. Fehler sind Abweichungen von der Norm. Mit dieser Definition können wir alle gut leben. Nicht aber damit, dass in unserer Zivilisation mit jedem Fehler auch eine Schuldzuweisung verbunden wird. Gleichgültig, wie das auftretende Problem auch heisst, von überall her tönt es immer und sofort: «Wer war es?» Unsere Welt kann ganz offensichtlich nicht ohne Sündenböcke leben. Da wir so fixiert sind auf diese Schuldzuweisung, vergessen wir meistens die viel wichtigere Frage nach dem warum.

Das Psychologielexikon definiert Fehler wie folgt: «Nach Freud ist eine Fehlhandlung das häufige und scheinbar zufällige Versprechen, Verlesen, Verschreiben, Vergreifen, Vergessen usw., das psychodynamisch als Störung des normalen, bewussten Handlungsablaufs durch verdrängte Vorstellungen, bzw. unbewusste, aber rekonstruierbare Motive aufzufassen ist.» (Lexikon der Psychologie, Bertelsmann Lexikon Verlag GmbH, Gütersloh, 1995.)

Ich weiss, dass diese Definition etwas langatmig ist, deshalb sollten wir sie nochmals langsam durchsehen. Es heisst, dass eine Fehlhandlung tatsächlich eine Fehlleistung ist. Das hätten wir auch ohne lange Definition gewusst, mögen Sie denken. Einverstanden, aber es geht mir hier um den zweiten Teil der Definition, denn die lässt aufhorchen. Steht da nicht, dass Fehlhandlungen eigentlich nicht der Fehler des Handelnden sind, sondern jener Person, die ihn programmiert hat? Fehlleistungen passieren nur scheinbar zufällig. In Tat und Wahrheit sind es Störungen, verursacht durch verdrängte Vorstellungen. Was sind denn solche verdrängten Vorstellungen? Könnten das am Ende jene Sätze sein, die wir ein Leben lang gehört haben, etwa: «Du bist nichts wert, Du machst alles falsch», «Du wirst es zu nichts bringen», «Du machst Fehler», «Kannst Du denn nie etwas richtig machen?» Was also passiert mit solchen zerstörerischen «Komplimenten», mit Züchtigungen, mit Strafen, mit Sanktionen? Sie werden verdrängt. Und tief im Keller, im Unterbewusstsein, da rumoren sie. Und steigen irgendwann wieder auf und verursachen dann einen neuen Fehler. Eine Wunde, in die das MbE dann einen neuen giftigen Pfeil abschiesst.

MbE ist ein hervorragendes, leicht verständliches Führungsinstrument, das den vielbeschäftigten Chef richtiggehend entlastet. Die Arbeit, nämlich das Definieren der Ausnahmesituationen, lässt sich ein für allemal erledigen. Danach wird die ganze Arbeitskraft des Vorgesetzt frei und kann für nutzbringendere Aufgaben eingesetzt werden.

MbE ist wie eine Versicherung für den Betrieb. Immer wenn eine Ausnahmesituation auftritt, dann kann auch sofort eingegriffen werden. Alle etwaigen Hürden wie Zuständigkeiten oder Kompetenzregelungen werden automatisch ausser Kraft gesetzt, denn die Problemlösung hat unter MbE oberste Priorität. Da immer der Chef als Troubleshooter auftritt ist auch ganz automatisch der kompetente Mann vor Ort, d.h. es können sofort Entscheidungen getroffen werden.

Der Vorgesetzte wird von MbE bei weitem überfordert, denn er sieht nur noch die Ausnahmen, Fehler, Probleme und Schäden. So verliert er innerhalb kurzer Zeit den Sinn für die Proportionen: Bei ihm prägt sich das Bild ein, dass überhaupt alles schief läuft. Dass nebst den Fehlern eine ganze Fabrik hervorragend funktioniert, das realisiert er nicht mehr. So beginnt er bald einmal das Lied vieler Chefs zu singen: «Nichts funktioniert richtig, alles läuft schief. Die Mitarbeiter sind unzuverlässig, sie machen Fehler am laufenden Band.» Vor diesem Hintergrund wird verständlich, dass viele Chefs verbittert reagieren. Sie sind frustriert und lassen Dampf ab. Und natürlich suchen und bestrafen sie Schuldige, denn so haben sie es schliesslich auch gelernt. Und damit begehen sie die wohl grössten Fehler, die ein Vorgesetzter überhaupt machen kann: Sie demotivieren und schädigen ihre Angestellten. Sie nehmen ihnen allen Mut, jeden Elan und jede Freude an der Arbeit. Sie vernichten ihren Berufsstolz und sie legen den Grundstein für Minderwertigkeitsgefühle, Depressionen, Angst, Unzufriedenheit, Unsicherheit und Leistungsschwäche.

MbE ist ein Leistungskiller erster Güte. Es wirkt zerstörerisch sowohl auf Vorgesetzte als auch auf Angestellte.

Dabei habe ich bis hier immer von ehrlichen Vorgesetzten gesprochen. Nicht auszudenken, was egoistische Chefs, die auf eigenen Profit, auf Machtausbau und auf Profilsuche aus sind mit MbE alles anrichten können. Fehler lassen sich allzu einfach konstruieren, insbesondere dann, wenn der Manager definiert, was als Fehler zu gelten hat.

> **MbE entlastet den Vorgesetzten von viel täglichem Kleinkram und stellt ihn frei, wenn Not am Mann ist.** *(Teufel)*

Würde MbE bei Tieren angewendet, müsste es sofort als entsetzliche Tierquälerei verboten werden. *(Engel)*

3.4 Management by System und Management by Information and Communication

Diese beiden Führungsstile basieren auf ähnlichem Ideengut. Der gesamte Arbeitsablauf im Unternehmen wird vorausgeplant und festgelegt. Die termingerechte Steuerung eines Auftages, die administrative Abwicklung von Kundenbestellungen, die Produktionsverfahren usw., alles und jedes was im Unternehmen ablaufen soll, wird geplant und in Form von Arbeitsschritten, Schaubildern und Grafiken festgehalten. Das Ganze nennt sich am Schluss beispielsweise Organisationshandbuch. Natürlich wird darin auch festgehalten, wer mit wem wann und worüber Kontakt aufnimmt, bzw. wer über was informiert. Es werden Formulare kreiert, um die Mitteilungen leichter und genauer festzuhalten und um die Arbeitsabläufe zu standardisieren. Steht das ganze Regelwerk erst einmal, kann man jedem Neueintretenden ein solches Buch in die Hand drücken, und er kann sich dann ganz alleine ein Bild von den internen Verhältnissen, Strukturen und Arbeitsabläufen des Betriebes machen.

Die heute so wichtige ISO-Zertifizierung ist dem Prinzip nach nahe verwandt mit dieser Management-Technik. Auch hier werden Abläufe durchleuchtet, durchdacht, vorgeplant, standardisiert, festgehalten und festgeschrieben.

 Planung und Strukturierung hat viel für sich. Es ist überaus wichtig, dass jeder Ablauf mindestens einmal gründlich durchdacht wird, denn nur so lassen sich allfällige Schwachstellen erkennen. Im Alltag ist nichts zeitraubender und nervenaufreibender als ein Ablauf, der irgendwo, meist aus einer Kleinigkeit heraus, stockt. Das kann das ganze Gefüge des Unternehmen erheblich stören, etwa so wie ein Zug, der in einem Tunnel stehenbleibt und damit den ganzen Verkehr auf einer wichtigen Hauptachse blockiert.

Auch gegen Information ist nichts einzuwenden, ganz im Gegenteil. Information ist Macht und Steuerung zugleich. Man kann eigentlich nie zuviel davon haben.

Dass die ISO Zertifizierung ein Leistungs- und Qualitätsausweis ist, hat sich nicht von ungefähr eingebürgert. Dieses Durchdenken und Standardisieren der

Abläufe bringt enorme Vorteile: Endlich weiss der Hinterste und Letzte im Betrieb, was wann wo wie gemacht wird. Da gibt es keine Missverständnisse, keine Unklarheiten mehr. Es geht eben nichts über eine gute Organisation!

Auch Regelungen über den Informationsfluss sind sehr zu begrüssen. Es mag zwar etlichen Aufwand bereiten, den Informationsfluss grundlegend zu durchdenken und danach eine Informationshierarchie aufzubauen. Aber es lohnt sich. Nur so können die Informationsempfänger in klar abgegrenzte Gruppen eingeteilt werden und nur so lässt sich zwischen wichtigen, geheimen und dringenden Informationen unterscheiden. Eine gut geführte Informationspolitik ist ein hervorragendes, subtiles Führungsinstrument, das gut in unsere Zeit passt.

Eine gute Planung ist wie eine Lebensversicherung, denn sie macht den ganzen Betrieb sicher. Sie regelt die Abläufe, klärt die Verhältnisse, umschreibt die gegenseitigen Beziehungen. Sie sichert somit alle losen Enden in einer Unternehmung und garantiert damit das sichere und reibungslose Funktionieren.

Allzuviel Planung engt ein. Nehmen wir einmal an, ein sehr guter Kunde will noch einen Schnellschuss. Nun, der offizielle Weg ist der, dass Sie zuerst ein Dossier anlegen, es bei drei Stellen zur Information zirkulieren lassen, dann allfällige Kommentare dieser Stellen nachprüfen und danach die Produktion starten. Wie es der Teufel so will, ist natürlich der Mitarbeiter, der an der zweiten Stelle sitzt, heute nicht da. Also bleibt das Dossier vorerst einmal liegen. Der Kunde aber wartet nicht bis morgen. Eher geht er zur Konkurrenz. Wie entscheiden Sie in dieser Situation? Gegen die Betriebsordnung oder gegen den Kunden? Da viele Angestellte durch Führungstechniken eingeschüchtert sind, entscheiden sie meist gegen den Kunden und für das System. So verlieren Sie Aufträge.

BEISPIEL

Sie finden, ich übertreibe? Ich erzähle Ihnen gerne von einem anderen Erlebnis. Ich ging mit der Familie essen, und beim Nachtisch hatte ich eigentlich bereits genug, aber der Fruchtsalat, der reizte mich trotzdem. Also frage ich den Kellner ob ich auch eine halbe Portion bestellen könnte. «Nein», sagte er. «Es gibt nur das, was auf der Karte steht». Ich war zuerst baff und fragte nochmals nach. Ich erhielt die gleiche Antwort. Also begann ich mit dem Kellner zu argumentieren. Ich sagte ihm: «Würden Sie den Küchenchef nicht doch bitten, einfach nur zwei Löffel Fruchtsalat statt vier Löffel zu schöpfen? Bitte versuchen Sie es.» Der Kellner machte ein sehr verärgertes Gesicht und verschwand. Er kam (nach langer Wartezeit) zurück mit einer winzigen Portion. Als die Rechnung kam, wunderte ich mich noch einmal. Er hatte den Preis der ganzen Portion berechnet. Sie sehen: Das System hatte gesiegt, er hatte recht behalten.

MANAGER

Menschen sind ganz besondere Geschöpfe. Sie sind vernunftbegabt. Und das wollen sie immer wieder unter Beweis stellen. Wenn Sie als Vorgesetzter einem denkenden Mitarbeiter durch Struktur und Arbeitsabläufe vorschreiben, wie, wann und was er zu denken hat, dann fordern Sie ihn zwangsläufig zum Widerspruch heraus. Er wird Ihnen immer und immer wieder nachweisen, dass Sie Unrecht haben. Dieses Verhalten ist reiner Selbstschutz. Täte er es nicht, müsste er vor sich selbst eingestehen, dass sein Denken falsch wäre. Ganz konkret ausgedrückt: Der Mitarbeiter steht vor der Entscheidung, zu akzeptieren, dass er spinnt, oder dass die geltenden betriebsinternen Regeln blödsinnig sind. Denkende Angestellte werden immer gegen die sturen Regeln entscheiden. Mitläufer, die sich selbst aufgegeben haben, die sich mit der Situation abgefunden haben, die den Job lieblos, gedankenlos, uninteressiert oder sogar schadenfreudig erledigen, die bleiben Ihnen treu. Sie bestimmen also über die Qualität Ihrer Mitarbeiter.

Allzuviel Planung fördert die Sturheit. Man kann es wirklich nicht anders ausdrücken. Es gibt ja auch Gewerkschaften, die ihren Mitgliedern vorschreiben, wie viel, wann und wie lange sie arbeiten dürfen. Da soll es Taxifahrer geben, die sich weigern Gepäck zu tragen, schliesslich sind sie Fahrer und nicht Träger. Oder Hauswarte, die sich weigern, zu reinigen. Und wenn, dann messen sie die zu reinigende Fläche vorerst aus, denn mehr als 100 m^2 (oder so) pro Tag ist nicht zumutbar. Das steht schliesslich im Gesamtarbeitsvertrag.

Ich könnte jetzt noch die Sowjetunion als Muster-Planstaat anführen, um weiter deutlich zu machen, dass allzuviel ungesund ist. Leider nehmen wir es uns nicht zu Herzen. Die Gesetzesmaschinerie beispielsweise läuft nach wie vor auf Hochtouren. Ich mag gar nicht daran denken, was uns das alles gebracht hat.

Sicher macht die übertriebene Planung überhaupt nicht. Sie verunsichert die Mitarbeiter im höchsten Masse, denn kein Mensch dieser Welt ist in der Lage, alles und jedes vorauszusehen, zu regeln und zu planen. Es gibt nichts Unsichereres in dieser Welt, als das Leben selbst. Jeden Tag treten neue, noch nie dagewesene Situationen auf. Passen die nirgends in ein System, sind die Mitarbeiter, die gewohnt sind, alles nach Schema F zu machen, völlig verunsichert.

Regelung und Planung erzieht zur Unselbständigkeit. Ein Angestellter im stark geregelten Unternehmen hat grundsätzlich zwei Möglichkeiten. Er kann sich an die Regeln halten, (d.h. sich dahinter verstecken), und gedankenlos stur nach Schema handeln. Sein Motto ist dann: «Ich habe die Regeln nicht erfunden, also sollen sie auch die Folgen tragen.» Oder er kann der Unternehmung dienen, seine sieben Sinne einsetzen, zum Besten der Firma handeln und dabei halt gelegentlich gegen die Betriebsordnung verstossen. Tut er das, wird er sicherlich von neidischen Kollegen angeschossen. Sie werden ihm nachweisen, dass er eigenmächtig gehandelt hat. Ein Chef kann den unbotmässigen Angestellten auch nicht schützen, er müsste ja zugeben, dass die Betriebsordnung verknöchert, verkorkst und unlogisch ist. Was ist also passiert? Sie vergrauen die aktivsten Mitarbeiter. Sie verlieren jene Angestellten, die mitdenken, und behalten die inaktiven, faulen, angepassten, sturen. Fatal oder?

Informationshierarchie ist ein lediglich anderes Wort für Machtmissbrauch. Wer in einem Unternehmen etwas weiss, ist gleichzeitig auch mächtig. Wohl deshalb werden die Informationsempfänger gestaffelt. Gewisse Informationen gehen bis zum Fussvolk, andere nur bis zum mittleren Management, andere wiederum sind topgeheim. Jede Informationshierarchie macht viel Arbeit, fördert die Ungerechtigkeit und Unzufriedenheit und stoppt Missbräuche trotzdem nicht. Oder gibt es in Ihrem Betrieb keine graue Eminenz?

SCHLAGLICHT

Management by System bringt endlich System und Ordnung in den Betrieb.
(Teufel)

Management by System erreicht beim Mitarbeiter genau das Gegenteil von dem, was angestrebt wurde: Es macht die Angestellten im höchsten Masse unsicher.
(Engel)

3.5 Management by Planning and Controlling

Planung und Kontrolle sind unzweifelhaft gute Instrumente. Das haben viele Unternehmen erkannt. Wohl deshalb verzeichnete das Controlling in den letzten Jahren einen grossen Aufschwung. Kein Unternehmen kann heute mehr darauf verzichten. Controlling ist eine Notwendigkeit, und zwar als Folge unserer arbeitsteiligen Welt. Immer seltener können die Vorgesetzten die Untergebenen sachlich und fachlich einwandfrei kontrollieren, denn ihnen fehlt das notwendige Sach-, Branchen- oder Spezialwissen der einzelnen Betriebsbereiche.

«Vertrauen ist gut, Kontrolle ist besser» weiss schon der Volksmund. Ein gesunde Portion Misstrauen hat noch niemals geschadet, es sollte ganz im Gegenteil eine eiserne Grundregel in jedem Betrieb sein. Ein Angestellter, der weiss, dass er kontrolliert wird, kommt viel weniger auf dumme Gedanken.

Kontrolle ist eine unverhältnismässige Geldverschwendung. Der mit dem Controlling verbundene Aufwand an Zeit und Geld steht in keinem Verhältnis zum erhofften Ziel. Kontrolle stellt keinerlei Garantie dar, denn sie schreckt den systematisch vorgehenden Betrüger überhaupt nicht ab. Ganz im Gegenteil. Sie macht den Betrug erst berechen- und planbar und zum Nervenkitzel, der ganz bewusst gesucht wird. Kontrolle und Planung können neben dem systematisch vorgehenden Betrüger auch den Gelegenheitsdieb und den Affekttäter nicht stoppen. Beide handeln ausserhalb der Norm und entziehen sich so der Kontrolle.

So verpufft bei der Kontrolle eine Unmenge an Geld ohne konkrete, geschweige denn messbare Wirkung.

Kontrolle ist im höchsten Masse kontraproduktiv, denn kontrollieren kann ich nur, was ich zuvor normiert, geregelt und strukturiert habe. Allein das kostet eine Menge Zeit und Geld. Zudem fördert jede starre Regelung die Denkfaulheit, die Angepasstheit und Sturheit der Angestellten. Sie werden inaktiv, arbeiten strikte nach Schema und kümmern sich einen feuchten Kehricht darum, was vor, neben oder hinter ihnen passiert. Kontrolle macht aus lebendigen, denkenden Menschen seelenlose Roboter, die der Firma mehr schaden als nützen.

Starre Regeln sind eine Einladung für jeden selbsternannten Polizisten und Besserwisser. Engstirnige, machtbesessene Mitarbeiter können eigeninitiative, selbstdenkende Mitarbeiter nirgends so leicht abschiessen wie unter rigiden, starren Reglementierungen. Einige wenige «linientreue» Aufpasser können so eine ganze Mannschaft in Bann und Schrecken halten bzw. tyrannisieren.

Kontrolle ist eine passive Tätigkeit, die nur den Wasserkopf der Firma aufbläht. Sie nimmt nie am produktiven Wertschöpfungsprozess der Gesellschaft teil.

Kontrolle ist eine Alibi-Übung für unsichere, inkompetente Vorgesetzte. Würde der verantwortungsbewusste Chef sich bemühen, das Sachgebiet seiner Untergebenen kennenzulernen, könnte er sich viel Controlling sparen, denn er könnte die Zusammenhänge mit dem eigenen gesunden Menschenverstand selbst beurteilen und so angepasste Entscheide treffen.

Schlaglicht

Kontrolle ist wie eine gute Sachversicherung. *(Teufel)*

Kontrolle fördert Sturheit, Starrsinn, Denkfaulheit und Denunziantentum.
(Engel)

- Weitere Gedanken zu Management-Techniken finden Sie in Anhang Nr. 6 «Das Unternehmen mit anderen Augen sehen.»

Kapitel 4
Das haben wir jetzt davon...

In diesem Kapitel lesen Sie

❖ Loyalität ist oft nur ein anderes Wort für Angepasstheit, Denkfaulheit und Passivität.

❖ Die graue Maus ist so unscheinbar, dass niemand merkt, wenn sie fehlt.

❖ Was als dynamisch bezeichnet wird ist oft weit entfernt von vorwärtsstürmender, aufbauender Leistung.

❖ Der Aufmerksame ist meist ein verkappter Besserwisser, der darauf aus ist jeden Abweichler sofort ans Messer zu liefern.

❖ Was wir wirklich brauchen ist ein Nährboden auf dem die positiven menschlichen Eigenschaften sich entfalten können.

Die verschiedenen Führungstypen (Demokrat, Autorität usw.) in Verbindung mit den «Management by»-Techniken haben ihr Ziel, zumindest vordergründig betrachtet, sehr wohl erreicht, denn sie haben einen direkten und sehr prägenden Einfluss auf die Firmenkultur und insbesondere auch auf die Mitarbeiter. Ob man über das Resultat glücklich sein kann, ist eine ganz andere Frage.

Sehen wir uns das Endprodukt dieser Massnahmen an einigen wenigen typischen Beispielen einmal an:

4.1 Der Loyale

Er stellt das wohl grösste Kontingent aller Mitarbeiter. Ihm lassen sich eine ganze Reihe von sehr wertvollen Charaktereigenschaften nachsagen, die jeder Unternehmer nur allzu gerne bei seinen Angestellten sieht. Der loyale Mitarbeiter ist der erstrebenswerte Prototyp eines guten Angestellten. Er verbindet neben Loyalität auch Anständigkeit, Zuverlässigkeit und Fairness in idealer Weise. Auf solche Mitarbeiter kann ein Chef zählen. Mit ihnen lässt sich eine Firma aufbauen und zum Erfolg führen. Sie stehen in jeder Lage zur Firma und halten deren Ideale hoch. Das Unternehmen ist ihr Leben, dafür setzen sie sich ein. Kunden behandeln sie mit der gebotenen Geschäftsmässigkeit. Gegenüber den anderen Mitarbeitern verhalten sie sich angepasst, und gegenüber der Führungsetage lassen sie die notwendige Ehrerbietung nicht vermissen.

Loyalität ist nichts anders als eine beschönigende Umschreibung für Angepasstheit, Denkfaulheit und Passivität. Das sind alles Eigenschaften, die ein Unternehmen direkt in den Ruin treiben, denn inaktive Mitarbeiter vertrösten Kunden, lassen dringende Pendenzen unerledigt, sind vergesslich und schlampig, und ihr Arbeitstempo erreicht etwa die Dynamik einer Schnecke. Loyalität ist mit Linientreue eng verwandt, somit auch mit Sturheit, Engstirnigkeit und Uneinsichtigkeit. Sie tragen nicht nur nichts bei zum aktiven Gelingen, sondern blockieren auch andere, fleissige, initiative Mitarbeiter.

SCHLAGLICHTER

Unreife Vorgesetzte ernten desinteressierte, «loyale» Mitarbeiter. *(Teufel)*

Loyalität ist ein anderes Wort für Abgestumpftheit und Gleichgültigkeit.

(Engel)

4.2 Die graue Maus

«Graue Maus» ist keine nette Bezeichnung, trotzdem ist sie ein wertvolles Mitglied jedes Unternehmens. Nicht jeder kann Chef sein, nicht jeder kann Kundenkontakt haben, nicht alle sind extrovertiert, weltoffen, dynamisch, reisserisch. So bilden die grauen Mäuse einen wichtigen ausgleichenden Ruhepol. Sie sind wie die Masse der fleissigen Ameisen, die das Unternehmen braucht, um in Schwung zu bleiben.

Die graue Maus ist in einem Ausmass angepasst, dass sie in einem Unternehmen so gut wie überhaupt nie in Erscheinung tritt. Kein Mensch würde sie vermissen. Graue Mäuse sind so verschreckt und verängstigt, dass sie zu keinem vernünftigen Gedanken fähig sind, verschweige denn zu einer vernünftigen Handlung. Telefone nehmen sie vorsichtshalber gar nicht ab, Rückrufe schieben sie ewig vor sich her, Kundenkontakte vermeiden sie, so gut es eben geht. Vor Gesprächen mit Vorgesetzten fürchten sie sich derart, dass sie nicht mehr schlafen können. Ihren Berufsstolz haben sie längst vergessen, sie trauen sich selbst nichts mehr zu. Nicht selten leiden sie unter eigentlichem Verfolgungswahn und bringen damit ganze Abteilungen in Unordnung. Graue Mäuse sind Meister darin, Angst und Schrecken zu verbreiten – immer unter dem Deckmantel der Verschwiegenheit.

Graue Mäuse haben zudem eine Gabe zu subversiver Agitation. Gegen aussen geben sie sich völlig loyal, und selbst wagen sie wohl auch nie den kleinsten Aufstand. Aber unter vorgehaltener Hand bauschen sie auf und verbreiten Halbwahrheiten, denen nur sehr schwer beizukommen ist, da der Urheber meist im Dunkeln bleibt. Niemand weiss nichts Genaues, aber es herrscht ein düsteres, ungutes Gefühl, das sich im Laufe der Zeit zur dunklen, gefährlich wirkenden Wand verdichtet. Die graue Maus kann nie nein sagen, denn dazu fühlt sie sich viel zu unsicher. Einem Streit und auch einem ernsten Gespräch geht sie einfach dadurch aus dem Weg, dass sie zu allem zustimmend nickt. So macht sie Zugeständnisse, die weder sie selbst noch die Firma jemals halten können. In diesem Sinne sind graue Mäuse potentiell hochgefährlich. Graue Mäuse sind oft krank, denn ihr ganzes Leben ist voller Hemmungen und Widersprüche. Einerseits möchten sie gerne aus sich heraus, andererseits trauen sie sich nicht.

Schlaglichter

Graue Mäuse bilden die notwendige Masse an Arbeitskraft, die jedes Unternehmen braucht.	*(Teufel)*
Graue Mäuse sind eingeschüchterte, verängstigte, kranke und leistungsschwache Menschen.	*(Engel)*

4.3 Der Dynamische

Extrovertierte haben genau jenen Biss, den ein Unternehmer sich wünscht. Sie treten forsch und bestimmt auf und packen anstehende Probleme mit Schwung an. Auch neue, bisher unbekannte Probleme werden angerissen und aufs Tapet gebracht. Solche Macher werden gerne als Aushängeschilder eines Unternehmens eingesetzt. Ihnen seht die Welt offen.

Dynamische Mitarbeiter haben gelernt, sich auch in normierten Strukturen zu entfalten. Sie sind damit der schlagende Beweis dafür, dass Regelungen, Hierarchien und Kontrolle die Initiative der Mitarbeiter keineswegs zerstören.

Macher werden sowohl von Mitarbeitern als auch von Kunden meist rasch als genau das entlarvt, was sie sind: Grossmäulige Blender, hinter denen nichts steht als heisse Luft. Ohne den schmückenden Firmennamen oder den Chef, der ihnen den Rücken stärkt, sind sie Nullen. Sie sind weder fachlich wirklich qualifiziert, noch verfügen sie über echte menschliche Stärken. Sie sind ganz im Gegenteil anmassend und nehmen sich Kompetenzen heraus, die weder ihrer Stellung entsprechen noch mit der gegebenen Ordnung übereinstimmen. Ihre schönen Worte entpuppen sich rasch als leer und inhaltslos. Angerissene Probleme werden zwar ans Licht gezerrt, aber es fehlt den Extrovertierten meist an Witz, Geist, Geduld, Ausdauer und Intelligenz, dafür auch Lösungsansätze anzubieten. So bleibt das Unternehmen auf einem Scherbenhaufen sitzen: Das Problem ist jetzt nämlich erkannt, aber es fehlt an Kraft, Mut, Geld oder auch Wissen, es zu lösen. Waren die Mitarbeiter vorher zufrieden mit dem Status quo, sind jetzt alle über das Problem verärgert. So tragen solche Schein-Dynamiker viel zur allgemeinen Verwirrung und Unzufriedenheit bei. Und sie verbittern all jene Mitarbeiter, die sich durch Fleiss und Ehrlichkeit um die Firma bemühen, denn sie geniessen Privilegien und heimsen Lob ein, die auf List und Tücke basieren.

Viele Kunden empfinden solch aufgesetzte Dynamik schlicht und einfach als Frechheit, oder sie reagieren sehr verärgert, weil sie sich übervorteilt oder überfahren fühlen. Extrovertiertheit wird in vielen Unternehmen als sehr wertvoll angesehen. Dabei ist es oft nur laute Schaumschlägerei.

SCHLAGLICHT

| Dynamik ist Aktivität und Bewegung. | (Teufel) |

| Was als Dynamik bezeichnet wird, ist oft nichts weiter als Frechheit, gepaart mit wenig Sachverstand. | (Engel) |

4.4 Der Aufmerksame

Jedes Unternehmen benötigt Strukturen und Regelungen, die das Zusammenspiel der Anlagen und Menschen regeln. Je grösser und vielschichtiger ein Unternehmen ist, um so tiefer muss es geregelt werden und um so grösser ist die Gefahr, dass an irgendeiner Stelle etwas schief läuft. Solche Ausrutscher oder Irrwege können das Unternehmen rasch viel Geld kosten und sind deshalb umgehend abzustellen, um damit das weitere sichere und ordnungsmässige Funktionieren zu gewährleisten. Deshalb ist jedes Unternehmen dankbar, wenn Mitarbeiter Abweichungen melden. Wenn man es sich richtig überlegt, sollten diese Mitarbeiter auch prämiert werden, denn sie verhindern potentiellen Schaden.

Der Aufmerksame ist nichts weiter als ein verkappter selbsternannter Polizist und Besserwisser. Davon haben wir nicht nur in jedem Unternehmen, sondern auch auf der Strasse, in der Politik und in jedem privaten Kreis mehr als genug. Diese Oberlehrer laufen mit ständig erhobenem Zeigefinger umher und mischen sich ungefragt in jede Angelegenheit. Sie sind mehr als lästig, sie sind eine Landplage und ersticken jede Kameradschaft, jedes Teamverhalten und jede Kooperation im Keime. Gesunde Mitarbeiter meiden diese Aufpasser wie die Pest, denn von ihnen geht nie etwas Gutes aus. Sie sind Denunzianten, die sich durch Einschmeicheln gute Noten bei den Vorgesetzten zu holen versuchen. Sie verbreiten Angst und ohnmächtige Wut unter der Belegschaft. Sie steuern nie positive aufbauende Gedanken bei; all ihr Tun, Trachten und Handeln ist negativ. Sie zerstören, machen madig, ziehen auch lautere Gedanken und Handlungen in den Dreck. Petzer verseuchen einen ganzen Betrieb in kurzer Zeit.

SCHLAGLICHTER

Aufmerksame Mitarbeiter ersparen viel teures Controlling und wirken wie eine Sicherheitspolice. *(Teufel)*

Aufmerksamkeit ist eine andere Bezeichnung für Petzer, Polizisten, Aufpasser und Denunzianten. *(Engel)*

4.5 Weitere exemplarische Auswirkungen
Die Liste könnte fast beliebig fortgesetzt werden. Einige weitere Mitarbeiter charakterisiere ich hier ganz kurz:

Der Nörgler: Für ihn ist grundsätzlich alles, was nicht ganz ausdrücklich auf seinem Mist gewachsen ist, negativ und verdammungswürdig. Er wird nicht müde, diese seine Ansicht lautstark zu verbreiten, d.h. er ödet jedermann an.

Die graue Eminenz: Sie gedeiht insbesondere dort, wo Informationen bewusst zurückgehalten oder selektiv verbreitet werden, denn so kann sie sich einen Wissensvorteil gegenüber anderen verschaffen. Damit kann sie nun, je nach Veranlagung, prahlen – oder auch erpressen.

Der Selbstherrliche: Er fühlt sich kraft seiner Ausbildung, Stellung oder auch nur seiner Einbildung als Held und König. Da er die bewusst tief angesetzten Normen der Firma mit Leichtigkeit erfüllt, nimmt er das zum Anlass jeden anderen zu schikanieren und herabzusetzen. Eine Untersuchung zeigt, dass auch viele Jung-Manager in diese Kategorie einzuordnen sind. Die Resultate der Umfragen sind in Anhang Nr. 4 wiedergegeben.

Der Friedliebende: Er ist gar nicht so friedliebend, wie der Name vermuten liesse, denn er steht meist gut sichtbar in einer Ecke und bemitleidet sich selbst. Dadurch zwingt er andere, ihm zu helfen, für ihn Partei zu ergreifen oder für ihn aktiv zu werden. Eine subtile Form der Nötigung.

4.6 Was wir wirklich brauchen
Was wir wirklich brauchen, lässt sich rasch aufzählen, nämlich:

- Ein wirkliches Interesse an der Firma, woraus sich nicht nur Mitdenken, sondern auch Initiative für den Betrieb ergibt.
- Echte Loyalität bzw. Zuverlässigkeit.
- Echte Kreativität zum Nutzen der Gesellschaft.
- Nicht nur Fachwissen, sondern auch die Erfahrung, dieses Wissen so einzusetzen, dass es dem Unternehmen optimal dient.
- Neben der fachlichen auch emotionale Kompetenz, zumindest im Umgang mit Kunden und Mitarbeitern, sei es als Kollegen, Untergebene oder Vorgesetzte.

Wir haben gesehen, dass die Führungsmethoden einen direkten Einfluss auf das Verhalten der Mitarbeiter haben. Kontrollieren wir noch einmal, ob die oben angeführten wünschenswerten und anzustrebenden Eigenschaften wirklich erreicht werden:

Führungsstil	Stil	Hinterlässt	Killt
Autorität	Druck, Zwang, Befehlsgewalt	Unterdrückte Eigeninitiative, Duckmäuser	Selbstvertrauen, Initiative, Motivation
Antiautoritär	Rücksichtslosigkeit	Scherben	Anstand und Vertrauen
Patriarch	Chauvinistische Überheblichkeit	Wut, verletzte Personen	Selbstvertrauen, Eigeninitiative
Demokrat	Tricks und Ränken	Verwirrung Ratlosigkeit Korruption	Vertrauen in die Gesellschaft, Initiative, Motivation
Team, Kooperation	Gleichmacherei	Gleichgültigkeit Verantwortungsgefühl Leistungsbewusstsein	Eigeninitiative
Management by Objectives	(befohlene) Zielvorgaben	Frust, Angst, Widerwillen	Initiative Motivation
Management by Results	(befohlene) Zielvorgaben	Ausgeblutete Firmen, Unehrlichkeit	Verantwortungsgefühl
Management by Exception	Fehler aufspüren und beheben	Blutende, innere Wunden	Offenheit, Ehrlichkeit, Firmeninteresse
Management by System	Struktur und Hierarchie, Information als Macht	Unsicherheit, Ungerechtigkeit	Selbständigkeit, Mitdenken, Motivation, Eigeninitiative
Management by Planning	Planung und Kontrolle	Misstrauen, Denkfaulheit	Selbständigkeit, Eigeninitiative, Motivation, Ehrlichkeit

Betrachtet man die verschiedenen Führungsformen und -techniken, ist das Resultat mehr als niederschmetternd. Ausgerechnet das, was unsere Wirtschaft am dringendsten benötigt, nämlich Initiative, Motivation und eine gesunde Portion Selbstvertrauen, das wird von praktisch allen Führungsstilen unterdrückt. Dieses Manko wird natürlich auch in den Betrieben verspürt. Man braucht bloss Stellenanzeigen durchzulesen und die Seminarangebote zu studieren. Nirgendwo sonst wird so oft von Initiative, Kreativität, Phantasie, Ideenreichtum, Mut, Durchsetzungsvermögen, Dynamik usw. gesprochen und geschrieben. Die Firmenverantwortlichen wissen oder fühlen, dass alle diese Eigenschaften fehlen. Deshalb versuchen sie sie auf dem Markt einzukaufen. Leider sieht niemand, dass diese Eigenschaften in grossem Ausmass vorhanden sind, sich aber nicht entfalten können, weil sie unterdrückt und gefangengehalten werden.

Schlaglicht

Die oben beschriebenen Führungsmethoden haben unsere moderne Firmen erst ermöglicht. *(Teufel)*

Die oben beschriebenen Führungsmethoden haben aus aufrechten, ehrlichen Menschen erbärmliche, kranke Waschlappen gemacht. *(Engel)*

MITARBEITER

Es stimmt zwar, dass die oben beschriebenen Führungsstile und -techniken die beschriebenen Wirkungen entfalten. Es liegt aber an Ihnen persönlich, ob Sie sich in die angegebenen Richtungen beeinflussen lassen oder nicht. So viel Eigenständigkeit, Charakter und emotionale Stärke sollten Sie aufbringen, dass Sie nicht zum Duckmäuser, zum Querulanten, zum Stänkerer, zum Mitläufer, zum Abgestorbenen werden. Als vollwertige Persönlichkeit stehen Sie über diesen Dingen. Solche Verhaltensweisen sind unter Ihrer Würde.

- Eine typische Entwicklung, geprägt durch Schule, Erziehung und Beruf finden Sie in Anhang Nr. 5: «Praktische Illustration: Aus Hänschen wird Hans»

4.7 Was vielerorts versucht wird / Irrwege

Kreativität, Initiative und Ideenreichtum sind so heiss begehrt, dass verschiedene spezielle Techniken entwickelt wurden, um sie zu erzwingen. Darunter gehören Methoden wie Mind-Mapping und Brainstorming. So gut diese Methoden an sich sind, sie dringen nicht immer zum Kern durch. Man kann einfach keine Rose in einem Steingarten züchten. Wird sie doch in einem solchen, für sie lebensfeindlichen Umfeld eingepflanzt, verdorrt sie innerhalb kürzester Zeit. Kreativitätsseminare hinterlassen bei mir immer dieses Bild: Da ist ein Gärtner, der gelernt hat, Bäume zu veredeln. Er pflanzt beispielsweise einem Holzapfelbaum Zweige eines guten Gravensteiner-Apfels auf. Dadurch trägt der Baum nun nicht mehr bloss minderwertige Holzäpfel, sondern wohlschmeckende saftige Früchte. Der gleiche Versuch wird in Kreativitätsseminaren gemacht. Nur viel krasser. Dem in der Dürre stehenden Kaktus sollen Lotosblüten-Kirschzweige aufgepflanzt werden.

Kreativität ist, gemäss Definition, die Fähigkeit, originelle, ungewöhnliche Einfälle zu entwickeln. Je nach Lexikon (kommerziell oder Psychologie) wird diese Fähigkeit genutzt, um sie produktiv umzusetzen (kommerzielles Lexikon) oder aber es wird festgehalten, dass es unwichtig ist, ob sie in Produkte umgesetzt werden kann (Psychologielexikon). Lesen wir im Psychologielexikon noch etwas weiter: «Kreativität hängt nur sehr beschränkt mit Intelligenz zusammen und kann deshalb mit herkömmlichen Testverfahren schlecht oder gar nicht erfasst werden. Kreativität ist der phantasievolle Umgang mit der Wirklichkeit, die Fähigkeit, zu staunen, neugierig zu sein, zu lernen und neue Formen des Umganges mit Erlebnissen und Ereignissen des täglichen Lebens zu finden.» (Lexikon der Psychologie, Bertelsmann Lexikon Verlag GmbH, Gütersloh, 1995.)

Entscheiden Sie selbst: Hat das Psychologielexikon nicht doch recht? Erinnern Sie sich für einmal an Ihre Jugend: Was waren die glücklichsten Momente? War es nicht die Neugierde, das Entdecken und das Erleben von neuen, bisher unerschlossenen Wundern dieser Welt, also das kindlich-unbelastete Staunen?

Kreativität hat aber noch eine ganz andere Seite, die heute so gut wie unbekannt ist. Wir müssen nur im Lexikon weiter lesen: «Kreativität ist eine Grundbedingung für seelisches Wachstum und psychische Gesundheit.» Was heisst das konkret? Wir Menschen sind von Natur aus kreativ! Wir müssen Kreativität überhaupt nicht lernen, denn bereits jedes Kind wendet sie in seinem Leben ganz selbstverständlich und völlig natürlich an. Wenn wir diese Eigenschaft nicht benützen können, dann beginnen wir, innerlich zu verdorren. Und wir werden krank. Psychisch und physisch.

Wie sieht die Krankenstatistik Ihrer Firma aus? Haben Sie sich jemals überlegt, welche Gesundheitsrisiken für Ihre Mitarbeiter aus starrer, seelenloser Planung, aus Führungsmethoden, Befehlen, Pflichtenheften, Vorgaben usw. entstehen? Aus Methoden, die Ihre Angestellten so einengen, dass sie ihre Persönlichkeit verlieren? Sind Sie sich bewusst, dass solche Praktiken Ihre Mitarbeiter seelisch schädigen und körperlich krank machen? Wer trägt die Verantwortung dafür?

Kreative Menschen stehen kraft- und saftvoll im Leben, wie ein reifer, praller Apfel. Kreativ eingeschränkte oder geschädigte Menschen sind wie alte, verschrumpelte, faltige Äpfel. Da helfen weder Kosmetik noch ein neuer Anstrich. Diese Menschen haben abgebaut, resigniert. Sie reagieren nur noch mechanisch, ohne innere Anteilnahme und ohne Interesse. Das ist aber nicht (nur) ihr Fehler, sondern das Resultat des starren Umfelds, in das sie eingesperrt sind. Zu diesem Umfeld gehören auch einige der bekannten Institutionen (Schulen, politische Systeme, Familien und die Arbeitswelt).

Mit zu den wichtigsten Aspekten des seelischen Wachstums gehört die Selbstentfaltung, die sich in grossem Ausmass in der Selbstsicherheit äussert. Dieses Gefühl der eigenen Bedeutung und des eigenen Wertes ist äusserst sensibel. Wie rasch unter- oder überschätzt man sich doch! Wie rasch badet man in Selbstmitleid oder Minderwertigkeitsgefühlen und wie ebenso rasch gibt man sich gönnerhaft oder überheblich!

Ohne gehörige Portion Selbstsicherheit fehlt es nicht nur an Kreativität. Auch Teamgeist, Kooperation und Toleranz sind nicht möglich.

Wie eine Rose einen entsprechenden Boden verlangt, damit sie gedeihen kann, so verlangt auch Kreativität nach einem ganz bestimmten Umfeld. Das Umfeld in einem Unternehmen hängt primär vom gelebten Führungsstil und Managementverhalten ab.

SCHLAGLICHT

Als Arbeitgeber hat man ein Recht auf die Kreativität der Mitarbeiter. Nötigenfalls wird sie mit entsprechenden Methoden gefördert. *(Teufel)*

Kreativität und viele andere positive menschliche Eigenschaften wie Mitdenken, Verantwortungsgefühl usw. setzen ein geeignetes Umfeld voraus und beginnen da ganz von alleine zu blühen. *(Engel)*

- Eine Methode, wie die Kreativität in einer business-liken Umgebung erlebt werden kann, finden Sie in Anhang Nr. 7: «So erwecken Sie Kreativität auch im Unternehmen». Der Anhang enthält eine Reihe weiterer Anregungen zur Entfaltung der Kreativität im Geschäftsalltag, so etwa das Vorschlagswesen und die Kreativbilder.
- Über Beweggründe und Verhaltensweisen der Mitarbeiter finden Sie weitere Ausführungen im Anhang Nr. 10: «Hintergründe zum besseren Verständnis der Menschen.»

Kapitel 5
Das Unternehmensziel

In diesem Kapitel lesen Sie

❖ Das Firmenleitbild ist leider oft nichts weiter als eine dürre Zweckumschreibung in den Statuten oder eine auf Hochglanzpapier gedruckte Stilübung. So kann es sich nicht entfalten.

❖ Eine lebendige Unternehmensvision sollte unbedingt ein natürliches Ziel verfolgen.

❖ Ein Unternehmensleitbild muss dringend visionär sein.

❖ Ein lebendiges Unternehmensbild bezieht die Mitarbeiter als ganzheitliche Menschen mit ein.

❖ Ein Leitbild beginnt dann zu leben, wenn es als Aktivbild ausgestaltet ist.

5.1 Das Firmenleitbild

Das Ziel eines Unternehmens ist wie ein ferner, erstrebenswerter Stern, den man sich jeden Tag ein Stückchen näher heranholt.

 Die meisten Unternehmer wissen, dass ein Leitbild sinnvoll ist. In grossen Betrieben wird diese Aufgabe auch pflichtschuldigst erledigt und danach klassiert. In kleineren Unternehmen tragen die Inhaber die Ziele gedanklich mit sich herum. Aber in vielen Berufen und Unternehmen ist der Alltag so mörderisch hektisch, chaotisch und aufreibend, dass buchstäblich keine einzige Minute zum Verschnaufen bleibt, geschweige denn für ein konkretes Adaptieren der Leitbilder in den Alltag. Die langfristige Zielsetzung bewusst durchdenken, minutiös planen und so aufbereiten, dass sie in den Alltag einfliesst, das liegt weit ausserhalb jeder Reichweite. Vielen Unternehmen erscheint das auch weiter nicht notwendig, denn wichtig ist einzig und allein das Tagesgeschäft. Hier rollt der Rubel, hier wird die Musik gemacht. Also werden alle Kräfte darauf konzentriert.

Dass man das einmal wohl angedachte Unternehmensziel nicht erreicht, ist auch weiter nicht schlimm, schliesslich ist im Leben alles im Fluss. Flexibilität ist gefragt. Nötigenfalls kann auch das Unternehmensziel angepasst werden. Am einfachsten und schnellsten geht das gedanklich. Warum sollte man dafür gross ein Büro aufmachen. Es ist in der Vergangenheit ja auch ohne gegangen, also geht es auch in Zukunft. Es genügt doch vollständig, wenn der Chef weiss, wo's lang geht.

Darüberhinaus steht das Ziel ohnehin in den Firmenstatuten. Es auf Mitarbeiterebene anzupassen und auszuformulieren wäre reine Zeitverschwendung. Die Angestellten werden durch die Vorgesetzten und durch Pflichtenhefte geführt, und die Kunden bestellen auch ohne grosse Visionen. Wir sollten unsere Kräfte besser auf die Produktion und den Verkauf konzentrieren, als uns mit unnötigen Arbeiten zu belasten.

 Im Leben gibt es eine unumstössliche Tatsache: Führen ohne konkrete Zielsetzung ist unmöglich. Das lässt sich leicht nachweisen. Wenn Sie in ein Auto steigen, aber nicht wissen wohin Sie fahren möchten, dann erreichen Sie Ihr Ziel nie. Sie fahren dann womöglich etwas im Kreis herum, haben dabei vielleicht auch Spass, aber ein eigentliches Ziel erreichen Sie so nicht. Wenn Sie aber mit der festen Absicht, nach Freiburg zu fahren, einsteigen, genügend Benzin haben, eine Strassenkarte lesen und Auto fahren können, dann werden Sie wohl irgendwann in Freiburg ankommen.

Wer ein Unternehmen ohne klar definiertes Ziel führt, hat viel Arbeit, manchen Ärger, möglicherweise auch etwas Spass, aber er weiss eigentlich nie, wofür er das alles tut, das heisst er sieht das Ziel, die Belohnung all seines Tuns nie. Früher oder später wird er frustriert aufgeben, im Sturm kentern oder an Arbeitsüberlastung scheitern.

🙈 🙈 🙈

Das Definieren eines klaren Zieles mag Zeit erfordern. Dieses Ziel so zu formulieren, dass es erstens realistisch ist und zweitens von jedermann im Unternehmen verstanden wird, mag einiges an Gehirnschmalz abverlangen. Aber diese Arbeit nicht zu tun, ist genauso verantwortungslos wie das Führen eines seeuntüchtigen Schiffes auf rauher See. Man gefährdet sich selbst, alle Passagiere und die übrigen Schiffe. Zudem müssen Sie früher oder später die Hilfe der Rettungsdienste in Anspruch nehmen. Damit verursachen Sie erhebliche Kosten und gefährden das Leben der selbstlosen Retter.

Menschen werden in der Juristensprache als sogenannte natürliche Personen, Unternehmen als juristische Personen bezeichnet. Damit wird ausgedrückt, dass ein Unternehmen zwar keinen physischen Leib hat, aber trotzdem ein lebendiges Gebilde (eine Person) ist. Mit anderen Worten gesagt: Ein Unternehmen ist ein Gebilde, das in der Gedankenwelt existiert.

Als Mensch mag ich «natürliche» Lebensziele haben: Eine Familie gründen, Kinder erziehen, ein Haus bauen usw. Für ein Unternehmen gibt es (auf den ersten Blick) keine «natürlichen» oder selbstverständlichen Ziele. Jede Aktivität des Unternehmens muss durchdacht und geplant werden. Bei der Gründung der Unternehmung tut man dies ganz automatisch, sonst käme es nie zur Gründung. Man formuliert dieses Ziel sogar in den Statuten. Da steht dann etwa: «Ziel der Unternehmung ist die Durchführung von Transporten aller Art, insbesondere von Bahntransporten.» Dieses Ziel steht auch dann noch in den Statuten, wenn zwischenzeitlich längst zwanzig LKWs im Hof stehen und der letzte durchgeführte Schienentransport mehr als zehn Jahre zurückliegt. Dass ein solches Unternehmen immer noch existiert, verdankt es dem Inhaber, der zwischenzeitlich natürlich weitergedacht hat. Er hat sich sicherlich viele Gedanken gemacht, bevor er den ersten LKW gekauft hat.

Was aber passiert mit Unternehmen ohne Inhaber? Wenn niemand da ist, der die kontinuierliche Entwicklung, das weitere Wachstum vordenkt? Wenn die Manager wechseln wie das Wetter? Dann haben wir unbewegliche Kolosse. In unserer Zeit gibt es viele solche Riesen. Angesichts der vielen grossen Fusionen scheint es so, also würden sie das Heil in schierer Grösse suchen. Kann eine solche Machtkonzentration die Zielsetzung ersetzen? Ich glaube nicht daran.

Auf dieser Welt ist und geschieht nichts, aber auch gar nichts, das nicht zuvor in der Gedankenwelt Form, Raum und Gestalt angenommen hat. Es ist nicht primär die sichtbare Welt, die zählt, es ist immer die unsichtbare, die geistige Welt, die bestimmt. Die physische, materielle Welt folgt erst hinten nach, sie ist immer von der geistigen abhängig und durch sie bestimmt.

Würden Sie jemals ein Haus bauen ohne genauen Plan? Ohne Grundriss-, Aufriss-, Elektroplan usw. Ohne statische Berechnung, ohne Situationsplanung? Sicherlich nicht. Warum also vernachlässigen wir bei Unternehmen die Planung so oft?

In der Biographie von Gottlieb Duttweiler, dem Begründer der Migros, ist nachzulesen, dass er sich über die Verkaufspreise der damaligen Grossverteiler ärgerte. Er fand es eine Frechheit und Ungerechtigkeit, dem Mann auf der Strasse Lebensmittel zu überhöhten Preisen zu verkaufen, nur damit einige wenige Spitzenmanager in Saus und Braus leben konnten. Er wusste um die Not in vielen Arbeiterfamilien. Sie verdienten zuwenig, um ihre Familien satt zu kriegen. Sie konnten nicht einmal die Grundnahrungsmittel in genügender Menge einkaufen. Gottlieb Duttweiler hatte ein Ziel: Grundnahrungsmittel zu gerechten Preisen. Der Anbieter dieser Ware sollte selbst zwar überleben können, aber keinen Gewinn machen. Deshalb gründete er auch keine Aktiengesellschaft, sondern eine Genossenschaft. Er stellte sich die Ladengeschäfte bildhaft vor: Kleine, einfache Läden mit Waren in guter Qualität, aber in einfachster Verpackung und zu sehr günstigen Preisen. Er stellte sich vor, wie Tausende von Menschen, auch die Ärmsten der Armen, in die Läden strömten. Er stellte sich vor, wie selbst in ganz armen Familien jetzt endlich kein Hunger mehr herrschte, dass auch hier die Kinder mindestens Brot und Kartoffeln in genügender Menge essen konnten. Für die damalige Zeit ein wirklich visionäres Bild. Das er laufend weiterentwickelte. Nachdem in vielen Ortschaften Ladengeschäfte entstanden waren, dachte er an die Menschen in den Ortschaften, die noch keinen Laden hatten. Auch ihnen wollte er die Grundnahrungsmittel bringen, damit auch hier der Hunger gestillt werden konnte. So liess er rollende Läden bauen und fuhr zu diesen Menschen hin und verkaufte auch da die sehr preiswerten Lebensmittel Mehl, Zucker, Kartoffeln und Seife. In diesem Sinne hatte Gottlieb Duttweilers Migros als Unternehmen durchaus ein natürliches Ziel: Dem Hunger der damaligen Armen wirksam beggnen. Ein Ziel, hinter dem auch alle Mitarbeiter wie ein Mann standen. Sie waren, genau so wie Duttweiler selbst, Feuer und Flamme für diese Vision.

So konnte sich die Migros zur Nummer eins in der Schweiz entwickeln.

Ähnliche visionäre Ziele sind in vielen anderen Biographien nachzulesen. So beispielsweise beim Begründer von Sony. Oder bei Albert Schweitzer, dem Begründer des berühmten Spitals in Lambarene. Oder bei Henry Dunant, dem Begründer des roten Kreuzes. Oder bei Eiji Toyoda, dem Neffen des Konzerngründers, der Toyota zum drittgrössten Autoproduzenten der Welt gemacht hat und der Dinge wie lean production und just in time nicht nur visionär ausdachte, sondern auf die Ebene der Mitarbeiter adaptierte. Alle Konkurrenten weltweit mussten wohl oder übel von ihm lernen, wenn sie im Konkurrenzkampf nicht untergehen wollten.

Können solche Welterfolge wiederholt werden? Ich bin der Meinung: ja, allerdings sind zwei Voraussetzungen Bedingung:
- Es muss sich um ein natürliches Ziel handeln.
- Das Ziel muss in einem visionären Bild festgehalten sein.

Schlaglicht

Firmenerfolge kommen nicht vor ungefähr. Sie wollen sorgfältig vorausgesehen werden. *(Engel)*

5.2 Natürliche Ziele

Als natürliches Ziel würde ich jede Bemühung zur Erhaltung, zum Fortbestand und zur artgerechten Weiterentwicklung des Lebens und der Natur ansehen.

In welcher Art und Weise dies geschieht, ist unwichtig. Wichtig ist lediglich, dass es passiert.

Wir sind in all den vergangenen Jahren ohne all das grüne Gerede über Erhaltung der Erde ausgekommen. Ist es nicht so, dass wir sogar einen biblischen Auftrag haben, uns die Erde untertan zu machen? Es kann also nur legitim sein, wenn wir Urwälder roden, Erze abbauen und ganz allgemein die vorhanden Ressourcen nutzen. Schliesslich besteht für alle daraus hergestellten Produkte auch ein Markt. Wir leben nun einmal in einer Welt, die eine grosse Bevölkerungsdichte aufweist. Jeder Mensch hat das Recht auf Leben, auf Essen, Trinken, Schlafen, Ruhen und Vergnügen. Als Unternehmen befriedigen wir nichts weiter als diese Bedürfnisse.

Wir tun nur unsere Pflicht. Und ganz abgesehen davon: Wenn wir es nicht tun, dann würde es unsere Konkurrenz ganz bestimmt tun.

Kommt dazu, dass wir gar nicht anders können. Wir haben Millionen und Milliarden investiert in unsere Analgen. Sie nicht zu nutzen wäre eine verantwortungslose Verschwendung. Wir tragen zudem die Verantwortung für die Arbeitsplätze, für Vollbeschäftigung, die Konjunktur, ja den Wohlstand und unseren Lebensstandard schlechthin.

Unsere Welt ist nicht teilbar oder vermehrbar. Sie ist ein hochsensibles Lebewesen, das in seinen Funktionen ein unvorstellbar vielfältiges und sehr harmonisches Kunstwerk darstellt. Jeder Eingriff in diese Einheit ist störend, denn wir kennen noch lange nicht alle Zusammenhänge und Auswirkungen.

Als Geschäftsleute vergessen wir nur allzuleicht und allzuoft, dass wir auf dieser Erde wohnen und ein Teil dieser Erde sind. Wir alle sind viel zu weit weg vom Ursprung des Lebens. Selbst die heutige Landwirtschaft hat sich weit davon entfernt. Man betrachtet den Boden als Produktionsmittel, kultiviert und düngt ohne Rücksicht auf Grundwasser oder ökologisches Gleichgewicht. Solches Handeln zeugt davon, wie wenig wir im Grunde genommen die Natur verstehen. Wir meinen sie zu beherrschen, dabei erreichen wir einzig die Zerstörung. Oder wir betrachten Tiere als Ware, mästen sie unter Zusatz von Chemikalien, transportieren sie wie Säcke und wenden Schlachtmethoden an, die schlicht grausam sind. Können Sie solche Methoden als natürlich einstufen?

Ja, ich kenne die Einwände. Sie sagen, dass unsere arbeitsteilige Welt und die Überbevölkerung solche Methoden verlange. Ist dem wirklich so? Weshalb stoppen wir nicht z.B. die wahnwitzige Ausdehnung der Rinderzucht, die massgeblich für die Zerstörung riesiger Wälder (auch des Regenwaldes) und Felder verantwortlich ist? Diese Böden sind für Tierhaltung ungeeignet. Zudem ist die Produktion von Fleisch im Vergleich zu Gemüse unrentabel. Damit ein Mensch von Fleisch satt werden kann, wird die drei- bis fünffache Landfläche benötigt. Warum reden wir allen Menschen ein, Fleisch sei das Grösste? Warum werden wir nicht etwas bescheidener und sagen: Einmal Fleisch pro Tag oder auch nur jeden zweiten oder dritten Tag genügt mir. Es ist sogar besser für Ihre Verdauung. Und auch die Wahrscheinlichkeit, dass Sie Rheuma, Gicht und Arthritis bekommen sinkt, wenn Sie weniger Fleisch essen. Wo also bleibt die Natürlichkeit bei diesen uns anerzogenen Ernährungsgewohnheiten?

Warum handeln wir gegen alle Vernunft? Wir haben uns verrannt in unnatürliche Ziele, in reines Marktdenken, in politisch festgefahrene Geleise, in Denkschemata, in wissenschaftliche Meinungen. Es ist niemand da, der die Gesamtzusammenhänge aufdeckt. Und wenn doch jemand wagt, solche aufzuzeigen, dann steigen Hunderte, ja Tausende von Experten aus den jeweiligen Fachgebieten auf, schnattern und rufen und schreien. Sie beweisen mit vielen Worten, dass in ihrem Gebiet die Welt sicherlich stimmt und dass deshalb der logische Schluss des Gesamtbildes falsch sei.

Ich bin der festen Überzeugung, dass das Angstgespenst der Arbeitslosigkeit unbegründet ist. Würden wir natürliche Ziele anstreben und würden wir den Menschen erlauben, ihren Genius frei einzusetzen, hätten wir innerhalb kürzester Zeit Lösungsansätze für viele der heute bestehenden Probleme. Dazu braucht es nicht viel. Wir müssten einzig unser business-likes Denken, das sich immer an der Sache oder dem Produkt orientiert, umkehren. Um 180 Grad. Nicht die Sache, die Materie, steht im Zentrum, sondern das Leben, der Mensch, die Natur. Gottlieb Duttweiler hat uns ein gutes Beispiel gegeben.

Sein Ziel würden wir heute wahrscheinlich so formulieren:
«Ziel der Migros ist es, qualitativ ansprechende Grundnahrungsmittel zu unschlagbar günstigen Preisen an möglichst vielen Standorten anzubieten.»

Damit haben wir lehrbuchmässig ein rein materielles, betriebswirtschaftlich korrektes Ziel formuliert. Aber wir sind am eigentlichen Kern vorbeigeschossen und verlieren uns damit im All. Duttweilers Vision sah ganz anders aus. Er wollte den hungernden Mitmenschen helfen. Punkt. Dafür beigeisterten sich auch seine Mitarbeiter. Die Formulierung «unschlagbar günstige Preise» wird dagegen wie abgestandenes, lauwarmes Abwaschwasser.

SCHLAGLICHT

Optimale oder gar überwältigende Resultate sind nur mit natürlichen Zielsetzungen, die dem Erhalten und Fördern des Lebens dienen, möglich.

(Engel)

5.3 Das visionäre auf ein einziges Ziel gebündelte Bild

In der Denkschulung bezeichne ich das visionäre Bild als Aktivbild. Es ist in jedem (privaten) Leben und in jeder Unternehmung der wichtigste, zentralste Punkt; der Lebensmittelpunkt. Ob Sie ein solches Bild bewusst erstellen und benutzen oder nicht, ist nebensächlich. Ihr privates Leben und der Bestand und das Gedeihen einer jeden Unternehmung wird immer von Vorstellungen bestimmt. Gäbe es kein geistiges Gebilde als Gerippe oder als Hintergrund, gäbe es die Unternehmung nicht. Die Unternehmung besteht, blüht und gedeiht in dem Ausmass, in dem ein visionäre Bild besteht, lebt und wächst. Ist das Bild unscharf, ungenau, grau in grau, dann ist auch die Unternehmungsentwicklung schleppend. Besteht das Bild in vielen unterschiedlichen Ausführungen oder sogar Gegensätzen bei den Mitarbeitern, kommt die Firma nie vom Fleck. Wie sollte sie auch? Es sind allzu viele sich widersprechende Kräfte am Werk. Das kann nicht gut gehen.

Dieser letzte Punkt ist eminent wichtig. Eine Vision, die nicht ein in sich geschlossenes Ganzes bildet, ist zum Scheitern verurteilt. Leider ist aber der Zwiespalt zwischen Arbeitgeber und Arbeitnehmer fast alltäglich im Wirtschaftsleben. Ist es nicht so, dass die Unternehmensleitung gegen die Mitarbeiter Front macht und dass sich die Angestellten ihrerseits in Gewerkschaften formieren, um so gewichtiger für ihre Anliegen zu kämpfen? Alle solchen Gedanken und Handlungen sind im höchsten Masse schädlich. Und zwar für beide Seiten.

Das Unternehmen wird seine Vision nie erreichen können, solange es im Unternehmen Kräfte gibt, die ein völlig anderes Ziel ansteuern. Ein solchermassen zerstrittenes Gebilde ist vergleichbar einem Auto, das zwei Lenkräder hat, wovon eines auf die Vorder- und eines auf die Hinterräder wirkt. Ein solches Auto wird nie in der Bahn bleiben, es landet immer und immer wieder im Strassengraben. Es vergeudet den grössten Teil der Motorkraft mit sinn- und inhaltslosem Hickhack.

Ich werde nie verstehen, wie sich vernunftbegabte Menschen, die an sich das gleichen Ziel verfolgen, gegenseitig bekriegen und bekämpfen können. Waren die Gewerkschaften nicht ursprünglich dazu da, ihre Mitarbeiter möglichst optimal auf ihre Aufgabe vorzubereiten? Sie zu schulen, zu stützen und auszurüsten? Wie konnte es dazu kommen, dass sie diese Ziele vergassen? Wäre es heute, angesichts der immensen Umwälzungen, nicht ein dringendes Gebot der Stunde, die Mitarbeiter wieder zu schulen, beispielsweise in Richtung emotional gefestigte Persönlichkeiten? Wäre eine solche Ausrüstung für den Berufsalltag nicht erheblich sinnvoller als Lohn- und Kampfparolen? Könnte der Arbeitsfrieden nicht viel einfacher gesichert werden durch das Erarbeiten eines optimalen, für beide Parteien voll akzeptablen Leitbildes?

 Was tragen Sie dazu bei, Arbeitskämpfe in Ihrem Unternehmen zu vermeiden? Wie rüsten Sie Ihre Mitarbeiter aus, damit sie ihre tägliche Aufgabe optimal und mit grösstmöglicher Zufriedenheit erfüllen können? Wie honorieren Sie die Arbeitsleistung Ihrer Mitarbeiter?

Wie stellen Sie sicher, dass die Mitarbeiter genau das gleiche Ideal und die gleiche Vision verfolgen wie Sie als Unternehmer?

Sind Lohn- und Kampfparolen der Gewerkschaften wirklich berechtigt, oder steckt dahinter Profilierungssucht und Machtdemonstration der Gewerkschaftsbosse? Wären die Lohnforderungen mit optimaler Arbeitsleistung nicht viel einfacher, sicherer und für beide Parteien sinnvoller erreichbar? Können Sie Kämpfe am Arbeitsplatz mit Ihrem Gewissen vereinbaren? Wie gehen Sie nach einem Arbeitskampf wieder zur Arbeit? Wie sehen Sie Ihren Vorgesetzten in die Augen? Wie können Sie sich für etwas einsetzen, gegen das Sie gleichzeitig kämpfen?

Können Sie Kampf, Stress, Aggression mit Ihrem persönlichen Lebensstil und Ihrer Ethik vereinbaren? Wäre es nicht viel sinnvoller, den Gewerkschaftsbeitrag in einen Solidaritätsfonds einzubringen, der dazu verwendet wird, den Arbeitsfrieden zu sichern, indem ein für beide Parteien optimales Unternehmensleitbild erarbeitet wird?

Sofern und soweit Sie ein natürliches Ziel für Ihre Unternehmung gefunden und definiert haben, muss dieses Ziel als nächster Schritt in ein visionäres Bild umgewandelt werden. Ich spreche absichtlich und immer wieder vom «visionären» Bild. Die dürre Kaufmannssprache, die für Leitbilder üblicherweise angewandt wird, oder das noch trockenere Juristendeutsch mit dem der Zweck in den Satzungen umschrieben wird, sind hier völlig ungeeignet. Diese Formulierungen sprechen lediglich den Verstand an. Hier aber geht es um etwas ganz anderes: Um menschliche Fähigkeiten, um Geist, Emotionen und Gefühle. Damit wir solche Gedanken überhaupt verstehen können, verlassen wir für einen Moment das visionäre Bild.

SCHLAGLICHT

Visionieren ist nicht schwer, sofern es im Einklang mit der Natur erfolgt und sofern sorgfältig darauf geachtet wird, dass keine Widersprüche vorhanden sind. Visionieren ist gleichbedeutend mit Ausrichten aller Kräfte auf ein gemeinsames Ziel.
(Engel)

5.4 Der Mensch als Ganzheit

Wir Menschen sind mehrschichtige Wesen, denn wir haben Körper, Verstand, Herz, Seele. Als Geschäftsleute versuchen wir das zwar meistens zu leugnen. Wir versuchen bewusst auf der Verstandesebene zu kommunizieren. Emotionen und

Gefühle sind uns irgendwie unangenehm, unbequem und auch etwas ungeheuer. Wir haben keine Zeit für Gefühlsduselei oder gar für esoterische Spinnereien. Und doch dauert es heute wieder einmal ewig, bis der diktierte Brief fertig wird. Hätten Sie nachgefragt (und wären menschliche Gefühle im Betrieb erlaubt), hätten Sie vielleicht erfahren, dass Frau Brunner, die Sekretärin, Liebeskummer hat. Oder den Verlust ihrer Katze nicht verschmerzen kann. Mit anderen Worten gesagt: Wir können im Geschäftsleben zwar so tun, als wäre der Mensch ein Maschine und würde nur als Verstand und als Wissen funktionieren, aber es ist eine grobe Selbsttäuschung. Auch die perfekteste (angepassteste) menschliche Maschine besteht immer noch aus Körper, Seele und Geist. Wenn wir jemals griffige Führungsrichtlinien, Management-Techniken und Leistungssteigerungen erreichen wollen, dann müssen wir uns, wohl oder übel, zuerst einmal mit dieser menschlichen «Maschine» auseinandersetzen.

Ich staune immer wieder, wie genau viele Menschen ihr Auto kennen. Sie wissen über den Turbolader, das Drehmoment, die Beschleunigung und vieles andere bestens Bescheid. Aber sie haben keine Ahnung von Menschen. Wie kommt es, dass wir Maschinen und Geräte studieren, Menschen aber nicht? Vielleicht, weil bei jedem neuen Gerät eine Bedienungsanleitung beiliegt?

Sie haben natürlich recht. Der Mensch ist keine Maschine, und es gibt keine eigentliche Bedienungsanleitung für ihn. Nicht zuletzt deshalb müssen ja auch immer wieder neue Management-Techniken erfunden werden.

Der Mensch ist zwar zugegebenermassen überaus vielschichtig, aber es ist wie in allen anderen Denkrichtungen und Wissensgebieten auch: Menschenkenntnis ist lernbar. Und bevor Sie sich in Details stürzen, sollten Sie versuchen, den Überblick zu gewinnen. Das wiederum ist nicht weiter schwierig. Es geht im Grunde genommen nur darum, das materielle Menschbild, das in unseren Köpfen so stark verankert ist, so zu erweitern, dass es dem Menschen als Gesamtheit, bestehend aus Körper, Seele und Geist, entspricht. Leider wird der Begriff «Ganzheit» in unsrer Zeit mehr und mehr zweckentfremdet. Es ist fast wie der Begriff «Bio». Plötzlich sind alle Produkte biologisch oder ganzheitlich. Dabei haben beide Begriffe sehr wenig mit der Materie, viel aber mit Leben, wirklichem Leben, zu tun.

Erstellen wir also einen groben Raster über den Menschen. Vergessen wir für einen Moment alles, was wir von der Kirche, Politik, Wissenschaft her zu wissen glauben und vergessen wir ebenso alles, was wir von der Psychologie gehört haben. Betrachten wir den Menschen befreit von allen Dogmen und Lehrmeinungen:

Geist	Seele	Körper
Inspiration, Bewusstsein, schöpferische Ebene	Intuition, Bereich der Gefühle, Emotionen	Körperlicher, physischer Bereich
Glaube	Gefühlmässiges Verstehen	Angelerntes, erworbenes Wissen
Gehirn	Herz	Leib
Welt der Gedanken, Ideen und Gedankenblitze. Geistige Führung. Vertrauen in und Glauben an die übergeordnete Urkraft des Universums.	Gefühle, Emotionen und Erinnerungen wie z.B. Liebe, Hass, Zuneigung, Abneigung, Neid, Eifersucht, Mitleid usw.	Körperbezogene Aspekte wie z.B. Aussehen, Körperbau, Muskeln, Haare usw. Materieller Besitz aller Art (Haus, Auto, Kleidung).
Geistige Fitness	Seelische Fitness	Körperliche Fitness

Geistige Gesundheit

Körperliche Gesundheit

Ganzheitlichkeit des Menschen

Wenn ich irgendwann irgend etwas erreichen will auf dieser Welt, dann muss ich in das Bewusstsein meines Gesprächspartners vordringen. Ich muss zusätzlich seinen intuitiven Bereich, die Welt der Gefühle, ansprechen, und ich muss den körperlichen Bereich mit einbeziehen.

Warum verhalten sich Mitarbeiter (vermeintlich) schnöde? Weil sie in der Firma einseitig behandelt werden. Sie werden als körperliche Maschinen mit einem bestimmten, sehr beschränkten Wissen und einem angelernten Verstand gesehen und eingesetzt. Sie werden in viereckige, normierte, vorgedachte, starre hierarchische Positionen hineingestellt. Und sie werden durch Managementmethoden gegängelt. Dabei sind sie doch eirunde Eier. Und bleiben es trotz aller Massnahmen.

Schlaglicht

Wir mögen uns noch so geschäftsmässig geben, eine Tatsache bleibt trotzdem unverrückbar bestehen: Wir Menschen bestehen nicht nur aus Körper, Verstand und Logik, sondern vielmehr auch aus Gefühlen, Emotionen, Erfahrungen. Optimale Resultate sind immer nur dann möglich, wenn wir die Menschen als Ganzheit ansprechen. *(Engel)*

- Wie das Gedankengut der Ganzheitlichkeit auf das Unternehmen übertragen wird, d.h., was in der Firma der Unternehmenskörper, was die Unternehmensseele und was den Unternehmensgeist ausmacht, das finden Sie in Anhang Nr. 6: «Das Unternehmen mit anderen Augen sehen».

5.5 Das Aktivbild

Kehren wir zu unserem visionären Bild zurück. Es muss also Komponenten enthalten, die den Geist, die Seele und den Körper ansprechen. Auf den ersten Blick erscheint das schwierig. In Tat und Wahrheit ist es einfach. Wir sind nicht nur dreiteilige, ganzheitliche Menschen, sondern wir leben (natürlicherweise!) auch so. Die Betonung liegt hier auf «natürlicherweise». Leider ist die Klima in vielen Unternehmen alles andere als natürlich. In vielen Firmen wird versucht, den Menschen zu dritteln und nur den körperlichen Drittel am Firmentor passieren zu lassen. Den Geist und die Seele hat der Mitarbeiter gefälligst zu Hause zu lassen oder spätestens am Eingangstor abzugeben oder in der Garderobe aufzuhängen. Schade. Die Unternehmung zahlt damit 100% Lohn für gerade mal einen Drittel Menschen. Sie lässt damit ihre Mitarbeiter geistig und seelisch verkümmern und schädigt sich selbst obendrein.

Sie mögen vielleicht der Meinung sein, das Aktivbild bzw. die Firmenzielsetzung sei Angelegenheit des Kaders oder des Generaldirektors. Ich aber spreche bewusst immer wieder vom Mitarbeiter. Einerseits bin ich ein Verfechter der Mind-Power, d.h. der geballten Geisteskraft. Deshalb kann ich nie genug Gedächtnisse um mich herum haben. Andererseits kann ein Firmenziel nie erreicht werden, wenn es den Mitarbeitern unbekannt bleibt oder von ihnen abgelehnt wird. Ein Firmenleitbild unter Verschluss oder sogar als Geheimsache zu behandeln ist etwa so, wie wenn Sie in einem Raum Licht machen möchten, die einzige Birne aber vorher einmauern und die Mauer auch noch mit schwarzer Farbe anstreichen.

Kapitel 5 — Das Unternehmensziel

In der Praxis wird natürlich die oberste Geschäftsleitung das Firmenleitbild entwerfen. Aber es kann nicht schaden, wenn möglichst viele daran mitdenken. Es geht nämlich nicht bloss um die schriftliche Formulierung, es geht um ein wirkliches, richtiges, visionäres, zukunftsgerichtetes Bild. Am liebsten würde ich in jeder Unternehmung in der grossen, repräsentativen Eingangshalle die Wand damit bemalen lassen. Und zwar von den Mitarbeitern! Flächendeckend! Farbig, bunt!

Kehren wir nochmals einen Moment zurück zu Gottlieb Duttweiler. Wie sah sein Bild aus? Er sah arme Menschen, die hungerten, und er sah den einfachen Migros-Laden, und er sah, wie in diesen Laden viele Menschen hineinströmten. Sie zogen ihre Geldbörse, hatten sehr wenig Geld darin, überlegten sich gewohnheitsmässig, ob sie heute Mehl oder Kartoffeln kaufen sollten und merkten dann, dass es heute für beides reichte. Sie begannen zu strahlen über das ganze Gesicht, zahlten für die Ware und liefen so rasch als möglich nach Hause damit. Er sah die Freude der Kinder, er sah die Mutter, wie sie buk und kochte, und er sah die Familie am Tisch sitzen und essen. Er sah die glücklichen, satten Gesichter der Kinder. Haben Sie mitgezählt. Wie viele farbige, lebendige Einzelbilder haben Sie gesehen?

Jetzt vergleichen sie dieses Bild einmal mit Juristendeutsch: «Der Gesellschaftszweck ist die Verteilung von Lebensmitteln zu günstigen Preisen.» Wieviel Bilder haben jetzt gesehen? Ich sah nicht einmal einen schwarzen Rahmen. Da war einfach nichts.

Sehen Sie, was ich unter Aktivbild verstehe? Können Sie sich die Vision von Gottlieb Duttweiler bildhaft vorstellen? Versuchen wir es einmal miteinander. Schliessen Sie die Augen und gehen Sie den Text nochmals gedanklich durch. Stellen Sie sich jetzt eine grosse, weite, lichte Eingangshalle vor. Beginnen Sie Ihre gedanklichen Bilder auf diese grosse, weisse Fläche zu malen. Sequenz um Sequenz nimmt Gestalt, Farbe und Form an. Malen Sie an den Einzelbildern. Verweilen Sie, nehmen Sie sich Zeit. Betrachten Sie die Bilder. Verlieren Sie sich in Details. Indem Sie das tun und sich so verhalten, sprechen Sie Ihren Geist an. Sie sind schöpferisch tätig. Sie sprechen auch Ihre Gefühle an, Sie bringen Emotionen mit ins Spiel und Sie sehen die Menschen auch als körperliche Wesen vor sich. Indem Sie hier Ihre Phantasie benutzen, sind Sie ganzheitlich tätig. Sie sind Mensch und benutzen Ihre menschlichen Fähigkeiten. Die Ganzheitlichkeit ist somit weder mysteriös noch unerreichbar. Sie ist so natürlich wie jeder Mensch selbst. Sobald wir uns öffnen, den Gedanken und Gefühlen Raum gewähren, sind wir ganzheitliche Menschen. Leider haben wir so oft und so lange geübt, nur materielle Menschen zu sein und rein geschäftsmässig zu denken, dass uns die natürliche Ganzheitlichkeit zuerst relativ fremd erscheint. Sie ist es absolut nicht. Sie werden rasch bemerken, dass es die natürlichste Sache der Welt ist, ganzheitlich zu leben.

In der Praxis werden Sie Ihr visionäres Firmenbild natürlich zuerst in Worte fassen. Verwenden Sie aber bitte kein Kaufmanns- oder Juristendeutsch. Wenn Sie selbst kein Bild beschreiben können, dann fragen Sie Ihre Frau oder Ihre Kinder. Kleine Kinder sind in ihrer Phantasie meist noch so unbefleckt, dass sie innert Sekunden prächtige und phantastische Bilder daherreden. Wir erwachsenen Menschen haben leider unsere Emotionen, unsere Originalität und unsere Gefühle zu oft an der Garderobe abgeben müssen.

Im visionären Bild geht es keineswegs darum zu sagen, wieviel Umsatz oder Gewinn Ihr Unternehmen machen soll. Es geht auch nicht um einen Stabsplan, in dem Sie bestimmen, dass Sie in diesem Jahr eine neue Filiale in Wien errichten und dass Sie zwei neue Artikel auf den Markt bringen. All das sind rein materielle Ziele. Sie sprechen nur einen geringen Teil des Gesamtbildes an. Es geht um etwas ganz anderes: Um das natürliche Ziel.

BEISPIEL

Ich kenne einen Unternehmer, der eine Bahntransportgesellschaft gründete. In einer Zeit, in der die Bahn als Konkurrenz zur Strasse mehr als grosse Probleme hat und in einer Zeit, in der sich die Transportbranche bis aufs Messer bekämpfte. Er wagte es trotzdem. Und erlebte eine Erfolgsgeschichte, wie sie im Buche steht. Dank einem visionären Bild. Seine Vision sieht so aus: In den riesigen Gebieten des Ostens, die bis vor kurzer Zeit unter totalitärer Herrschaft litten, hier erwachen die Menschen. Sie ergreifen Initiative, beginnen zu produzieren, benötigen Rohstoffe, schaffen Werte. Er sieht diese Menschen, wie sie aufstehen, mit einfachen Hilfsmitteln arbeiten. Er sieht die schlechten Strassen, die fehlenden LKWs und er sieht das bestehende Schienennetz. Die Schienen sind zwar auch nicht besonders gut, aber Züge rollen darüber. Jetzt sieht er sich Züge organisieren und zusammenstellen. Er sieht, wie Zug um Zug über grosse Distanzen, schwer beladen, über Geleise donnert. Er sieht, wie sich das ganze, riesige Gebiet zu beleben beginnt. Er sieht immer mehr Eisenbahnen von Osten nach Westen fahren und er sieht, wie die gleichen Waggons im Osten beladen werden und zurückrollen in den Westen. Er sieht die Züge an der Grenze halten, die Zollformalitäten werden von seinen Leuten erledigt, die Ware wird von seinem Personal kontrolliert. Er sieht Telefaxe Seiten um Seiten ausspucken, er sieht Telexe rattern und er sieht Telefone läuten. Er verfügt über Computer, die unsere Schrift in kyrillisch umwandeln, er sieht ..., er sieht ... – sehen Sie es auch?

Sein Bild ist also eindeutig nicht das Umsatzziel im ersten Jahr, es sind nicht die Anzahl Mitarbeiter im zweiten Jahr oder die Filiale in Moskau im dritten Jahr usw. Nein, er sieht das natürliche Ziel. Die Menschen, die Ware benötigen. Das Leben, das in ein Gebiet fliesst, das so lange mit starrer Gewalt geknechtet war. Alles andere, das ergibt sich ganz von selbst, bzw. ist nur eine logische Folge des Bildes und eine Frage der Organisation. Und wie es sich ergab! Die Firma hatte zweistellige Zuwachsraten. Mitten in der Rezession! Innerhalb einiger weniger Jahre baute dieser Unternehmer ein weltumspannendes Netzwerk auf.

SCHLAGLICHT

Alles, was auf dieser Welt entstehen soll, muss zuvor geplant, durchdacht und geistig erschaffen werden. Je gründlicher Sie das tun, um so einfacher und rascher kann die materielle Umsetzung erfolgen. *(Engel)*

5.6 Ihr eigenes Aktivbild

Ich sagte es bereits mehrmals: Für mich ist das Aktivbild der erste und wichtigste Schritt für das Gedeihen eines jeden Unternehmens. Es ist gleichzeitig die wichtigste Voraussetzung dafür, dass ein Unternehmen überhaupt geführt werden kann. Die Realisierung eines eigenen Aktivbildes ist eigentlich nicht schwierig.

Zu Beginn stellen Sie sich die Frage: Wem diene ich als Unternehmer eigentlich? Wer sind die Menschen, Tiere, Bäume, Pflanzen, denen meine Waren oder Dienstleistungen nützen oder helfen? Was ist das natürliche Ziel meiner unternehmerischen Tätigkeit?

Schreiben Sie die Antwort auf ein Blatt Papier. Verweilen Sie ruhig etwas dabei. Handeln Sie hier wie ein Käsehändler, der das Messer am Käseleib ansetzt, abschneidet, das Stück auf die Waage legt und Sie dann anlächelt und ganz treuherzig fragt: «Darf es etwas mehr sein?» Sagen Sie hier aus vollem Herzen: «Ja». Mit anderen Worten: Ihre Beschreibung darf ruhig eine Seite (oder zwei, oder drei) lang werden. Je besser, ausführlicher und genauer Sie das Bild festhalten, um so effektiver.

Das Bild ist immer eine Realität, ein «fertiger Zustand». Kein «werden», kein «eventuell», kein «vielleicht». Der Bahntransporteur sah die Menschen Ware verwenden, er sah die Eisenbahnzüge rattern, er sah die Mitarbeiter am Zoll. Es war zwar noch Zukunft, aber für ihn war es schon lange Realität. Genau so hat Duttweiler gehandelt. Er sah, wie die armen Familien am Tisch sassen, glücklich und satt waren. Dieses Bild lag zwar noch Jahre in der Zukunft, aber für Duttweiler war es Realität. Genauso bei Sony: Der Begründer von Sony hatte den Eindruck, dass Menschen nicht nur zu Hause Musik hören möchten, sondern auch unterwegs. Er sah die Menschen mit Kopfhörern und kleinen Kästchen herumlaufen und dabei die Musik geniessen. Das war sein Aktivbild, und genau das hat Sony produziert und genau so laufen die Leute heute herum.

Das Aktivbild zeigt somit immer das fertige Bild. Es ist sozusagen der Plan, die Blaupause, das Gut zum Druck. Es ist die geistige Durchdringung eines Zustandes, der sich nachträglich in der materiellen Welt verwirklichen wird. Das Erstellen des Aktivbildes ist der Aufbau der Unternehmung in der geistigen Ebene. Ihr folgt die Realisierung auf der materiellen Ebene ganz zwangsläufig.

Wir wissen, dass eins und eins zwei gibt. Wir zweifeln keine Sekunde an der Wahrheit dieser (mathematischen) Aussage. Wir wissen auch, dass der Körper dem Geist folgt. Warum zweifeln wir an dieser Wahrheit? Weil sie wissenschaftlich nicht nachgewiesen ist? Ein unlogischer Gedanke. Eins und eins gibt nur in unserem gewohnten dezimalen System zwei. Im binären Zahlensystem ergeben die beiden Ziffern 01 plus 01 aber nicht 02, sondern 10. Ist unsere Mathematik somit falsch? Nein, wir sollten nur erkennen, dass Mathematik bloss ein Mittel ist, die Realität wiederzugeben. Warum also sollte die Aussage «der Körper folgt dem Geist» nicht richtig sein? Wir haben hunderte von Beispielen, die es belegen. Warum zögern wir, diese Wahrheit umzusetzen? Doch nur, weil wir meist lediglich in der materiellen Welt leben und die Augen vor der geistigen und seelischen Welt verschliessen.

Das Aktivbild ist der geistige Plan bzw. die geistige Realität für das Unternehmen. Je genauer, detaillierter, wahrheitsgetreuer und umfassender Sie diese geistige Realität erschaffen, um so genauer und präziser kann sie in die materielle Welt umgesetzt werden.

Unsere Gedankenwelt ist ganz ausserordentlich. Wir sind uns selten bewusst, welche erstaunlichen Dinge sie tun kann. Meist denken wir körperlich. Wir wissen, wie langsam und mühsam wir uns in einer Stadt vorwärtsbewegen. Wir sehen uns im Stau oder wir schlängeln uns mühsam durch Menschenmassen. Wir wissen, wie lange es dauert, um nach Paris zu fliegen. Wir wissen, wie holprig die Strassen auf dem Arbeitsweg sind. Dieses Wissen übertragen wir auch auf die Gedankenwelt. Und unterliegen dabei einer immensen Täuschung. Unsere Gedanken reisen und arbeiten viel schneller als unser Körper – und weit rasanter als der Schall. Gedanken haben Lichtgeschwindigkeit! Ich kann jetzt (in Gedanken) am Strand liegen, und in der nächsten Sekunde stehe ich auf dem Markusplatz in Venedig, und in der nächsten Sekunde sitze ich in einem Bistro auf den

Champs-Elysées, in der nächsten Sekunde liege ich zu Hause in meinem Bett. Ohne Zeitverzögerung, ohne Anstrengung, alles das ist sofort geistige Realität.

Voraussetzung, dass ich es kann, ist die, dass ich die Bilder abrufbereit gespeichert habe. Ich muss also die Champs-Elysées, mein Bett und den Markusplatz in Venedig gut kennen bzw. mir vorstellen können. Dann kann ich jederzeit dahin reisen. Die Reise ist nicht etwa beschränkt auf die visuelle Wahrnehmung. Nein, Geräusche, Farben, Gerüche, Emotionen und Gefühle sind ebenso blitzartig da. In Paris z.B. die Erinnerung an die Verliebtheit, in Venedig etwa die Wut über den Taschendieb oder die verlorene Kamera usw. Die geistige Welt ist, alles in allem, mindestens ebenso real wie die rein materielle Welt.

Deshalb ist es auch leicht, die geistige Realität meiner Firma jetzt, hier und heute, sofort zu erstellen.

Ich betone hier nochmals ganz ausdrücklich, dass das Arbeiten mit dem Aktivbild bzw. mit dem Unternehmensziel keineswegs Spielerei oder Spleen ist. Es ist kein Humbug, kein esoterischer Trick. Ganz im Gegenteil. Es ist schlicht und einfach Teil dieser Welt. Unsere Welt besteht aus einer geistigen, einer seelischen und einer körperlich-materiellen Realität. Dass wir nur die materielle Seite sehen, ist ebenso wahr wie die Tatsache, dass ich die geistige Realität jederzeit (gedanklich und emotional) erleben kann.

Genau wie wir Menschen ganzheitliche Wesen sind, ist auch unsere Welt ganzheitlich. Die Natur ist so. Sie ist nicht nur Materie. Sie ist Geist und Materie. In einer Zeit, in der so viel über Ganzheitlichkeit gesprochen und geschrieben wird, sollten wir uns an den Ursprung aller Ganzheitlichkeit erinnern.

Das visionäre Bild ist wie ein Traum. Ihre ganz persönliche Vision Ihres Unternehmens. Lassen Sie diesen Traum im Geist Gestalt annehmen und formulieren Sie ihn aus. Machen Sie nicht bloss eine Skizze oder einen Entwurf. Formulieren Sie ihn aus, malen Sie mit Worten. Seien Sie kühn in den Erwartungen und werden Sie genau in den Details.

Nachdem Sie das Aktivbild in Schriftform erstellt haben, erstellen Sie auch entsprechende Bilder dazu. Verwenden Sie Computergrafiken, schneiden Sie Bilder aus Illustrierten aus, nehmen Sie Fotobücher, gehen Sie hin und schiessen Sie eigene Fotos. Lassen Sie es malen von Malern, skizzieren von Kindern, phantasieren von Mitarbeitern.

Das Aktivbild besteht immer aus dem schriftlichen und dem bildlichen Teil. Das eine ergänzt das andere. Ein Bild erzählt tausend Worte, und die Worte erzählen immer wieder neue, zusätzliche Bilder. Das ist Aktivbildtechnik. Es ist wie das Weben eines Teppichs. Und es ist die Art, wie ein Unternehmensleitbild wirklich erstellt wird. Das ist die Art, wie ein Unternehmen entsteht, weiter wächst und im Sturm überlebt.

Sollten Sie meinen Vorschlag, das Bild in der Eingangshalle malen zu lassen, wirklich in die Tat umsetzen, dann bitte ich Sie, mich einzuladen. Ich würde mich sehr darüber freuen.

Schlaglicht

Nachdem Sie Ihre Vision formuliert haben, kommt der schöne Teil: Beginnen Sie, sie zu malen.

5.7 Die Konkretisierung

Haben Sie Ihr Unternehmensbild unter Mitwirkung Ihrer Angestellten erstellt, dann beginnt der eigentliche Teil der Arbeit. Um diese Aufgabe verständlich zu schildern, muss ich etwas ausholen.

Sicher kennen Sie das positive Denken. Wahrscheinlich haben Sie auch vom wohl bekanntesten Satz «Es geht mir von Tag zu Tag besser und besser» gehört. Möglicherweise haben Sie selbst Versuche mit diesem Satz oder ähnlichen Floskeln gemacht. Und gegebenenfalls sind Sie dabei enttäuscht worden.

Diese Enttäuschung ist verständlich. Sie ist nichts weiter als die logische Folge, denn was Sie getan haben war nicht eigentliches positives Denken, sondern Wunschdenken. Zwischen diesen beiden Begriffen liegen Welten. Das Wunschdenken ist ein sich Sehnen nach einer vollkommenen, unbelasteten Weisse-Wolken-Welt. Wenn Sie ehrlich zu sich selbst sind, dann wissen Sie von allem Anfang an, dass solche Gedanken reine Utopie sind. Zumal unrealistische Gedanken auch nicht messbar sind. Was heisst «besser und besser» konkret? Um unrealistisches Denken zu dokumentieren, verwende ich gerne das Bild jener Frau, die sich jeden Tag sagt: «Ich werde Papst.»

Positives Denken berücksichtigt die Realität. Es ist zwar sehr wohl prospektiv und visionär, verliert aber nie den Kontakt zur Wirklichkeit. Positives Denken ist auch kein Denken in alle Zukunft, sondern sehr zeit- und raumbezogen. Mit anderen Worten heisst das, dass grosse Ziele in kleinere Stücke portioniert werden. In Zeit- und Erfolgsabschnitte, die überblickbar und kontrollierbar sind. Anstatt zu denken: «Es geht mir von Tag zu Tag besser und besser», sollte man viel sinnvoller denken «Bis Ende Monat habe ich zwei Kilo abgenommen, denn ich ernähre mich bewusst natürlicher und gesünder.» Die zwei Kilos sind ein realistisches, leicht kontrollierbares Ziel, der Monat ist ein rationaler Zeitabschnitt. Wenn Sie so vorgehen, haben Sie Ende Monat zwei Kilo weniger auf der Waage. Garantiert. Vorausgesetzt, Sie sagen sich Ihren Spruch nicht nur einmal alle zwei Wochen, sondern jeden Tag eintausend Mal. Nämlich immer dann, wenn er Ihnen in den Sinn kommt, wenn Sie Ihr Essen einkaufen, wenn Sie essen, wenn sie an essen denken, wenn Sie über Ihre Figur sprechen usw. Wenn Sie sich so verhalten, dann können Sie gar nicht mehr anderes, als weniger und gesünder essen. Ihr Körper wird dann nicht nur zwei Kilos, sondern höchstwahrscheinlich mehr Gewicht verlieren. Und zwar ohne irgendwelche Tricks, Pillen oder Wundermittel. Und auch ohne Hunger.

Und damit bin ich beim Punkt. Ein Untenehmensleitbild in Form der Aktivbildtechnik muss erstens realistisch sein und muss zweitens leben. Jeden Tag muss es ununterbrochen in den Gedanken all Ihrer Mitarbeiter stecken. Das erreichen Sie beispielsweise, indem es in der Eingangshalle grossflächig aufgemalt ist, oder indem es in jedem einzelnen Schriftstück der Firma als Logo oder Bild erscheint, oder indem jeder Mitarbeiter am Bildschirm damit begrüsst wird, oder indem immer und immer wieder neue interessante Wettbewerbe rund um die Aktivbilder veranstaltet werden usw.

Beachten Sie, dass das Bild für jeden Mitarbeiter realistisch und nachvollziehbar bleibt. Beachten Sie weiter, dass das Bild regelmässig, z.B. jedes halbe Jahr, an effektiven Ergebnissen gemessen werden muss und dass es nur in dem Ausmass lebt, in dem das Bild realistisch und natürlich bleibt.

SCHLAGLICHT

Realistische Unternehmensvisionen leben in dem Ausmass, in dem das Bild am Leben ist.
(Engel)

5.8 Zukunftsvision Humutopia

Bereits im letzten Kapitel habe ich immer wieder die bildhafte Darstellung gebraucht, um damit Ihre Phantasie anzuregen. Ich möchte Sie jetzt nochmals auf eine Reise mitnehmen. Ich lade Sie in das Land Humutopia ein. Humutopia ist ein Pilotprojekt, dem eine Gruppe von ganzheitlich orientierten Wissenschaftler vorsteht, die alle heute bekannten Denkrichtungen vertreten.

Humutopia liegt nicht auf unserem Planeten, auch nicht in unserer Zeit. Es ist irgendwo im Weltall und irgendwo in der Zukunft. Die Menschen, die dort leben, sind allesamt glücklich und zufrieden. So utopisch das auch klingen mag, es ist die reine Wahrheit. Dabei ist es keine gespielte, gekünstelte Zufriedenheit. Es ist nicht das bekannte Smile-Lächeln, sondern es ist ein tiefer, zufriedener Gesichtsausdruck. Es ist ein Leben in Harmonie und Erfüllung.

Die Menschen in Humutopia durchlaufen Schule, Ausbildungsstätten und Universitäten wie wir. Aber der Lehrstoff ist ganz anders aufgebaut. Es wird nicht nach Fachrichtungen unterschieden. Alle Fächer sind nach einem Ziel ausgerichtet. Das Ziel lautet immer:

«Wie kann ich der Erhaltung, dem Fortbestand und der artgerechten Weiterentwicklung des Lebens dienen?»

Dieses Ziel ist Ausgangspunkt und Prämisse in der Medizin, in der Theologie, in der Physik, in der Biologie, in der Chemie, in der Betriebswirtschaft usw. Das Ziel ist so gegenwärtig, dass der Student nie die Zusammenhänge aus den Augen verliert. Er sieht immer, woher alle diese Wege kommen und wohin sie führen. Das ganze Wissen tut sich vor ihm auf wie ein Trichter an dessen engster Stelle er steht. Er kann so weit sehen und gehen wie er will, er übersieht immer den ganzen Trichter.

Nach Abschluss seiner Ausbildung nimmt er eine Arbeitsstelle an. Mit grossem Staunen erfährt er, dass sein Unternehmen ein Unternehmensleitbild hat, das sich nach genau dem gleichen Schema ausrichtet. «Was kann ich als Unternehmen zur Erhaltung, zum Fortbestand und zur artgerechten Weiterentwicklung des Lebens und der Natur tun?» Er sieht auf einen Blick, in welchem Teilgebiet dieses globalen Zieles sich das Unternehmen bewegt. Er erkennt schnell, wie sinnvoll und wichtig die Arbeit gerade seines Unternehmens ist. Die speziellen Ziele seines Unternehmens werden ihm in Wort und Bild dargestellt. Er kann diese Ziele übernehmen, denn sie sprechen ihn als ganzheitlichen Menschen an. Er fühlt die Herausforderung an seinen Geist, er fühlt die Wichtigkeit der Aufgabe, und der warme, ja herzliche Empfang in der Firma freut ihn.

Er erhält eine Aufgabe, die er als Teilaufgabe der Firmentätigkeit erkennt. Er sieht, dass diese seine Aufgabe wichtig ist und ausgerichtet ist auf die Erhaltung von Leben auf diesem Planeten. Er wird eingeladen, mitzudenken und diese Aufgabe völlig frei nach eigenem Wissen und Können weiterzuentwickeln.

Er beginnt zu arbeiten. Ihm stehen das Firmenarchiv, die bisherigen Forschungsergebnisse, der Hausjurist, die Buchhaltung, der Einkauf usw. immer und uneingeschränkt zur Verfügung. Er hat freien Zugang zum Labor, er kann jederzeit in die Bibliothek, er kann alte Jahresabschlüsse oder Personalakten einsehen. Wenn immer ihm irgend etwas unklar ist, erhält er umgehend und vorbehaltlos alle jetzt der Firma zur Verfügung stehenden Informationen. Rasch und unbürokratisch. Er fühlt sich als Mitarbeiter ernst- und wichtiggenommen. Er ist aber auch als Person wichtig. Wenn er Kopfweh hat am Morgen, kann er genauso Rat und Beistand holen, wie wenn er ein fachliches Problem hat. Wenn er Schnupfen hat, wird er gepflegt, und er erhält Ratschläge, wie er Erkältungen vermeiden kann. Was auch immer passiert: Er ist ein wichtiger Mensch in dieser Unternehmung, er ist geschätzt, er wird in allen Belangen unterstützt.

Er hat keinen Vorgesetzen, er muss auch keine hausinternen Regeln berücksichtigen – ausser einer einzigen: Für ihn, wie für alle anderen, gilt immer nur der Grundsatz «Erhaltung und Achtung allen Lebens.» Genau nach diesem Grundsatz verhält er sich auch allen anderen Mitarbeitern gegenüber. Wenn er um Rat oder Auskunft gebeten wird, unterstützt er den Hilfesuchenden genauso vorbehaltlos und umfassend, wie auch er unterstützt wird. Es kommt ihm nicht in den Sinn, neidisch zu werden. Er ist schliesslich auf seinem Gebiet anerkannt, und er dient dem Ziel wie alle anderen auch.

In der Firma gibt es keine hierarchische Ordnung, es gibt keine Managementtechniken, und Kreativitätssitzung fehlen völlig. Jeder einzelne setzt jederzeit nach bestem Wissen und Gewissen nicht nur seinen Verstand und sein Wissen, sondern alle seine Geisteskräfte ein. Er kombiniert sein Wissen mit dem von Kollegen nach seinem Gutdünken. Er arbeitet im Team, wo es notwendig ist, und alleine, wenn er so rascher vorankommt.

In der Firma gibt es weder Tadel noch Rüge noch Strafe in irgendeiner Form. Dafür wird aber jede gute und positive Leistung belobigt. Nicht in kitschiger, plumper Form. Sondern von Herzen.

Das Ziel seiner Arbeit ist nicht expressis verbis festgeschrieben. Festgelegt ist lediglich, dass seine Arbeit zielgerichtet (Erhaltung und Förderung allen Lebens) sowie innerhalb der Firmenziele liegen muss. Was genau das Resultat seiner Arbeit ist und worin der Nutzen für die Gesellschaft besteht, genau daran arbeitet der Mitarbeiter. Die Firma hat weder eine klare, scharf abgegrenzte Struktur in dem Sinne, dass sie z.B. sagt: Wir arbeiten ausschliesslich im medizinischen Sektor. Nein, sie arbeitet an der Erhaltung und Förderung des Lebens in allen denkbaren Bereichen. In welchem Bereich der Mitarbeiter fündig wird, ist seine Angelegenheit. Er ist ein geschulter, ausgebildeter, selbstverantwortlicher Mensch. Wird er im medizinischen Bereich fündig, wird er belobigt. Ist es der biologische Bereich, wird er genauso belobigt. Die Unternehmung ist glücklich über jedes Resultat und sie entwickelt sich zusammen mit dem Mitarbeiter in genau die Richtung, die der Mitarbeiter erarbeitet hat. Da er sich laufend mit seinen Arbeitskollegen bespricht, steht sein Resultat zu keinem anderen bisherigen

Resultat im Widerspruch. Ganz im Gegenteil. Es harmoniert hervorragend und passt ins Gesamtbild des Unternehmens.

Für den Mitarbeiter ist es eine Ehre, in diesem Betrieb zu arbeiten, und für die Firma ist es eine Ehre, diese Persönlichkeit, diesen ganzheitlichen Menschen als Mitarbeiter gewonnen zu haben. Beide sind Partner, verbunden durch das gemeinsame Ziel: «Förderung und Erhaltung allen Lebens.» Der Mitarbeiter fühlt sich als Mensch aufgenommen und angesprochen. Diese seine Arbeit ist seine Lebensaufgabe. Er ist stolz darauf. Er erfüllt sie nach bestem Wissen und Gewissen. Er arbeitet gerne. In Zeiten grossen Arbeitsanfalles sind Überstunden völlig normal. Fühlt er sich schwach oder krank, wird ihm geholfen, und die allfälligen Absenzen sind, als wären sie nie gewesen.

Das Unternehmen ist eines der erfolgreichsten Unternehmen auf Humutopia. Den Erfolg verdankt es seinen über tausend Mitarbeitern, die alle genau gleich handeln und denken wie unser Mitarbeiter und die sich vorbehaltlos und vollumfänglich für die Firma einsetzen.

Als Manager tragen Sie Verantwortung für ein Unternehmen und dessen Angestellte. Wie sieht Ihre Unternehmens-Vision aus? Strebt Ihr Unternehmen nach natürlichen Zielen, die dem Leben dienen und denen Ihre Mitarbeiter begeistert nacheifern können? Wie genau ist dieses Bild und wie detailliert ist es Ihren Mitarbeitern bekannt? Wann wurde der letzte Aktivbild-Wettbewerb durchgeführt unter Ihrer Belegschaft? Wann ist der letzte Artikel über Ihre Vision in der Firmenzeitung erschienen? Wie oft pro Jahr wird Ihr Bild kontrolliert anhand von konkreten Ergebnissen? Wie oft pro Jahr wird Ihr Bild ergänzt, ausgebaut und durch neue Darstellungen lebendiger gestaltet?

Kennen Sie das Aktivbild Ihres Arbeitgebers? Handelt es sich um ein natürliches Ziel, das das Leben auf dieser Erde fördert?
Wenn nein, können Sie das mit Ihrem Gewissen vereinbaren? Wann haben Sie Ihre Vorstellungen dazu eingebracht, wie die Tätigkeiten Ihres Unternehmens auf natürliche Ziele ausgerichtet werden könnten?
Wenn ja, was tragen Sie konkret dazu bei, dass dieses Ziel verwirklicht wird? Wann haben Sie zuletzt eine konstruktive Idee zur weiteren Entwicklung des Bildes eingebracht? Wie könnten Sie konkret Ihren Tagesablauf optimaler auf das Aktivbild ausrichten?

KAPITEL 5 — DAS UNTERNEHMENSZIEL

SCHLAGLICHTER

Erste Voraussetzung für das optimale Gedeihen eines Unternehmens ist eine Zielsetzung, die mit natürlichen Zielen dieser Erde in Einklang steht.

Zweite Voraussetzung für das Wachsen und Blühen einer Firma ist das Aktivbild, d.h. die bildlich und schriftlich festgehaltene Vision der realistischen zukünftigen Entwicklung der Firma. *(Engel)*

- Weitere Ausführungen, insbesondere auch das praktische Vorgehen beim Erstellen eines eigenen Aktivbildes, finden Sie in Anhang 8: «Unternehmensziel praktisch».
- Ausführungen zum Aktivbild als Kreativitätshilfsmittel finden Sie in Anhang 7: «So erwecken Sie Kreativität auch im Unternehmen.»

Kapitel 6
Die Motivations-
kriterien

In diesem Kapitel lesen Sie

❖ Der Nährboden der Motivation, die Unternehmenskultur, entsteht aus der gelebten Unternehmensvision.

❖ Arbeit ist nicht nur Maloche, sondern auch natürliche, befriedigende Beschäftigung.

❖ Neben Essen, Trinken und Schlafen besteht ein unstillbarer Hunger nach Liebe, Anerkennung und Zuneigung. Die Menschen tun schlicht alles, um diesen Hunger zu stillen.

❖ Vorenthaltenes Lob verwandelt friedliche Mitarbeiter in wandelnde, explosive Sprengkörper.

❖ Nachdem wir uns mit der Frage, wofür motiviert werden soll, auseinandergesetzt haben, können wir jetzt der Frage der Motivation an sich nachgehen. Dazu beleuchten wir zuerst das Umfeld der Motivation, um danach die Motivationskriterien zu bestimmen.

6.1 Unternehmenskultur als Motivationsnährboden

Wenn über Firmen gesprochen wird, hört man oft den Ausdruck «Unternehmenskultur». Dieser Firmenstil hat ohne Zweifel einen grossen Einfluss auf das Arbeitsverhalten der Angestellten. Was ist darunter zu verstehen? Kultur hat viel mit Bildung zu tun. Sie kann als Gesamtheit aller intellektuellen, künstlerischen und materiellen Leistungen in einer bestehenden Gruppe oder Organisation verstanden werden. Es ist die pflegende Veredelung und Höherentwicklung. Wird sie so verstanden, ist auch gesagt, dass sich die Angestellten um so wohler fühlen, je höher die Kultur entwickelt ist. Ein angenehmes Betriebsklima und eine hochstehende Unternehmenskultur sind primäre, positive Motivationsfaktoren.

Ein Unternehmen ist weder Kunstgalerie noch Kirche noch Museum. Jede Firma, die im Konkurrenzkampf bestehen will, muss leisten und liefern. Sie muss unter Anwendung wissenschaftlicher Prinzipien rational und logisch vorgehen. Auf besondere Situationen muss sie flexibel und pragmatisch reagieren können. Ihre Organisation muss so schlank als irgend möglich sein, der Maschinenpark muss höchstem technischem Stand entsprechen, die Gebäude und Einrichtungen müssen zweckmässig und sachlich sein. Die Kunst und Kultur besteht in der gekonnten Beschränkung auf das Notwendige und Zweckmässige, und zwar in dauerhafter und praktischer Qualität: Beton, Stahl, Glas.

Jeder vernünftig denkende Mensch fühlt sich in einer solchen Umgebung wohl und kann seine Arbeit ohne die Gefahr von Ablenkung durch unnötigen Tand reibungslos und optimal erledigen.

Für die sensiblen Weicheier unter den Angestellten ist Grünzeug zu bewilligen.

Jedes Unternehmen hat eine Kultur, denn jedes Unternehmen tritt gegen aussen auf; ergo hinterlässt es auch einen Eindruck. Soll dieses Verhalten ansprechend auf Dritte und auf die Mitarbeiter wirken, muss es gezielt aufgebaut und gepflegt werden. Ohne bewusste Kulturmassnahmen bleibt das Klima roh, unterkühlt, stählern, betoniert, abstossend. Das fühlen nicht nur die Angestellen, sondern auch die Kunden. Eine fehlende Unternehmenskultur kostet Kunden, d.h., das Vordringen in kulturell gebildete Käuferschichten wird nie gelingen. Das gleiche gilt für die Angestellten. Ohne ein Minimum an Unternehmenskultur können gebildete Menschen nicht angesprochen bzw. für das Unternehmen nicht gewonnen werden.

Rationalität und Logik vermögen weder Kunden noch Angestellte tiefgehend zu bewegen. Jeder Mensch reagiert emotional und aus dem Bauch heraus. Das können Sie leicht nachvollziehen. Besuchen Sie beispielsweise nacheinander verschiedene Läden. Zuerst gehen Sie in einen ausgesprochen billigen Laden, gleich danach in ein exklusiv teures Geschäft und danach in einen Grossmarkt. Welche Eindrücke haben Sie erhalten? Jedes Geschäft hat doch eine ganz bestimmte Ausstrahlung, Anmutung und Gerüche, die Sie sofort und auch völlig unbewusst aufnehmen und die auf Sie kauffördernd oder -abstossend wirken. Wenn Sie sich jetzt noch überlegen, in welchem dieser Betriebe Sie am liebsten arbeiten möchten, dann haben Sie bereits viel über die jeweilige Kultur der jeweiligen Gesellschaft herausgefunden.

Die Kultur einer Firma zu spüren ist uns in die Wiege gelegt. Wir Menschen haben eine Unmenge von Sensoren, sie zu registrieren. Die Kultur eines Unternehmens stürmt durch Haut, Mund, Nase, Augen und Ohren auf uns ein, und wir bilden uns auch sofort eine Meinung. Angenehmes Wohlfühlaroma, neutrale Akzeptanz, leichtes Nasenrümpfen, Ablehnung, Ekel. Gegen diese menschlichen Reaktionen unseres Unterbewusstseins können wir uns nicht wehren. Sie laufen so automatisch ab wie die Verdauung eines Mittagessens.

Ein Unternehmen, das sein Klima nicht bewusst pflegt, verschenkt Millionen. Es vergrault Mitarbeiter und Kunden gleicherweise und wird deshalb früher oder später vom Markt verschwinden.

Unternehmenskultur hat viel mit der Zielsetzung des Unternehmens zu tun. Ist das oberste Ziel allein die Gewinnmaximierung, dann gleicht die Kultur des Unternehmens einem dürren Kaktus. Ist das Leitbild des Unternehmens ein natürliches, ausgewogenes Ziel, dann gleicht die Kultur einer fetten, prächtig blühenden Frühlingswiese. Es braucht keine besondere Vorstellungskraft, um sich darüber klar zu werden, in welcher Umgebung die besseren Umsätze und höherstehenden Arbeitsleistungen erbracht werden.

Lebt das Unternehmen eine hochstehende Kultur, braucht es sich weder um Produktideen, Umsätze noch um Angestellte jemals Sorgen zu machen. Ebenso verblassen alle Führungstechniken. Die Mitarbeiter arbeiten wie von selbst. Sie sind motiviert, aufgestellt, gut drauf. Sie kommen gerne zur Arbeit, sie leisten viel, sie sind fröhlich – und das alles auch völlig zielgerichtet. Sie haben ja als Ideal das Leitbild vor Augen, und sie fühlen sich durch den Alltag getragen und unterstützt durch das angenehme Klima. So macht Arbeit Spass und Freude. Und so profitiert das Unternehmen von optimaler Leistung.

 Sie glauben mir nicht? Sie haben immer noch das Bild vor sich, das Ihnen möglicherweise die Theorie eingehämmert hat? Das Bild, wonach Sie sich als Vorgesetzter mühsam abplagen müssen. Etwa so wie ein Eseltreiber mit einem störrischen, lahmen und sehr begriffsstutzigen Grautier? Wenn Sie so denken, dann tun Sie mir aufrichtig leid, denn Sie machen sich eine Menge Arbeit und Sorgen, die völlig überflüssig sind.

Gleichzeitig bedaure ich auch alle Ihre Angestellten.

Schlaglicht

Das Resultat alle Massnahmen, die das Auftreten, den Ruf und die Präsentation einer Firma beeinflussen, nennt man Unternehmenskultur. Es wäre ein grosser Irrtum zu glauben, man könne ohne sie auskommen oder eine positive Kultur würde sich von selbst entwickeln.

6.2 Arbeit ist Maloche

 Für all jene Menschen, die nicht mit einem goldenen Löffel im Mund geboren wurden, hält das Leben eine Daueraufgabe bereit: Arbeit. Unter viel Schweiss wird ein Beruf gelernt und unter viel Lasten und Unbequemlichkeiten wird dieser Beruf dann tagtäglich ausgeübt. Die bittere Wahrheit ist: Arbeit ist Qual, Verpflichtung, Mühsal. Arbeit ist oft lebensbedrohend, sei es durch Materialien, mit denen man in Berührung kommt, oder durch den Alltagsstress. Arbeit entwürdigt den Menschen, ist oft verletzend, bedroht das Selbstwertgefühl erheblich und tangiert nicht selten das Schamgefühl. Als Angestellter ist man der Willkür eines Vorgesetzten ausgeliefert. Man ist verpflichtet, unbeliebte Beschäftigungen in einer negativen Atmosphäre und unter unwürdigen Arbeitsbedingungen auszuführen. Arbeit ist zermürbend und zerstörerisch.

Alles in allem gesehen laugt die Arbeit den Menschen aus und raubt ihm das Wertvollste: Seine Persönlichkeit als Mensch. Als Angestellter ist er eine Nummer, eine Maschine und eine Planstelle, die reibungslos zu funktionieren hat.

Schlaglicht

Arbeit macht krank.

6.3 Arbeit ist Vergnügen

Sich zu beschäftigen, ein Ziel zu verfolgen und daraus persönliche Befriedigung zu beziehen ist ein urmenschliches Bedürfnis. Deshalb ist Arbeit nichts als ursprünglicher, rein natürlicher Drang. Arbeit macht Spass und bereitet Vergnügen. Die Befriedigung über das Resultat ist dabei die grösste Triebfeder.

Warum sonst sollten Menschen in unmöglichen Stellen ausharren? Warum halten sie die Launen des Chefs aus, ertragen den Neid des Kollegen, nehmen Lärm und Gestank am Arbeitsplatz auf sich, mühen sich mit unzulänglichen Geräten ab, schuften, bis der Rücken krumm ist? Weil sie am Ende all ihrer Arbeit ein Resultat sehen. Sie können dann stolz darauf sein, etwas geschaffen zu haben. Und sei es auch nur ein fertig getippter Brief, ein verkauftes Brot oder ein poliertes Stück Eisen. Solche Resultat mögen in Ihren Augen unwichtig sein, für den betreffenden Angestellten ist es sein Werk, aus dem er Selbstbestätigung zieht. Und genau darum geht es. Menschen tun die verrücktesten Dinge, um vor sich selbst bestehen zu können. So ist die menschliche Natur nun einmal: Sie braucht Bestätigung, Zugehörigkeit, Anerkennung, Liebe. Und die holt sich jeder einzelne genau da, wo er kann.

Dieses Verhalten kann beispielsweise auch im privaten Bereich beobachtet werden. Wie viele Paare finden zusammen, von denen Aussenstehende sich fragen, ob oder wie lange das gut gehen kann? Ich möchte nicht wissen, wie viele Menschen den erstbesten Partner heiraten, nur um endlich vor sich selbst sagen zu können: Ich werde von einem anderen Menschen begehrt, geliebt, anerkannt…

Menschen, die Anerkennung und Zuspruch erhalten, leisten erheblich mehr.

Vorausgesetzt, sie können…

- Arbeiten verrichten, die ihnen wirklich zusagen.

- Arbeiten verrichten, die in Übereinstimmung mit den Gesetzen der Natur stehen.

- Arbeiten verrichten, die zielgerichtet mit einem natürlichen Leitbild verbunden sind.

- Diese Arbeiten in einer angenehmen, kreativ anregenden Atmosphäre verrichten.

- Diese Arbeiten in einem Umfeld von Kollegialität und Teamgeist verrichten.

 Arbeit ist Freude, Selbstbestätigung und tiefe menschliche Befriedigung. Es ist Ihre Verantwortung als Vorgesetzter, dass die Mitarbeiter genau das verwirklichen können. Können sie es, kommt es in Form von Leistungsexplosionen millionenfach auf die Firma zurück.

SCHLAGLICHT

Arbeit ist ein natürliches, urmenschliches Bedürfnis, aus dem viel Freude gezogen werden kann.

6.4 Die Bedürfnisse der Menschen als Motivationskriterien

Leben auf dieser Erde ist an Voraussetzungen wie Nahrung, Licht, Wärme usw. gebunden. Aus diesen gegebenen Lebensvoraussetzungen ergeben sich zwingende Bedürfnisse für jedes Lebewesen, so etwa Nahrungsmittel, Wasser, Kleidung, Unterkunft, Liebe usw. Durch Arbeit verschafft sich der Mensch die Voraussetzungen dafür, dass er seine Bedürfnisse abdecken kann.

Die Wege, wie ein Unternehmen diese Grundbedürfnisse seiner Mitarbeiter berücksichtigt, sind verschieden. Zwei typische Richtungen sind:

 Als Arbeitgeber geben wir den Angestellten das Allerwichtigste, das ihnen ein sehr angenehmes Leben auf dieser Welt ermöglicht: Wir entschädigen die Arbeit, d.h. wir bezahlen einen Lohn. In aller Regel ist dieses Arbeitsentgelt sehr grosszügig bemessen. Mit dem regelmässigen Geldzufluss kann der Angestellte alle seine Bedürfnisse abdecken: Er kann Lebensmittel kaufen und sich eine Wohnung oder ein Haus leisten. Unsere Mitarbeiter leben gut, denn sie fahren einen oder sogar mehrere Wagen, vergnügen sich in Bars, Kinos und Diskotheken, verfügen über TV und Stereoanlage, fahren in ferne Länder in die Ferien und kleiden sich mit chicen Kleidern.

Über das Gehalt hinaus profitiert der Angestellte von Sozialleistungen wie Altersvorsorge, Krankenversicherung usw. Er ist damit rundum abgedeckt und braucht sich über seine Existenz und sein Leben keine Sorgen zu machen. Jeder Mitarbeiter erhält somit einen umfassenden, wohlangemessenen Gegenwert für seine Arbeit. Allein aus diesem Grunde darf er mit seinem Leben zufrieden sein, denn alle seine Bedürfnisse sind abgedeckt.

Die Bezahlung des Lohnes deckt wichtige Bedürfnisse des Menschen, aber bei weitem nicht alle. Das Gehalt wäre wohl dann für alle einhundertprozentig zufriedenstellend, wenn alle Menschen rein materiell denken würden, und zwar völlig konform. Dass dem nicht so ist, ist leicht nachzuweisen, denn Klassenunterschiede, Luxusgüter und Statussymbole sind Beweise dafür, dass einige Menschen gewisse Dinge ganz anders gewichten als andere. Wenn einige Menschen sozusagen von Luft und Liebe glücklich leben können, andere aber mit Porsche, Villa und Segeljacht unzufrieden sind, dann muss es auf dieser Welt sehr differenzierte Bedürfnisse geben. Logischerweise muss auch die Motivation für diese Menschen differenziert erfolgen.

SCHLAGLICHTER

| Lohn kann ein Motivator sein, muss aber nicht. | (Engel) |

| So verschieden wie die Menschen sind, so verschieden sind Ihre Ansprüche. Eines benötigen allerdings alle: Liebe und Anerkennung. | (Engel) |

6.5 Die Rangfolge der Bedürfnisse

Die Bedürfnisse der Menschen lassen sich in Gruppen einteilen. Die Gruppen bilden eine Art Pyramide wie folgt:

Rangfolge der Bedürfnisse:

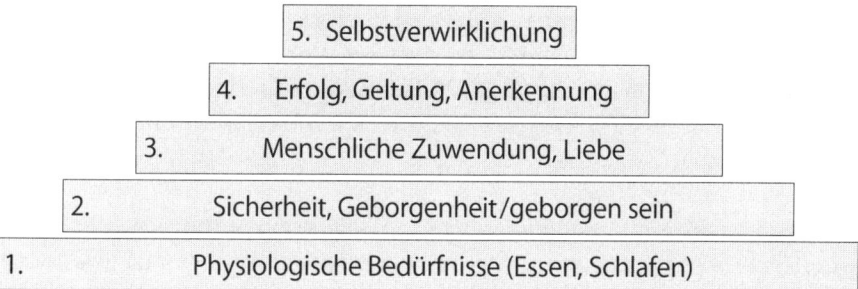

Diese Tabelle ist von unten nach oben zu lesen. In der untersten Zeile stehen die elementarsten, primitivsten Bedürfnisse. Ohne Essen und Schlafen droht der Tod. Also müssen in erster Linie diese Urbedürfnisse befriedigt werden. Dazu gehören Lebensmittel, ein Bett und ein Dach über dem Kopf. Erst wenn diese Urbedürfnisse einigermassen sicher abgedeckt sind, erst dann werden Kräfte im Menschen freigesetzt, die den nächsten Schritt in Angriff nehmen, nämlich die Sicherheit und Geborgenheit. Jetzt ist es nicht mehr gleichgültig, wo das Bett steht, es sollte nun eine angenehme, ansprechende und sichere Umgebung sein. Ist auch dieses Bedürfnis einigermassen sichergestellt, wendet sich das menschliche Interesse dem nächsten Thema zu: Liebe und Zuwendung. So werden alle Stufen nach und nach durchlebt, erforscht und eingenommen.

In diesem Prozess ist jeder Aufstieg ein Erfolg und wird freudig begrüsst. Dafür werden auch Feste gefeiert. Eine überlieferte Form eines solchen Festes ist beispielsweise das Aufrichtfest, das auch heute noch für jedes Gebäude gefeiert wird. Ein Abstieg in der Bedürfnisskala wird als sehr schmerzhaft empfunden und ist nicht selten Anlass zu physischer oder sogar geistiger Krankheit. Die vielen Schicksale von Arbeitslosen oder frisch pensionierten Angestellten sprechen hier eine deutliche Sprache.

Bevor wir uns weiter und tiefer mit den Bedürfnissen befassen, sollten wir auch definieren, was ein Bedürfnis eigentlich ist: Es kann (zumindest als primäres Bedürfnis) als Urinstinkt definiert werden und wirkt als Triebfeder. Jeder Mensch wird, solange er die physische Kraft dazu hat, alles daran setzen, seine grundlegenden physischen Bedürfnisse stillen zu können. Er wird also, um das krass, aber ungeschminkt auszudrücken, viel eher rauben und morden als hungern und sterben. Die Existenz von Strassenräubern und Killerbanden dokumentiert das eindeutig.

Dass der Mensch so handelt, leuchtet am Beispiel der Grundbedürfnisse sofort ein. Dieses Verhalten ist leicht nachvollziehbar und von jedermann, der in seinem Leben auch nur einmal echten, quälenden Hunger verspürt hat, auch nachzuempfinden. Eher selten wird gesagt, wie gross die Bedürfnisse nach Sicherheit, Geborgenheit, Zuwendung und Liebe sind. Sind sie ähnlich grosse Triebfedern wie der Hunger oder der Durst? Die Antwort darauf lautet eindeutig ja. Wir Menschen tun so gut wie alles, um Anerkennung, Lob, Bestätigung, Liebe, Zuneigung und Zugehörigkeit zu erlangen. Die Wahrheit ist: Wir tun wirklich alles dafür – bis hin zu Mord und Totschlag.

Zu behaupten, mit dem Bezahlen des Lohnes würde ein Arbeitgeber alle Bedürfnisse seiner Angestellten abdecken, ist eine klassische, aber nichtsdestotrotz krasse Fehleinschätzung. Mit dem Lohn kann der Angestellte zwar Essen, Trinken und ein Dach über dem Kopf finanzieren und er erhält, je nach Lohnhöhe, auch eine gewisse Anerkennung. Aber er hat noch keine Liebe, keine menschliche Zuwendung. Einen Teil davon kann er sich sicherlich in seiner Freizeit holen. Vergessen Sie aber nicht, dass der Mitarbeiter jeden Tag sechs oder mehr Stunden bei Ihnen ist. In dieser Zeit versucht er sich zwar anzupassen, aber als Mensch bleibt er immer unteilbar. Er ist bei Ihnen also nie nur Verstand oder nur Körper oder nur Logik. Er ist und bleibt Mensch. Und also solcher benötigt er auch in der Arbeitszeit Achtung, Liebe und Zuwendung. Und das jeden Tag! Ohne diese Elemente kann er nicht leben. Das ist nicht etwa harmlose, nebensächliche Spielerei. Diese Bedürfnisse sind elementar und werden nötigenfalls mit List, Tücke oder auch, je nach Veranlagung und Notstand, mit brutalster Gewalt durchgesetzt. Wenn Sie sie ihm also nicht geben, holt er sie sich auf seine Art und Weise. Völlig skrupellos und ohne Rücksicht auf Verluste für andere Mitarbeiter oder die Firma.

In vielen Firmen toben Machtkämpfe um Positionen, herrscht Hass, wird verleumdet und denunziert, wird am Stuhl des Vorgesetzten gesägt, werden Informationen zurückgehalten und zum eigenen Vorteil ausgenutzt und werden Intrigen gesponnen und ausgelebt. Unter den Angestellten herrscht Krieg. Wir haben uns alle mehr oder weniger an diese Zustände gewöhnt und vergessen dabei, wie viele Millionen produktiver Arbeitsstunden dafür geopfert werden, wie viel Energie völlig sinnlos verpufft, wie stark das Unfallrisiko dadurch ansteigt und wie viele Kunden z.B. durch Unfreundlichkeiten verärgert werden. Jedes Unternehmen verliert jährlich, je nach Grösse, Tausende, Hunderttausende oder Millionen von DM/Franken allein durch solche internen Fehden, Grabenkriege, Konflikte und Feindschaften. Sie alle entstehen einzig und allein aus unbefriedigten Gefühlen. Menschen morden nicht nur aus Hunger, sondern auch aus fehlender Liebe, Anerkennung und menschlicher Zuwendung.

Was passiert, wenn sich genügend Wut, Hass und Groll aus immer wieder entgangener Anerkennung und aus Missachtung ursprünglichster menschlicher Bedürfnisse aufgestaut hat? Sind Sie sich bewusst, dass solche aufgestauten Emotionen Mitarbeiter zu unberechenbaren hochexplosiven Bomben machen? Sind Sie sich als Vorgesetzter bewusst, wie gefährlich Sie leben, wenn sich solche Gefühle gegen Sie persönlich richten?

Im Grunde genommen wäre das Führen von Menschen ganz einfach: Alles, was ein Mitarbeiter neben dem Lohn benötigt, ist Sicherheit, Beachtung, Zuwendung, Anerkennung, Lob und Selbstbestätigung. Sie mögen einwenden, das grenze an Manipulation. In der Tat bestimmt jeder Vorgesetzte weitestgehend darüber, ob ein Mitarbeiter glücklich oder unglücklich ist, denn als Chef beeinflusst er die Mitarbeiter allein durch die Stellung als Vorgesetzter. Bleibt also die Frage, welcher Art diese Beeinflussung ist.

SCHLAGLICHT

Die physische Seite ist nur eine Seite der Medaille. Die emotionalen Bedürfnisse und deren Auswirkungen sind wesentlich weitreichender.

6.6 Anerkennung und Lob als primäres Motivationskriterium

Lob ist, gemäss Psychologielexikon «eine Belohnung durch ausdrückliche Anerkennung für eine Leistung. Lob wirkt als positive Verstärkung eines Verhaltens und ist neben Vorbildsein das wichtigste Erziehungsmittel.»

Bereits die Bezahlung eines Lohnes ist eine gute Form der Anerkennung, denn als Firma stellen wir hohe Anforderungen an unsere Angestellten. Nicht jedermann findet bei uns eine Arbeit. Allein die Tatsache, dass jemand bei uns arbeiten kann, ist eine Auszeichnung. Verstärkend hinzu kommen die Höhe des Gehaltes, die Sozialleistungen, die Stellung im Betrieb und die vielen aufbauenden Gespräche beispielsweise an Konferenzen.

😈 😈 😈

Ein Mitarbeiter kann von uns Betreuung erwarten, aber wir sind keine Babysitter. Wir wählen bewusst Angestellte aus, die neben einer hervorragenden fachlichen Ausbildung auch über Dynamik, Nehmerqualitäten, Durchsetzungsvermögen und einen gefestigten Charakter verfügen. Von ihnen erwarten wir, dass sie sich im harten Geschäftsalltag nicht nur für uns als Unternehmen einsetzen, sondern auch behaupten.

😈 😈 😈

Jeder einigermassen lebenstüchtige Berufsmann bezieht seine eigentliche Befriedigung aus seiner Arbeit. Er ist ein Experte seines Faches und wir geben ihm die Gelegenheit, diese seine Fähigkeiten in unserem Betrieb unter Beweis zu stellen. Dadurch, dass wir ihm einen Arbeitsplatz bieten, dokumentieren wir unser Vertrauen in ihn. Durch Unterstützung seiner Arbeit beweisen wir Anerkennung, Lob und Mittragen. Die laufende Überwachung seiner Arbeit, die klärenden Gespräche zwischen Vorgesetztem und Untergebenem und das jährliche Mitarbeitergespräch sind weitere Instrumente der Belobigung.

Anerkennung, Lob und Motivation: Die einzige wirksame Führungsmethode überhaupt. Diese Tatsache kann nicht oft genug betont werden. Wie bereits bei der «Management-by-Exception»-Technik hervorgehoben, wird in vielen Betrieben immer nur über Ausnahmen, Unfälle und Fehler gesprochen. So nötig natürlich das Aufarbeiten dieser Vorkommnisse ist: Man verliert dadurch den Blick für das Gesunde, Normale, Positive. Und jetzt sehen Sie sich bitte noch einmal die Rangfolge der menschlichen Bedürfnisse an. Steht da irgendwo, dass der Mensch Tadel oder Zurechtweisung braucht. Nein? Komisch, oder? Vielleicht denken Sie jetzt, die Tabelle sei unvollständig. Nun, sie stimmt nicht nur dem Lexikon nach, sondern wird auch in der Praxis bestätigt – täglich. Sie ist also keineswegs falsch oder lückenhaft. Nein, sie ist ein getreues Abbild von uns Menschen. Eigentlich schon bemerkenswert: Da setzen wir uns ein, erteilen Tausende von Ratschlägen, kritisieren Millionen von Fehlern, und das alles für die Katz? Ja, genau so ist es. Der Mensch braucht das nicht. Es ist, ganz im Gegenteil, höchst kontraproduktiv.

Jede Korrektur, jede Kritik ist ein klarer Angriff auf das Selbstwertgefühl des Mitmenschen. Damit zerstören Sie ihn, Sie verletzen seine Gefühle. Entweder zieht er sich jetzt zurück in sein Schneckenhaus, d.h., er ist beleidigt, oder aber er schlägt zurück. Er kann gar nicht anders. Sonst müsste er sich aufgeben, d.h., er müsste sterben. Wie gut ein solcher Mitarbeiter nach erhaltener Kritik weiterarbeitet, können Sie sich an den Fingern abzählen: Hundsmiserabel. Damit wären wir bei der alten Weisheit: «Jeder erntet, was er sät.» Wenn Sie Tadel austeilen, ernten Sie Leistungsabfall. Im besten Fall. Im schlimmsten Fall geht der Mitarbeiter hin und zündet Ihre Fabrik an. Natürlich können sie ihn dann einsperren lassen, aber Ihre Fabrik ist trotzdem bereits abgebrannt, und dem Mitarbeiter haben Sie auch nicht geholfen. Sein Denken und Fühlen können Sie mit Tadel, Strafverfolgung, Schikane und Lächerlichmachen keineswegs ändern.

Aus all diesen Gründen werde ich nie verstehen, weshalb nicht Anerkennung und Lob die normalen, täglichen Worte des Vorgesetzten sind. Ist das wirklich so schwer? Ich gebe gerne zu, dass es allenfalls ungewohnt ist. Es ist auch heikel, und zwar, weil die Mitarbeiter sehr fein unterscheiden können, ob ein Lob ehrlich ist oder nur billigen Trost darstellt. Also gilt es, vorsichtig und vor allem aufrichtig und ehrlich vorzugehen. Sprechen Sie ein Lob nur dann aus, wenn Sie frisch und herzlich sagen können: «Frau Meier, ich gratuliere Ihnen. Diesen Brief finde ich super. Ich habe mich sehr gefreut darüber.»

Natürlich erledigen sich Fehler nicht von selbst, und natürlich wäre es falsch, jemanden zu loben, weil er Fehler macht. Fehler müssen aufgearbeitet werden und deshalb auch zur Sprache kommen. Am besten so rasch als möglich. Aber man sollte immer strikte bei der Sache bleiben. Nie darf die Person kritisiert werden. Also: «Ich schätze Sie als tüchtigen Mitarbeiter. Wie wir beide wissen, ist da ein Fehler passiert. Es geht mir keineswegs um Schuldzuweisung, sondern nur darum, die Situation zu bereinigen. Können Sie mir helfen?» Sie werden staunen, wie konstruktiv der Mitarbeiter jetzt reagiert. Dass er einen riesigen Lapsus gemacht hat, weiss er ohnehin. Viel besser als Sie. Und wie er das weiss. Er kann sich kaum retten vor Selbstvorwürfen. Er schämt sich richtig. Wenn Sie ihn jetzt noch kritisieren, dann töten Sie seinen letzten Rest Selbstbewusstsein. Wenn Sie ihm aber einen Weg zeigen, wie er den Fehler wieder gutmachen kann, ohne dabei das Gesicht zu verlieren, dann wird er aktiv.

Schlaglicht

Kritik bringt nichts ausser Verdruss und neue Fehler. Lob, Anerkennung und Aufmunterung sind die wirklich wirksamen Führungsinstrumente.

- In Anhang 9, «Motivation», finden Sie weitere Ausführungen zur Motivation, insbesondere Tips zur praktischen Anwendung und Verbindung mit der Aktivbildtechnik.

Kapitel 7
Motivationsfaktoren

In diesem Kapitel lesen Sie

❖ Die Motivationsstufenfolge von Maslow gibt tiefere Einblicke in das Wesen der Motivation.

❖ Selbsterhaltung ist ein Urtrieb, der durch Lohn abgedeckt werden kann. Als Motivationsfaktor wird er allerdings überschätzt.

❖ Sicherheit ist ein Urbedürfnis, das sich nur sehr schlecht durch Geld befriedigen lässt.

❖ Weiterbildung ist die Chance zur gezielten Motivation.

❖ Emotionale Weiterbildung setzt Persönlichkeiten voraus, und zwar sowohl bei den Angestellten als auch bei den Vorgesetzten.

❖ Emotionen sind weder utopisch noch esoterisch noch schwer fassbar, sondern täglich gelebte Praxis.

❖ Ohne Kommunikation versinken Mitarbeiter in Lethargie und Apathie.

❖ Anerkennung ist nicht bloss Lob, sondern vielmehr vorgelebter Geist der Hochachtung und Wertschätzung.

❖ Macht setzt wirkliche Reife voraus.

7.1 Motivations-Stufenfolge

Vielleicht haben Sie sich darüber gewundert, dass Motivation bei den Führungstechniken gefehlt hat. Das hat einen einfachen Grund. Motivation ist eine sehr wichtige und effektive Einflussmöglichkeit auf Menschen, und sie ist auch nicht besonders schwierig zu lernen. Die Gefahr des Missbrauchs ist deshalb gross. Denken wir nur an Diktatoren und Agitatoren. Wie ist das doch gleich mit den «Helden der Arbeit», dem «heiligen Krieg», der «gerechten Sache»?

Motivation in falschen Händen ist potentiell gefährlich.

Motivation setzt somit einen verantwortungsvollen Chef und ethisch hochstehende (oder zumindest vertretbare) Ziele voraus. Ich hoffe, dass ich genau das in den vorstehenden Kapiteln klarmachen konnte.

Motivation ist, sofern und soweit das Umfeld stimmt, **die** Einflussmöglichkeit schlechthin. Ich würde sogar so weit gehen zu sagen, dass es neben dem Vorbild die einzige wirkungsvolle Möglichkeit für das Management ist, mit den Untergebenen umzugehen. Deshalb lohnt es sich, die Motivation noch genauer anzusehen.

Für die weiteren Ausführungen ziehe ich die Motivations-Stufenfolge nach Abraham Maslow heran. Maslow hatte 1953 eine Pyramide über die menschlichen Grundbedürfnisse aufgestellt. Gleichzeitig wurde festgehalten, wie der Betrieb diese Bedürfnisse abdecken kann. Die Maslowsche Bedürfnispyramide wurde u.a. im IBM-Konzern realisiert.

SCHLAGLICHT

Motivation ist neben dem Vorbild die einzige sinnvolle und wirksame Führungsmethode.

7.2 Die Bedürfnispyramide nach Maslow

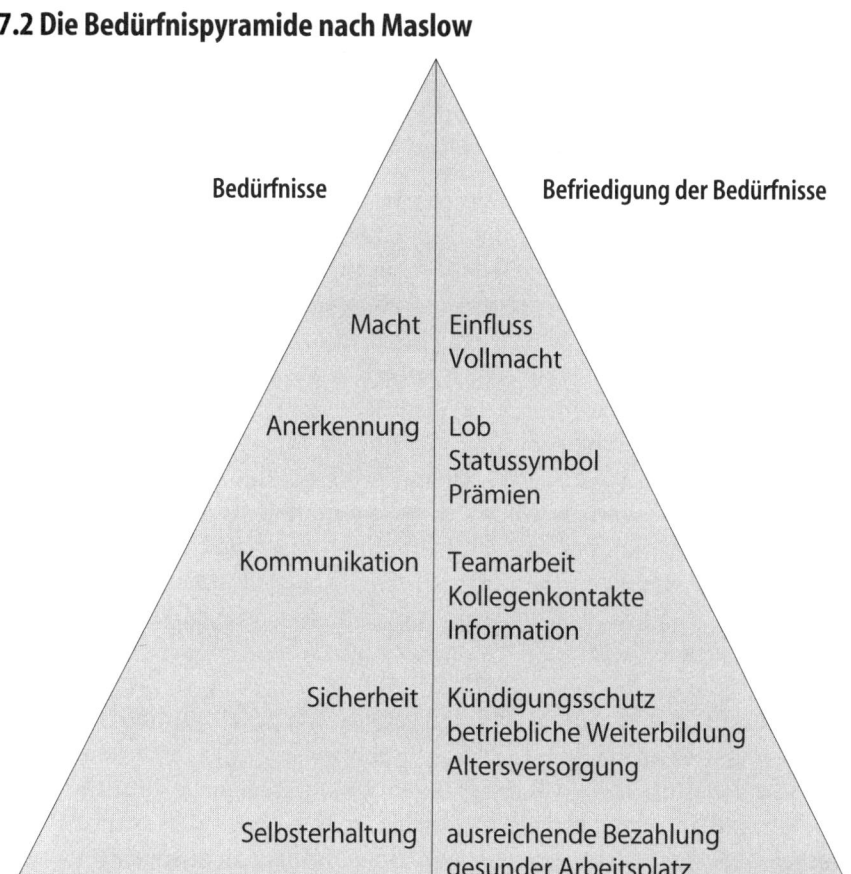

Sehen wir uns an, wie die einzelnen Motivationsfaktoren in den Unternehmen realisiert werden können:

7.3 Motivationsfaktor Selbsterhaltung

Nach Maslow stellt der Lohn den geeigneten Motivationsfaktor zum Abdecken des Grundbedürfnisses «Selbsterhaltung» dar.

 In unserem Unternehmen wird der Lohn als der zentrale und wichtigste Motivationsfaktor gesehen. Wir belohnen unsere Angestellten nach ihrem Rang, ihrer Erfahrung und ihrer Leistung. Mit diesem Entlöhnungssystem entsprechen wir der Forderung von Maslow, denn auch er sieht im Lohn den ersten und damit auch den grundlegend wichtigen Motivationsfaktor.

Unsere Arbeitsplätze sind nach den Normen des Gesetzgebers und der Versicherungen sauber, sicher und praktisch eingerichtet. Sie sind bewusst nüchtern ausgestattet und in neutralem Grau gehalten, damit sie weder stören noch ablenken bei der Arbeit.

 Der Lohn wird als Motivationsfaktor schwer überschätzt. Sie glauben mir nicht? Sehen wir uns doch einmal an, was der Lohn bewirkt. In erster Linie ermöglicht er dem Mitarbeiter, Lebensmittel zu kaufen und ein Dach über dem Kopf zu bezahlen. Es sichert ihm also die Grundbedürfnisse. Ob dem Mitarbeiter darüber hinaus noch Geld übrig bleibt, z.B. für Statussymbole, wissen Sie nicht genau. Und Sie wissen vor allem nicht, wie hoch seine Ansprüche an die Statussymbole sind. Die einen begnügen sich mit einer Swatch, die anderen sehen ihr Ziel in einer goldenen Rolex. Die einen streben nach einem VW Polo, die anderen nach einem Mercedes. Ihr Polo-Mitarbeiter ist mit einer Lohnerhöhung zufrieden. Ihr Mercedes-Fan aber, den können sie selbst mit einer grosszügigen Lohnerhöhung wenig locken. Er verpulvert sie sofort wieder, d.h. seine Kosten fressen sie umgehend weg. Er hat sich an Luxus gewöhnt, sieht darin seinen Lebenssinn und wird deshalb masslos in seinen Ansprüchen.

Mit anderen Worten gesagt: Sie wissen eigentlich nie genau, ob überhaupt und wie stark und wie nachhaltig Ihr Geld den Mitarbeiter motiviert. Das werden Sie wahrscheinlich auch nie richtig ergründen können, denn die Ansprüche der Menschen sind nun einmal sehr, sehr verschieden. Und damit gibt es auch keinen absoluten Massstab dafür, was denn nun ein gerechter, ein ausreichender oder ein generöser Lohn wäre. Sie können Ihre Lohnliste zwar so bezeichnen, aber wie sieht es der Mitarbeiter? Die Formel «hoher Lohn = hohe Motivation» ist ein Trugschluss. Lohn kann motivieren, muss aber nicht.

Bedenken Sie auch das Sprichwort: Der Hunger kommt mit dem Essen. Viele aufsteigenden Mitarbeiter werden in ihren Ansprüchen schlicht und einfach masslos. Wie wollen Sie solche Menschen mit Geld motivieren?

Auch die Dauer oder, präziser gesagt, die Nachhaltigkeit der Lohnerhöhungs-Motivationskraft bezweifle ich sehr stark. Der Mitarbeiter nimmt das höhere Gehalt zwar im ersten Monat mit Freude entgegen. Ab dem zweiten Monat aber hat er sich voll daran gewöhnt. Und das ist noch nicht die ganze Wahrheit. Er erwartet nämlich ganz selbstverständlich im nächsten Jahr die nächste Erhöhung. Wenn Sie jetzt – aus welchem Grund auch immer – hingehen und ihm sagen müssen, es gebe keine Süssigkeiten mehr: Wie bitte sehr wollen Sie da die herbe Enttäuschung vermeiden? Wie motivieren Sie ihn in einer solchen

Situation? Wollen Sie ihm dann einfach sagen, er müsse froh sein, dass er überhaupt noch arbeiten darf?

Lohn entwickelt auch keine durchschlagende, tiefgehende Motivation. Lohn spricht nur einen ganz kleinen Teil unserer Persönlichkeit an, nämlich die existentiell-materielle Seite, also den Körper, und die Logik. Und dieser Teil ist, wie wir wissen, vergleichbar mit der Spitze des Eisberges, macht also etwa zehn bis zwanzig Prozent des ganzen Menschen aus. Mit dem Lohn können Sie somit allenfalls den Verstand kaufen, niemals aber das Herz. Ein so motivierter Angestellter arbeitet, weil er muss, aber er tut es nie aus Freude oder tieferer Überzeugung. Er ist unkonzentriert, denkfaul, erledigt Pendenzen schleppend, behandelt Kunden uninteressiert, ist schnodderig im Umgang mit Kollegen. Kurz: Der Einsatz und das Feuer fehlen.

Ein gesunder Arbeitsplatz sollte eine Selbstverständlichkeit sein. Ist es aber bei weitem nicht. Nein, ich spreche jetzt nicht nur von lärmerfüllten industriellen Arbeitsplätzen. Ich spreche bewusst auch vom Büro. Durch PC, Fotokopierer, Fax, Laserdrucker, Bildschirme usw. können die Büros so vollgestellt und so lärmig werden, dass man sich fragt, ob sie noch zumutbar sind.

Schlaglicht

Lohn spricht den Verstand an, nicht das Herz. Lohn erfüllt somit nicht die tiefe menschliche Sehnsucht nach Anerkennung.

7.4 Motivationsfaktor Sicherheit

Nach Maslow ist insbesondere die Altersvorsorge die beste Methode, um dem Mitarbeiter Sicherheit zu geben.

Neben dem Lohn ist die gut ausgebaute Sozialvorsorge der beste Motivationsfaktor. Mit dem Lohn erhält der Angestellte die materielle Sicherheit für die Gegenwart, mit den Sozialwerken ist seine Zukunft bis zu seinem Tode materiell abgedeckt. Zudem decken wir auch die Risiken Invalidität und Unfall ab. Unsere Angestellten erhalten so einen Rundumschutz in allen Lebenslagen. Bei entsprechender Leistung und Einsatz ist im Rahmen unseres Mitinhaberprojektes auch ein Aktienerwerb möglich. Diese Zusatzleistung lassen wir uns etwas kosten, werden die Aktien doch teilweise in Form einer Superprämie ausgerichtet. Mitaktionäre geniessen so etwas wie einen absoluten Kündigungsschutz, sind also auch vor Konjunkturschwankungen bestens gesichert.

Es versteht sich von selbst, dass unsere Top Leute regelmässig geschult werden. Sie durchlaufen unser Standard Ausbildungsprogramm für Manager, das neben Fachausbildung auch Führungstechnik, Organisation, Struktur und Rhetorik enthält.

Unser Paket der Mitarbeitermotivation greift. In den letzten Jahren hatten wir in den Führungsrängen so gut wie keine Kündigungen. Jedermann, der in unser Programm hineingewachsen ist, zieht daraus ganz offensichtlich grosse Sicherheit und viel Motivation für seinen Einsatz in unserem Betrieb.

Die Altersvorsorge entfaltet, genau gleich wie der Lohn auch, nur minimale Motivationskraft. Sie wirkt zudem erfahrungsgemäss auf eine Gruppe von Mitarbeitern, die nicht zu den tüchtigsten gehören. Auf eine gute Altersvorsorge sprechen natürlicherweise primär jene Menschen an, die eine solche auch wirklich benötigen – somit die weniger tüchtigen, die älteren, kranken und schwachen.

Altersvorsorge hat zudem einen Beigeschmack. Der Mitarbeiter hat einen gesetzlichen Anspruch darauf. Wenn Sie den erfüllen, tun Sie damit nichts Besonderes, lösen also keine zusätzliche Motivationskraft aus. Kommt dazu, dass Bestand und Nutzen von Altersvorsorgemassnahmen von einigen Menschen auch angezweifelt werden. Daraus Motivationskraft ableiten zu wollen, birgt Wunschdenken.

Viele Massnahmen im Bereich Personalvorsorge entpuppen sich nicht selten als Eigentor. Ein Lösen des Vertragsverhältnisses würde beide Seiten viel Geld kosten. Deshalb wird auch von goldenen Fesseln gesprochen. So erstarrt das Verhältnis. Zurück bleiben Unzufriedenheit und Lethargie. Der Mitarbeiter reisst seine Jahre herunter, die Firma blutet. Einige Firmen retten sich aus dieser Situation durch Entlassungen oder vorgezogenen Ruhestand. Sie sind sogar bereit, dafür Abfindungen oder vorgezogene Renten zu bezahlen. Angesichts der Tatsache, dass diesen Zahlungen keinerlei Leistungen entgegenstehen, mag man den Grad der Unzufriedenheit über solche starren Vorsorgemassnahmen ermessen.

Kündigungen im Alter ab etwa 45 Jahre sind leider häufig geworden. Eine neue Stelle zu finden in diesem Alter ist schwierig. Die Schuld an dieser Entwicklung allein in den geltenden Wirtschaftsordnung und Gesetzesvorschriften zu suchen, ist allzu einseitig. Haben Sie sich jemals überlegt, welche Trümpfe Sie in der Hand halten? Sie verfügen über einen Erfahrungsschatz, der für das Unternehmen an sich unersetzlich ist. Allerdings bleibt vorausgesetzt, dass Sie ein wirklich aktiver, interessierter, flexibler Mitarbeiter sind, der sein Wissen zum

Nutzen der Gesellschaft einsetzt. Was tragen Sie zur weiteren Entwicklung der Gesellschaft bei? Dank Ihrer Erfahrung sind Sie prädestiniert, neue Möglichkeiten der Gesellschaft am ehesten zu erkennen. Welche neuen, gewinnträchtigen Tendenzen gehen auf Ihre Initiative zurück?

Ein Kündigungsschutz ist ebenfalls nicht das Gelbe vom Ei, denn er vermag eigentlich nur passive Mitarbeiter anzusprechen. Es liegt praktisch auf der Hand, dass solche Mitarbeiter dadurch noch passiver werden. Angestellte, die sich aktiv für das Unternehmen einsetzen und interessieren, sehen ohne weiteres ein, dass ein Kündigungsschutz nur insofern greift, als die Unternehmung längerfristig bestehen bleibt. Wäre nicht stärkere Motivation möglich durch Formulierungen wie: «Wer aktiv an unserem Ideal mitarbeitet, geniesst auch die Früchte der Arbeit?» Eine solche Motivation umfasst nicht nur den Kündigungsschutz, sondern auch die Aussicht auf eine Prämie.

SCHLAGLICHT

Ähnlich wie der Lohn ist die Altersvorsorge seelenlos und vermag nicht in die tieferen Schichten des Menschen vorzudringen.

7.5 Motivationsfaktor Weiterbildung

Auf den ersten Blick mag es verwundern, dass Maslow die Weiterbildung als Sicherheit für den Angestellten aufführt. Nun, jeder Mitarbeiter ist auch Berufsmann und aus diesem Grunde meistens sehr stolz auf seine Arbeit. Durch Weiterbildung bleibt er am Ball, er lernt neue Berufstendenzen kennen und rüstet sich für seine Zukunft. Und das ist ohne Zweifel ein Sicherheitsaspekt. Die betriebliche Weiterbildung sollte deshalb eine Selbstverständlichkeit sein. Hier sollte man am allerwenigsten sparen.

Damit die Weiterbildung wirklich Motivationskraft entfaltet, ist sie in drei Teile aufzugliedern, nämlich:

- Fachlich-berufliche Weiterbildung
- Innerbetriebliche Weiterbildung
- Emotionale Weiterbildung

7.5.1 Die fachliche, berufliche Weiterbildung

Die fachliche, berufliche Weiterbildung wird intern, in Berufsverbänden, Berufsschulen und weiteren Institutionen gepflegt. Sie bildet das Grundwissen, sozusagen das Einmaleins in jedem Betrieb. Sie ist ohne Zweifel wichtig und muss einen entsprechenden Platz einnehmen. Da aber Fachwissen in unsrer Zivilisation inflationär auftritt, entfaltet es nur noch geringe Motivationskraft.

7.5.2 Die innerbetriebliche Weiterbildung

Die innerbetriebliche Weiterbildung ist die Chance zur Ausrichtung der Mitarbeiter auf ein gemeinsames Ziel. Mit etwas Phantasie (und dem notwendigen Fingerspitzengefühl) können Sie damit ungeahnte Kräfte freisetzen. Sie können die Unternehmung als grosse Familie darstellen, die eine gemeinsame Vision anstrebt. Das Ziel als solches soll, wie mehrmals erwähnt, ehrenwert, sinnvoll, erstrebenswert und natürlich sein. In der innerbetrieblichen Weiterbildung können Sie begeisterte Kunden zitieren, neue Problemlösungen vorstellen, aufzeigen, inwieweit das Ziel erreicht ist usw. Nichts schweisst mehr zusammen, als eine gemeinsame, sinnvolle Aufgabe. Vergessen Sie nie, dass jeder Mitarbeiter, der an diesem Ziel arbeitet, ganz automatisch wichtig und wertvoll ist. Einfach schon deshalb, weil er zu diesem elitären Kreis gehört. Nur so erreichen Sie, dass sich der einzelne nicht ausnimmt.

Die innerbetriebliche Weiterbildung ist eine grosse Chance und sollte sorgfältig und genau geplant werden. Sie besteht beispielsweise auch in der Bildergalerie in der Eingangshalle oder der Kantine oder wo Sie sie aufgemalt haben. Diese Galerie darf nie verstauben. Sie muss erneuert und ergänzt werden. Waren es zu Beginn Ihrer Motivation abstrakte Bilder, so müssten zwischenzeitlich auch erste Resultate dort hängen – Kunden beispielsweise, die glücklich sind mit Ihren Produkten. Gestalten Sie Events, beispielsweise der hundertste oder millionste Kunde. Fingerspitzengefühl benötigen Sie, weil der Grat zwischen übertriebener Show und echter Freude sehr schmal ist. Die innerbetriebliche Weiterbildung darf ohne weiteres etwas Trompeten und Pauken enthalten, aber der Tenor muss grundehrlich sein. Und noch etwas ist wichtig: Es gibt keine negativen Zahlen oder Worte oder versteckte Bemerkungen oder Anspielungen. Sie freuen sich mit Ihren Mitarbeiter und den Kunden über das Erreichte.

Die innerbetriebliche Weiterbildung ist, in einem Satz gesagt, der Aufbau Ihrer Firmenkultur. Und das wiederum ist gleichbedeutend mit der Erzählung Ihrer Erfolgsgeschichte.

Mit einer gekonnten innerbetrieblichen Weiterbildung gelingt es Ihnen, auch den passivsten Mitarbeiter mitzureissen. Und genau da liegt das riesige Potential an Arbeitskraft und Leistung, das Sie auf keine andere Art erschliessen können. Der Output eines aktiven, interessierten Mitarbeiters ist um ein Vielfaches höher als der eines passiven Mitläufers. Ich bin felsenfest davon überzeugt, dass die allermeisten Mitarbeiter nur etwa 20 bis 50 Prozent von dem leisten, was sie wirklich leisten könnten. Viele Menschen gehen verdrossen und unfreiwillig zur

Arbeit. Sobald sie den Arbeitsplatz sehen, stossen all die schlechten Erinnerungen (kassierte Rügen usw.) auf. Das ist der tiefere Grund dafür, dass wir Millionen von Minimalisten haben.

Damit wir uns richtig verstehen, halte ich hier fest, dass jedes Unternehmen in jeder Sekunde des Bestehens innerbetriebliche Weiterbildung betreibt. Alles, was das Unternehmen ist und tut, beeinflusst die Mitarbeiter und die Angestellten. Dieser Tatsache sind wir zwar bereits begegnet, aber sie ist so wichtig, dass ich noch etwas verweile: Bereits die Wahl des Briefpapiers (Farbe, Grafik, Schrifttyp) ist Beeinflussung. Natürlich auch das verwendete Papier (Qualität, Farbe). Dann die Gestaltung der Arbeitsräume, dann die Art und Form der Werbung. Und natürlich, um gezielt auf die Weiterbildung zurückzukommen, das Auftreten der Vorgesetzten. Jedes Wort, das Sie als Chef sagen, ist Weiterbildung. Sehen wir uns einmal ein praktisches Beispiel an. Nehmen wir eine Ansprache des Vorgesetzten zum Jahresabschluss.

7.5.2.1 Negative innerbetriebliche Motivation
Nehmen wir an, der Vorgesetzte möchten den Mitarbeitern am Jahresende sagen, dass die Firma ein Umsatzplus gemacht hat, aber auch mehr Kosten zu verkraften hatte.

Viele Vorgesetzte in dieser Situation werden ihre Rede vorsichtig formulieren, damit die Hoffnungen der Mitarbeiter auf Lohnerhöhungen nicht in den Himmel schiessen. Sie formulieren also etwa so:

«Unsere Produkte haben sich am Markt unterschiedlich gehalten, immerhin konnten wir ein kleines Umsatzplus erzielen. Leider mussten wir auch stark erhöhte Kosten in Kauf nehmen. Diese ungesunde Entwicklung ruft nach Massnahmen. Deshalb kommen wir leider nicht darum herum, die im Vergleich zu anderen Unternehmen überaus üppigen Spesenansätze zu kürzen.»

Wie, meinen Sie, reagieren die Mitarbeiter auf eine solche Ansprache? Sie denken etwa folgendes: «Also, mehr Umsatz haben die erzielt, aber niemand sagt danke dafür. Und jetzt wollen sie auch noch die Spesen kürzen. Sie sparen zu Lasten meiner Brieftasche. Nicht mit mir, meine Herren, in Zukunft mache ich jeden Tag 15 Minuten zusätzliche Kaffeepause.» Sehen Sie, was Sie erreicht haben? Sie haben aus bisher indifferenten Mitarbeitern solche gemacht, die sich aktiv gegen die Leistungserbringung wehren. Damit haben Sie dafür gesorgt, dass Ihr Firmenbaum sicherlich nie in die Höhe wächst. Auch im nächsten Jahr wird er wieder, mehr schlecht als recht, das Treten an Ort üben. Und das alles nur, weil Sie negativ motivierten. Sie hätten mehr erreicht, wenn Sie die Rede ganz gestrichen hätten.

7.5.2.2 Positive innerbetriebliche Motivation

Wie ganz anders tönt doch folgende Rede: «Mit grosser Freude haben wir letztes Jahr ein Umsatzplus von vollen 8,5 Prozent erzielt. Ein Teil davon ist sicher teuerungsbedingt, aber es verbleibt immer noch ein Resultat, auf das wir stolz sein dürfen. Ich gratuliere Ihnen allen ganz herzlich dafür und ich bedanke mich in aller Form für Ihre hervorragende Leistung. Ich bin mir bewusst, dass sie nur deshalb möglich wurde, weil jeder einzelne Mitarbeiter fleissig und verantwortungsbewusst an unserem Ziel gearbeitet hat. Ich bin glücklich, dass Sie alle wie ein Mann hinter unserer Unternehmensphilosophie stehen und ich danke Ihnen hier nochmals ganz ausdrücklich, dass Sie sich jeden Tag dafür einsetzen. Wie in unserem Haus üblich, sollen in erster Linie diejenigen Personen ernten, die gesät und geackert haben. Durch die Umsatzausweitung haben wir zwar auch höhere Kosten zu verzeichnen, aber der verbleibende Überschuss wird, wie in den vergangenen Jahren auch, zu zwei Dritteln an die Belegschaft ausbezahlt und zu einem Drittel in den Krisenfonds gelegt. Dieser Fonds hat mittlerweile eine Höhe von vollen sieben Monatslöhnen der ganzen Belegschaft erreicht. Wir könnten also im Krisenfall mehr als ein halbes Jahr alle Ihre Löhne bezahlen, d.h. wir müssten in einem solchen Fall nicht sofort Konkurs anmelden. Mit anderen Worten gesagt: Ihre Arbeitsplätze sind gesichert. Natürlich hoffe ich, dass solche Krisenzeiten nie kommen, aber leider haben wir die Zukunft nicht gepachtet.

Was wir aber können, ist unserem gemeinsamen Unternehmensziel nachjagen. Ich selbst freue mich heute schon auf das Wiedersehen im neuen Jahr. Wie Ihr wisst, haben wir uns viel vorgenommen. Ich bin aber sehr zuversichtlich, dass wir es mit vereinten Kräften wirklich schaffen werden. Mir ist dabei sehr wohl bewusst, dass es wiederum auf jede einzelne Person ankommt, auf mich genauso wie auch auf Sie. Ich glaube aber felsenfest an unseren Erfolg, denn unser Unternehmensziel ist wirklich erstrebenswert. Wir bieten eine echte, wertvolle Leistung an. Ich danke Ihnen nochmals ganz herzlich für Ihren unermüdlichen Einsatz. Ich wünsche Ihnen allen ein frohes und glückliches Weihnachtsfest und gute Erholung in den Ferien.»

 Würden Sie gerne in dieser Firma arbeiten? Ja? Sie haben es in der Hand, eine ähnliche Atmosphäre für Ihre Angestellten zu schaffen. Es ist nicht so schwierig, wie es auf den ersten Blick aussieht. Man muss nur vom einseitigen, sachlich-coolen Verstandes-Trip herunterkommen. Jeder Mensch braucht Sicherheit, Anerkennung, Wärme. Wann beginnen Sie damit bei Ihren Angestellten?

Sollten Sie immer noch Zweifel haben, dann möchte ich nochmals auf Untersuchungen hinweisen, die besagen, dass wir Menschen generell nur etwa 10 Prozent unserer geistigen Kapazität ausschöpfen. Die Meisten von uns tun das unbewusst. Man ist einfach im stets gleichen Trott gefangen. Es ist wie beim Autofahren. Wir alle kuppeln, schalten und steuern unbewusst. Es sind mehr oder weniger gut eingeübte Reflexhandlungen. Genauso wird der grösste Teil der Arbeit erledigt: Ohne echte Anteilnahme, aus reiner Routine. Ohne irgend einen Gedanken daran, wie wann was besser, schneller, einfacher gemacht werden könnte. Und genau im gleichen Trott wird das Leben «verlebt». Leider. Wie viel interessanter, lebendiger, aktiver könnte ein erfülltes (Arbeits-)Leben doch sein! Fröhlich und mit gespannter Erwartung zur Arbeit zu gehen, anstatt über die tägliche Maloche zu seufzen? Ja, das ist durchaus möglich! Durch die Einigung auf ein erstrebenswertes Ideal, verbunden mit einer korrekten, auf Motivation aufgebauten Führung, kann das durchaus realisiert werden.

SCHLAGLICHT

Die innerbetriebliche Weiterbildung bietet die Chance, das Unternehmensziel zum Leben zu erwecken und als Motivationsinstrument einzusetzen.

7.5.3 Die emotionale Weiterbildung

Als dritten Punkt der betrieblichen Weiterbildung sehe ich die Schulung der emotionalen Fähigkeiten. Das ist in unserer Zeit leider dringend notwendig. Hatten frühere Generationen noch so etwas wie eine «gute Erziehung», wachsen heute viele Menschen ohne Normen, ohne Halt und ohne leuchtende Vorbilder auf. Nein, ich bin nicht für Zucht und Ordnung, die nur darauf aus ist, den Willen eines Menschen zu brechen. Aber ich bin sehr für Regeln, die ein geordnetes Zusammenleben überhaupt erst möglich machen. Und ich bin sehr für Charakter-Persönlichkeiten, die man sich als Vorbilder nehmen kann. Menschen, die rauchen, während andere essen oder Menschen, die Kaugummipapier aus dem Autofenster werfen, fehlt ein unersetzliches Grundwissen: Sie wissen sich nicht zu benehmen.

Man mag darüber streiten, ob es Aufgabe einer Firma ist, Versäumnisse der Eltern und der Schule nachzuholen. Für mich ist ein solcher Streit müssig. Als Vorgesetzter haben Sie Absicht, jeden Menschen als wertvollen Mitarbeiter einzustufen, also müssen Sie auch dafür sorgen, dass er sich einigermassen so aufführt. Tut er das nicht, wird die Eingliederung in ein Team oder in die Firmenfamilie scheitern. Ich würde also meinen, dass ein Firmenknigge unbedingter Bestandteil Ihrer Firmenkultur sein muss. Und es ist die Aufgabe der Vorgesetzten, diesen Firmenknigge strikte vorzuleben und nötigenfalls auch zu schulen.

- Anregungen dazu, was in einem Firmenknigge stehen sollte, finden Sie im offenen Brief im Kapitel 9.11.

MITARBEITER

Als primitivste Forderung an alle Mitarbeiter sollte ein höflicher Umgangston gelten. Weiter sollte man von jedem Mitarbeiter erwarten können, dass er vital, nüchtern, ausgeschlafen, rasiert und einigermassen ordentlich gekleidet zur Arbeit erscheint. Kein Chef hat etwas gegen private Feste, vorausgesetzt, sie finden am Freitagabend oder am Samstag statt. Wer unbedingt Fastnacht feiern will, darf das selbstverständlich, sollte aber so ehrlich zu seiner Gesundheit und zu seinem Arbeitgeber sein, dass er dafür Ferien oder Freitage nimmt und nach der letzten Ballnacht noch einen Ruhetag einlegt, damit Körper und Geist sich wieder erholen können. Ich weiss schon, dass ich mich mit solchen Ratschlägen unbeliebt mache. Sei's drum. Eine weitere Bemerkung kann ich trotzdem nicht zurückhalten: Sie als Angestellter möchten doch als wichtiger, wertvoller Mitarbeiter behandelt werden. Das wird man nicht einfach so. Neben überragendem fachlichem Können gehören da schon auch Takt, Benehmen und vor allem auch Selbstdisziplin dazu. Damit habe ich auch klar ausgedrückt, dass für mich das Verhältnis Arbeitgeber/Arbeitnehmer niemals ein einseitiges ist. Soll es funktionieren, müssen sich dringend beide Seiten anstrengen. Wie in einer Ehe auch. Als Mitarbeiter sollten Sie mit leuchtendem Beispiel vorangehen.

MANAGER

Dass an Vorgesetzte noch weit höhere emotionale Forderungen gestellt werden, versteht sich von selbst. Auf sie komme ich später noch eingehend zu sprechen. Das Vormachen ist, neben der Motivation, die wohl beste Einflussmöglichkeit auf Menschen. Wenn Sie als Vorgesetzter nichts besser können als Ihre Untergebenen, dann sind Sie schnell weg vom Fenster. Früher reichte ein Diplom oder ein Universitätsabschluss, um automatisch in eine Führungsposition aufzurücken. Diese Zeiten sind vorbei. Wir leben im Informationszeitalter. Jedermann kann sich sachkundig machen. Fachliches Wissen ist Massenware geworden. Um sich jetzt von dieser Masse abzuheben, benötigen Sie wesentlich mehr: Neben der logischen dringend auch die emotionale Intelligenz, gepaart mit der Kompetenz, sie auch im Alltag einzusetzen.

Der Handlungsspielraum für Führungskräfte wird immer kleiner und enger. Einerseits läuft die Gesetzesmaschinerie auf Hochtouren, und andererseits werden Neuinvestitionen laufend teurer und damit riskanter. Wir benötigen nicht einfach nur ein neues Waschmittel, ein neues Automodell oder sonst irgendeinen Gag, der dem staunenden Publikum in teuren Werbespots vorgeführt wird. Wir benötigen grundlegend neue Ansichten, damit wir die Probleme unserer Zeit lösen können. Die Probleme sind bekannt. Eines davon heisst Arbeitslosigkeit.

Dagegen helfen nur neue Wege. Wir stehen heute an einem Wendepunkt, genau so wie zu Beginn der Industrialisierung. Niemand konnte sich damals vorstellen, dass diese neuen Maschinen jemals Arbeitsplätze schaffen würden. Stellen, die mehr einbringen würden als die hochangesehene Landwirtschaft. Und doch taten sie es. Und zwar in einem Ausmass, das sich damals niemand auch nur annähernd vorstellen konnte.

Eigentlich haben wir eine ausserordentlich gute Ausgangslage, um unsere heutige Misere zu meistern: Wir haben Millionen von Mensch mit einem eigenen Denkapparat. Leider hat ihnen bis heute niemand gesagt, dass sie wertvolle Menschen sind und dass wir alle dringend darauf angewiesen sind, dass sie ihr Gehirn in Funktion nehmen. Als Manager haben Sie es in der Hand, dieses schlummernde geistige Potential Ihrer Mitarbeiter aufzuwecken, zu schulen, auf das Ziel auszurichten und nutzbringend einzusetzen.

Ich verrate Ihnen hier noch ein Geheimnis: Wenn Sie Ihre Mitarbeiter so ansprechen, werden Sie Ratschläge ernten. Diese werden Ihnen nicht selten abstrus oder weit hergeholt oder undurchführbar erscheinen. Jetzt kommt das Geheimnis: Wenn Ihnen so etwas passiert, sollten Sie einen roten Kugelschreiber nehmen und sofort über diesen vermeintlich so unmöglichen Vorschlag in grosser Schrift hinschreiben: «Besonders beachtenswert.» Nichts sonst. Dann legen Sie das Papier zur Seite. Jetzt machen Sie regelmässig eine «wertvolle Stunde», in der Sie solche Vorschläge durchlesen. Suchen Sie auch das Gespräch mit dem betreffenden Mitarbeiter. Vielleicht konnte er sich nur nicht richtig schriftlich ausdrücken. Lassen Sie ihn die Anträge weiter ausführen. Beschäftigen Sie sich eingehend damit. Hier ist ein Teil der Zukunft Ihres Unternehmens! Nehmen Sie dann allen Mut zusammen und beginnen Sie, einige dieser Geistesblitze zu verwirklichen. Wer weiss, vielleicht sind sie genauso wertvoll wie der ursprüngliche Gedanke, aus dem heraus ganz am Anfang Ihr Unternehmen entstanden ist.

Natürlich weiss ich, was ich hier von Ihnen verlange. Ich fordere Sie nämlich auf, die Firma auch in Richtungen wachsen zu lassen, die vielleicht nicht in Ihrem persönlichen Bild enthalten sind. Aber das ist es doch, was wir suchen: Neue Wege, zusätzliche Möglichkeiten, Expansion, Dynamik, Entwicklung, Vorwärtsdrang. Kurz: Leben, Gedeihen, Wachstum. Viele Unternehmen geben viel Geld dafür aus und lassen Werbebüros oder Kreativitätsteams arbeiten. Sie erhalten es frei Haus. Es war und ist seit ewigen Zeiten in Ihrem Unternehmen vorhanden. Sie müssen es nur wecken, pflegen und nutzen.

7.5.3.1 Negative emotionale Motivation

In unserem Alltag gibt es Tausende von negativen emotionalen Motivationen. Wir hören sie als Kleinkind, in der Schule, im Beruf, zu Hause, in der Freizeit. Ich beschränke meine Auswahl hier bewusst auf ein Minimum, weil ich nicht noch Werbung machen will dafür:

Kindheit: «Du bist noch zu klein dafür.»
«Das kannst Du nicht.»

Schule: «Deine Leistungen sind ungenügend.»
«Du solltest Dir mehr Mühe geben.»
«Du wirst das nie lernen.»

Beruf: «Das machen Sie nicht schnell genug.»
«Den Brief haben Sie falsch gemacht.»
«Sie haben es nicht begriffen.»

Kommen Ihnen diese Bemerkungen irgendwie bekannt vor?

Ich habe absichtlich harmlose Formulierungen gewählt. Auch die verstärkende Form ist sehr beliebt. Statt «Sie haben es nicht begriffen» hört man oft «Sie haben es immer noch nicht begriffen». Was im Klartext heisst: Sie sind nicht nur ein Dummkopf, sondern ein völlig vertrottelter Vollidiot.

Solche negativen emotionalen Motivationen sind leider derart alltäglich, dass wir sie oft nicht erkennen, und wenn doch, viel Energie aufwenden müssen, um diesen klebrigen, gemeingefährlichen Dreck loszuwerden.

In jedem Unternehmen arbeiten Menschen der unterschiedlichsten Berufe: Juristen, Chemiker, Verkäufer, Buchhalter, Dreher, Ingenieure, Biologen, Soziologen. Jeder einzelne von Ihnen denkt und sagt in Worten, Gesten und Ausdrücken: Ich bin Fachmann, und alle anderen verstehen rein gar nichts. Wir alle pflegen unseren Dünkel, ackern in unserem Garten, ziehen Grenzen und polieren unser Image auf. Wozu haben wir denn Jahre oder Jahrzehnte die Schulbank gedrückt und wofür bezahlen wir denn sonst die teuren Verbandsbeiträge? Wir sind doch etwas ganz Besonderes, und es kann nicht schaden, wenn wir das gelegentlich auch betonen. Was ist die Folge dieses Verhaltens? Wir geben unserem Gesprächspartner ganz automatisch, meist auch unbewusst zu verstehen, dass er nichts versteht. Auch das ist eine Form der negativen Motivation.

7.5.3.2 Positive emotionale Motivation

Positiv wirken Lob, Anerkennung, Zuneigung, Liebe. Um diese Begriffe etwas auszudeutschen, liste ich hier eine Auswahl jener Ausdrücke auf, die für den Betriebsalltag motivierend sind. Da die emotionale Motivation offenbar wenig bekannt ist, ergänze ich die Liste um Begriffe, die eher auf das Privatleben zutreffen. Dabei ist diese Einteilung subjektiv. Sie dürfen selbstverständlich jederzeit auf jede beliebige Art emotional positiv motivieren.

Emotionale Motivation im Beruf	Emotionale Motivation privat (zusätzlich)
Achtung	Anhänglichkeit
Anerkennung	Artigkeit
Aufwertung	Aufrichtigkeit
Beifall	Bereitschaft
Belobigung	Bereitwilligkeit
Bestätigung	Dienstbarkeit
Billigung	Freundlichkeit
Ehrfurcht	Gefälligkeit
Ehrung	Gefühl
Gefallen	Herzenswärme
Hochachtung	Herzlichkeit
Höflichkeit	Hingabe
Interesse	Innigkeit
Laudatio	Lebensgefühl
Lobgesang	Leidenschaft
Lobpreisung	Liebe
Positive Beurteilung	Mitgefühl
Sympathie	Verbundenheit
Wertschätzung	Warmherzigkeit
Wohlwollen	Wohlwollen
Würdigung	Zärtlichkeit
Zustimmung	Zuneigung

Wir haben gesehen, dass materielle Faktoren wie Lohn und Altersversorgung hauptsächlich den Verstand und die Logik ansprechen. Daraus könnten wir nun den Schluss ziehen, dass emotionale Faktoren allein auf die Gefühlswelt wirken. Dem ist nicht so. Anerkennung und Lob zielen natürlich in erster Linie auf unser Empfinden, aber sie wirken genauso auf den Verstand. Das wird ersichtlich an der Reaktion auf ein Lob. Die meisten Menschen antworten nämlich z.B. auf «das haben Sie gut gemacht» mit «wenn Sie es sagen». Damit drücken sie folgendes aus: «Ich habe es bis heute nicht so gesehen, aber wenn Sie es so sehen, dann akzeptiere ich das gerne.» Damit wird das Lob verstandesmässig geschluckt. Nun geht es wörtlich hinunter wie Öl, macht das Herz weit (die Brust schwillt an), wärmt den Bauch (verbreitet ein wohliges, sattes Gefühl im Magen) und kribbelt bis in die Zehen. Damit ist der ganze Mensch angesprochen. Solche Motivation erreicht 100 Prozent auf der Motivationsskala.

Schlaglicht

Motivation ist nicht Theorie, sondern gelebte Praxis.
Aufbauende Motivation ist ganz natürlich, gelingt allerdings nur der emotional gefestigten Persönlichkeit.

7.6 Motivationsfaktor Kommunikation
7.6.1 Das Mitteilungsbedürfnis

So komisch das für Sie vielleicht tönen mag, aber das Mitteilungsbedürfnis des Menschen ist ein elementares, lebenswichtiges Bedürfnis. Es mag nicht ganz so überlebenswichtig sein wie Essen und Trinken, und auch nicht so grundlegend wie Liebe und Anerkennung. Trotzdem ist es elementar. Rudolf der Zweite, ein Habsburger Herrscher, experimentierte 1570 mit 42 Findelkindern. Er liess die Säuglinge in seine Burg bringen, gab ihnen zu essen und sie wurden gesäubert, aber niemand durfte mit ihnen sprechen. Sie durften auch nicht liebkost oder umarmt werden. Die Kinder starben alle nach spätestens 38 Tagen. Etwa 200 Jahre später wurden ähnliche Versuche in einem spanischen Kloster durchgeführt. Auch hier durften die Ammen nicht mit den Kindern sprechen. Die Folgen waren wiederum fatal: Viele Kinder starben, andere trugen irreparable Schädigungen davon. Aus diesen Versuchen zu schliessen, die Kinder wären wegen mangelnder Kommunikation gestorben, wäre falsch, denn ihnen fehlten auch die Liebe, Anerkennung, Zuneigung. Trotzdem zeigen die Experimente, wie wichtig die Sprache ist.

Auf das Unternehmen angewendet, heisst das: Ohne genügende Information kann ein Mitarbeiter nie mitreden. Er bleibt stumm, desinteressiert, gleichgültig oder gar apathisch. Der Mensch braucht den Kontakt zu anderen Menschen. Für die betriebliche Kommunikation schlägt Maslow Teamarbeit, Kollegenkontakte und Information vor.

 Information ist ein sensibles Gut. Nicht alles, was in der Direktion abläuft, eignet sich zur allgemeinen Verbreitung. Viele wichtige Geschäfte könnten nicht abgeschlossen werden, würden immer alle Informationen sofort freigegeben. Denken wir dabei nur an Staats- oder Rüstungsaufträge. Auch Fusionen oder Geschäftsverkäufe sollten im kleinstmöglichen Personenkreis vorbereitet und durchgeführt werden.

Alles, was ans Licht der Öffentlichkeit gezerrt wird, wird gnadenlos zerpflückt. Wir leben leider nicht in einer Welt der korrekten und neutralen Berichterstattung. Die Medien liefern sich gegenseitig einen harten Konkurrenzkampf. Da kommen ihnen Sensationen gerade recht. Die ganze Berichterstattung ist bewusst reisserisch, gewollt provokativ und zu einem guten Teil auch unternehmensfeindlich. In einem solchen Umfeld sollten Informationen möglichst restriktiv gehandhabt werden. Das ist nichts weiter als Überlebensstrategie.

Was für die Medien gilt, gilt auch betriebsintern. Viele Mitarbeiter werden neidisch, wenn es dem Unternehmen gut geht. Ihre Lohnforderungen steigen ins Uferlose und mit ihren Reden vergiften sie die ganze Atmosphäre. Wie heisst das bekannte Sprichwort? «Was ich nicht weiss, macht mich nicht heiss.» Es gibt in jedem Unternehmen tausend Gründe dafür, nicht bzw. sehr vorsichtig und selektiv zu informieren.

Ohne Information kann das Unternehmen nicht wachsen, es bleibt stehen. Informationen zurückzuhalten kann zudem sehr gefährlich sein. Information besteht aus gegenseitiger Kommunikation. Wenn Sie nicht mit Ihren Mitarbeitern sprechen, dann sprechen die auch nicht mit Ihnen.

BEISPIEL

Nehmen wir an, Sie haben einen Mitarbeiter, der entdeckt, dass ein Stromkabel frei liegt und dass die Gefahr eines Kurzschlusses besteht. Er ist nur daran vorbeigelaufen und es ist eigentlich nicht seine Abteilung. Wenn es sich um einen interessierten Mitarbeiter handelt, der von seinem Vorgesetzten als wertvoller Mensch behandelt wird und der eine offene Informationspolitik erlebt, dann wird er sofort hingehen und seine Beobachtung melden. So kann möglicherweise ein Kurzschluss oder sogar ein Brand verhütet werden. Wenn er aber in einer Unternehmung arbeitet, in der er den Chef nie sieht und von den «Oberen» nie etwas hört, dann kümmert er sich nicht weiter darum. Sein Motto heisst dann «Nicht mein Bier, sollen die doch selbst danach sehen.» Er wird am Abend (wenn die Firma dann noch besteht) vorsichtshalber seinen Spind ausräumen, denn er möchte nicht dass seine Lederjacke mitverbrennt. Aber sonst unternimmt er nichts. Sie merken es: Wir sind wieder einmal bei der Wahrheit «wie man in den Wald ruft, so tönt es zurück».

Wie sieht Teamarbeit aus? Gegenüber Einzelarbeit hat sie den Vorteil der gegenseitigen Kommunikation. Sie sollte allerdings nicht angewandt werden von jenen Unternehmen, die alles selbst minutiös planen und bestimmen wollen. Das ist im

Team nicht möglich. Sobald mehrere Menschen beieinander sind befruchten sie sich gegenseitig. Da kommen Ideen auf. Verbesserungsvorschläge werden gemacht. Plötzlich läuft die Arbeit schneller, reibungsloser, effektiver. Diesen Umstand hat sich Saab zunutze gemacht und Fliessbandarbeit durch Gruppenarbeit ersetzt.

Eine sehr interessante Art, die Gruppenarbeit zu fördern, traf ich in einem grossen Dienstleistungsunternehmen an. Jeder Neueintretende wird nicht nur einer Abteilung zugeteilt, er erhält zudem einen Onkel. Dieser Onkel hat die Aufgabe, dem Neuling bei Fragen der internen Organisation beizustehen, ihn aber auch fachlich zu beraten. Die Onkels sind darüber hinaus gute Arbeitskollegen und nicht selten auch Klagemauer für geschäftliche und sogar private Sorgen der Neulinge. Das Onkelverhältnis ist nicht befristet. Es bleibt als informelle Beziehung neben der offiziellen hierarchischen Struktur bestehen und wird sehr rege benutzt. Nicht selten entwickelt sich aus der Onkelfunktion ein echtes Kollegen- oder Freundesverhältnis. Für Neulinge ist es eine grosse Ehre, wenn sie – nach einigen Jahren Betriebszugehörigkeit – selbst Onkelfunktion übernehmen dürfen. Jetzt gehören sie ganz zur Familie. Eine gute Art, innerbetriebliche Zusammengehörigkeit aufzubauen. Es ist ein lebendiges Beispiel dafür, wie innerbetriebliche Weiterbildung ohne grossen bürokratischen Aufwand praktiziert werden kann.

7.6.2 Offene Informationspolitik

Eine zielgerichtete Arbeit, ein Ausrichten aller Bemühungen auf die gemeinsame Vision, setzt eine vorbehaltlose, umfassende und blitzschnelle Kommunikation voraus – und zwar auf allen Ebenen, von oben nach unten, quer über alle Abteilungen und von unten nach oben. Ohne sie erhält das Ziel rasch Schatten, d.h. wird durch Zweifel stark herabgemindert. Genauso negativ wirken Halbwahrheiten. Steht die Vision und wünschen Sie, dass alle Mitarbeiter hinter ihr stehen, dann ist Ehrlichkeit und Offenheit absolutes Muss. Jedes Abweichen davon ist tödlich, denn Desinformation oder zurückgehaltene Meldungen wirken wie Betrug. Unter einer offenen Informationspolitik fühlen sich die Mitarbeiter als vollwertige Menschen akzeptiert. Werden Informationen zurückgehalten, fühlen sie sich als unmündige Kinder behandelt. Und genau so verhalten sie sich dann auch: kindlich-trotzig oder verantwortungslos-gleichgültig.

Zur offenen Informationspolitik gehört auch, dass sie systematisch erfolgt. In vielen Firmen fehlt eine eigentliche zentrale Stelle. Zwar gibt es den meisten Grossbetrieben eine Stelle für Öffentlichkeitsarbeit; wer aber betreibt, koordiniert und überwacht den internen Informationsfluss? Niemand? Das ist ein grosser Fehler. Nichts wirkt ätzender, lähmender oder zerstörerischer als der Latrinenweg. Nachrichten die durch den Untergrund wandern, ändern ihre Farbe mit jeder Weitergabe wie ein Chamäleon. Oft wird aus eine Mücke ein Elefant. Das Tragische daran ist, dass Sie den Latrinenweg weder kontrollieren noch steuern können. Sie wissen also nicht, was Ihre Mitarbeiter hören, und Sie wissen erst recht nicht, wie sie darauf reagieren. Wie ich schon mehrmals gesagt habe: Ich «bewundere» den Mut einiger Bosse: Sie sitzen auf einer Bombe und wissen es nicht.

Nehmen wir noch einmal das Beispiel vom Buchhalter Stich aus der Treuhandfirma. In dieser Firma wurden ja die Buchhaltungsabschlüsse und die Korrespondenz an verschiedenen Orten abgelegt. Ein Kunde schickt eine Umzugsanzeige, die fein säuberlich bei der Korrespondenz abgeheftet wird. Das nächste Mal, wenn der Buchhalter den Kunden besucht, packt er die Buchhaltungsunterlagen ein und fährt los. Dann erlebt er die grosse Überraschung. Er findet den Kunden nicht mehr. Niemand hat ihm etwas vom Umzug des Kunden gesagt, niemand hat daran gedacht, mindestens eine Kopie der Umzugsanzeige in die Buchhaltungsunterlagen abzuheften. Termin geplatzt, Konfusion beim Kunden («Die wollen meine Buchhaltung führen und haben intern eine solches Chaos») und grosser Frust beim Buchhalter. Sehen Sie, was ich meine? Information ist eine grosse Kunst, die unbedingt professionell organisiert und durchgeführt werden muss. Auf diesem Gebiet wird viel gesündigt.

Die sogenannte selektive Information birgt einen weiteren Gefahrenherd: Sie wertet, das heisst, sie schafft Klassen. Wie wollen Sie einem Übergangenen erklären, dass er weiterhin wertvoll für die Firma ist? Ausgewählte Informationen funktionieren höchstens bei Fachmitteilungen. Ein Schreiner muss nicht über die Neuanschaffung einer Drehbank in der Metallabteilung orientiert werden. Aber über Personalzugänge oder -Abgänge in der Metallbearbeitung schon, denn das ist etwas, was die ganze Familie betrifft. Überhaupt scheint mir die (intakte!) Familie ein gutes Denkmuster für die innerbetriebliche Information zu sein. Alles, was den Bestand, das Zusammenleben und die Weiterentwicklung der Firma betrifft, sollte dringend allen Mitarbeitern offengelegt werden. Ob das durch Gespräche, durch persönliche Schreiben, durch Rundschreiben, durch das Schwarze Brett, die Firmenzeitung geschieht, ist eine Frage der Gewichtung und des persönlichen Geschmacks. Im Zweifelsfall bin ich immer für den direktesten und persönlichsten Weg.

Und gleich noch ein Grundsatz: Im Zweifelsfall lieber zuviel als zuwenig informieren. Wenn also z.B. Personaländerungen durch die Vorgesetzten persönlich mitgeteilt werden, ist es sicher nicht falsch, die gleichen Informationen auch noch ans Anschlagbrett zu heften oder sie in der Firmenzeitung abzudrucken.

7.6.3 Kollegenkontakt

Nach Maslow ist Kollegenkontakt ein Kommunikationsbedürfnis. Dem ist sicher so. Das Unternehmen hat gegenüber dem Einzelkämpfer den unschätzbaren Vorteil, dass sich Gleichgesinnte gegenseitig unterstützen können. Leider steht hier ein «können», denn viele internen Organisationsstrukturen verhindern genau das. Sei es, dass die Hierarchie strikte ausgelebt wird und die Untergebenen nicht wagen ihre Vorgesetzten zu fragen, weil sie so Unwissen dokumentieren und ihnen das bei der erstbesten Gelegenheit wieder vorgehalten wird. Also wurstelt man viel lieber vor sich hin, erfindet das Rad neu und vergeudet Energie und Arbeitszeit. Vorgesetzte ihrerseits wagen nicht, Untergebene zu fragen, weil sie fürchten, dadurch an Macht zu verlieren. Offene, freie Kommunikation ist in der starren Hierarchie nicht möglich.

Genau das gleiche gilt für das Team. Besteht im Team eine Hierarchie, wird die ganze Idee ad absurdum geführt. Kollegialität, gegenseitiges Vertrauen und zielgerichtete Zusammenarbeit kann nur unter gleichwertigen Partnern wachsen. Gleichwertig heisst hier keineswegs, dass alle genau das gleiche gleich gut können. In einem Team von Versicherungsvertretern kann der eine sehr wohl ein Lebensversicherungsspezialist und der andere ein Haftpflichtfachmann sein. Gleichwertig heisst hier nur, dass jeder das gleiche Ansehen geniesst, als Person hoch geachtet ist und unwürdige oder abwertende Gedanken und Worte strikte verboten sind. Das Team trägt jeden einzelnen und zwar inklusive all seinen menschlichen Eigenheiten und Schwächen. Und genau so trägt jeder einzelne das Team, d.h. steht voll und verantwortungsbewusst zur erbrachten Leistung. Ohne diese Voraussetzung verkommt jede Teamstruktur rasch zur Hackordnung auf dem Hühnerhof, die womöglich jeden Tag oder für jede Aufgabe neu definiert wird. Oder es herrscht innerhalb des Teams ein Diktator oder Patriarch, der alle anderen nach seiner Pfeife tanzen lässt.

SCHLAGLICHT

Offene, umfassende, freie Information auf allen Stufen und quer durch alle Strukturen ist eine unbedingte Voraussetzung für die Motivation.

7.7 Motivationsfaktor Anerkennung
7.7.1 Statussymbole und Prämien als Anerkennung

Maslow definiert Lob, Statussymbole und gute Bezahlung im Sinne von Leistungsprämien als motivierende Anerkennung.

Kapitel 7 — Motivationsfaktoren

All das Gerede über Lob, Anerkennung und Zuneigung hat in einem vernünftig geführten Unternehmen keinen Platz. Ein Unternehmen ist weder Kloster noch Frauenschule noch Sekte noch Turnverein noch Privatparty. Viel von diesem Anerkennungs-Gerede ist Vetternwirtschaft, Bauchpinselei und Speichelleckerei. Im Geschäftsalltag zählen Fakten. Nicht, dass eine gelegentliche lobende Erwähnung von besonderen Leistungen verboten wäre, aber viel handfester und wirkungsvoller sind klare Signale wie beispielsweise Leistungsprämien. Hinlänglich bekannt dürfte auch sein, dass Mitarbeiter nachgerade süchtig nach Statussymbolen sind. Jede militärische Organisation lebt das vor, indem sie ihre Ränge mit unterschiedlichen Streifen, Sternen und Kränzen dekoriert. Ebenso nachgewiesen ist, dass Verkäufer dann gute Leistungen erbringen, wenn sie die Aussicht haben, an einem riesigen Fest als bester Verkäufer des Jahres gefeiert zu werden. Nichts spornt die Menschen so sehr an wie die Aussicht auf mehr Geld, einen Orden, eine Auszeichnung oder ein öffentliches Lob. Das Lob muss deshalb öffentlich sein, weil nur so die Möglichkeit besteht, damit einem breiten Publikum bekannt zu werden und so wiederum Geld herauszuschlagen, sei es durch Verkauf von Souvenirs oder durch Abschluss eines Werbevertrages oder eines noch lukrativeren Anstellungsvertrages. Letzendlich läuft in unserer Gesellschaft alles auf einen ebenso einfachen wie wirkungsvollen Nenner hinaus: Geld. Für Geld tun die Menschen so gut wie alles. Es ist die Triebfeder, die unsere Welt am Laufen hält. Das gilt in ganz besonderem Masse für Unternehmen, denn sie sind ja wirtschaftlich orientierte Gebilde.

Lob ist der Motivator schlechthin. Sehen wir uns die Definition noch einmal an: «Lob ist die ausdrückliche Belohnung für eine Leistung. Sie wirkt positiv verstärkend auf das Verhalten. Sie ist neben dem Vorbild das wichtigste Erziehungsmittel überhaupt.» Lob gleichzusetzen mit Geld ist etwa so wie Liebe gleichzusetzen mit Sex. Beides wird zwar heute oft getan, ist aber trotzdem völlig falsch.

Geldprämien und Statussymbole ersetzen eine menschlich korrekte Behandlung und Lob in keiner Art und Weise. Materielles Lob wirkt sehr ungerecht und problematisch. Wie wollen Sie einem Mitarbeiter erklären, weshalb er keinen teuren Firmen-Mercedes erhält, sein Kollege aber doch? Aus der Perspektive des zurückgesetzten Mitarbeiters wirken alle Ihre Worte verletzend, unwahr, schal und verlogen. Der materiell belohnte Mitarbeiter im übrigen mag sich im Moment freuen. Seine Freude aber ist bestimmt von kurzer Dauer, denn er wird sofort zum Aussenseiter. Er wird beneidet und als Folge davon geschnitten und geächtet. In den Augen der zurückgesetzten Mitarbeiter ist er nichts weiter als ein Speichellecker und Parasit, der es versteht, auf Kosten seiner Kollegen persönliche Vorteile herauszuholen. Der so belohnte Mitarbeiter vergeudet eine Menge kostbare Arbeitszeit damit, sich zu rechtfertigen. Eine Übung, die ihm nie gelingen kann, denn alle anderen sehen das ganz anders.

Was erreichen Sie mit materiellen Anreizen? Grabenkriege, Unfrieden und Ungerechtigkeit. Von Motivation weit und breit nichts zu sehen oder zu spüren. Einmal mehr haben Sie teures Geld nicht nur zum Fenster hinaus geworfen, sie haben damit sogar Probleme geschaffen.

Jedes materielle Lob, das nicht von jedem einzelnen Mitarbeiter der Firma, begonnen vom Lagerarbeiter bis hinauf zum Generaldirektor, erreichbar ist und bleibt, wirkt ungerecht. Bonus- und Prämiensysteme können den Anspruch der Gerechtigkeit am ehesten erfüllen. Allerdings sind die Voraussetzungen wie und wann die Prämie erreicht oder verdient wird, genauestens zu hinterfragen: Kann sie jeder Mitarbeiter bei vergleichbarem Einsatz verdienen?

Eine mögliche Lösung ist ein Bonussystem, das sich nicht nach Umsatz oder nach Lohnhöhe richtet, sondern nach Personen. Allenfalls könnte hier die Betriebstreue mit einfliessen. Nur so wird auch finanziell dokumentiert, dass im Unternehmen jeder einzelne Mitarbeiter wichtig und gleichwertig ist.

7.7.2 Wertschätzung der verschiedenen Abteilungen

In diesem Zusammenhang möchte ich auf einen weiteren Punkt hinweisen. Es gibt viele Unternehmen, in denen bestimmte Abteilungen wertvoller sind als andere. In technisch orientierten Unternehmen sind selbstverständlich die Techniker generell mehr wert als alle anderen Mitarbeiter, in Handelsbetrieben führen sich die Verkäufer auf wie Könige. Ich halte solche Wertungen für gefährlich. Für mich ist jeder Mensch wertvoll und jede Aufgabe im Betrieb wichtig. Wertungen führen zu gar nichts anderem als dazu, dass das Unternehmen den Anschluss verpasst. In Deutschland wurden ganze Industriezweige ausgerottet mit solchem Denken. Die Kameraindustrie zum Beispiel, die der innovativen japanischen Konkurrenz, die die Spiegelreflexkamera entwickelte, nicht mehr gewachsen war. Nein, ich bin nicht der Ansicht, dass deutsche Kameras schlecht waren. Auch Schweizer Uhren waren nicht schlecht. Aber die Japaner waren flinker. Bis ein Schweizer Hersteller erkannte, dass man Uhrengehäuse auch aus Plastik herstellen kann. Er hat nicht mehr länger in höchster mechanischer echt schweizerischer Präzision gedacht, sondern er hat einer innovativen, in Fachkreisen stark belächelten Idee Raum gegeben: Der Plastikuhr. Spötter sagten, sie ticke lauter als eine Turmuhr. Was hat dieser innovative Unternehmer gemacht? Er hat sich nicht stören lassen, sondern ganz im Gegenteil noch eins draufgesetzt. Er hat sich nämlich gesagt: Uhren herstellen kann (fast) jeder. Aber das Produkt Uhr vom reinen Gebrauchsgegenstand in einen Modeartikel verwandeln, das braucht ein Umdenken. Er hat also den in der Branche herrschenden Ingenieurs- und Präzisionskult gebrochen und neben die Ingenieure etwas so labiles und schlecht fassbares wie Design als zumindest Gleichwertiges gesetzt. Herausgekommen ist ein Massenprodukt mit immer dem gleichen technischen Kern, das mehrmals jährlich in vielen bunten und immer neuen Mustern, Farben und Formen auftritt. Es hat einen völlig neuen Trend geschaffen und verkauft sich schneller als frische Brötchen.

Und wie verhält es sich mit Auszeichnungen wie der «goldenen Nadel» oder Pokalen für den «besten Verkäufer». Solche Pseudo-Anerkennungen halten doch keine fünf Minuten an. Spätestens wenn man das Ding in der Hand hält, wird ersichtlich, dass es sich um billigste Massenware handelt. Dann weiss man auch ganz genau, wie wertvoll man der Firma wirklich ist. Zudem lebt man ab diesem Datum als beneideter Aussenseiter. Von lange anhaltender Freude oder aufbauender Motivation bleibt wenig.

7.7.3 Nur Lob hält an

Die einzige wirklich motivierende und anhaltende Motivation ist das Lob. Das persönliche, spontane Lob, um genau zu sein. Motivierte Mitarbeiter sind Angestellte, die jeden Tag oder zumindest mehrmals wöchentlich von ihrem Chef eine persönliche, spontane, aufrichtige Aufmunterung erhalten.

Eine denkbar schlechte Methode ist, alles auf das traditionelle Mitarbeitergespräch Ende Jahr aufzusparen. Was Sie dort sagen, läuft vielen Mitarbeitern ohnehin wie Wasser über die aufgespannte Regenhaut. Sie sind so gewohnt, hier noch einmal alle Sünden vorgebetet zu erhalten, dass sie gar nicht zuhören. Dieses Jahresendritual ist völlig verkorkst.

Echtes Lob ist ein wirklich spontaner, ehrlicher Ausruf wie z.B.: «Herzlichen Dank Herr Müller, dass Sie daran gedacht haben. Dieser Termin war mir jetzt tatsächlich entfallen. Danke, dass Sie mich gerettet haben.» Oder auch: «Ich sehe, Sie haben an wirklich alles gedacht. Gratuliere Frau Flück, gute Arbeit.»

Und machen Sie bitte nicht den Fehler, nach dem Lob irgend etwas Negatives zu sagen. Oder einen Scherz. Oder sonst eine Banalität. Verklemmen Sie sich den berühmten Nachsatz: «Wenn wir schon dabei sind, dann muss ich Ihnen jetzt auch sagen, dass...» Bitte, bitte, zügeln Sie Ihr Temperament. Sprechen Sie das Lob aus und lassen Sie es mindestens eine kleine Weile stehen und nachwirken. Sagen oder tun Sie nichts weiter. Wenn sich der Mitarbeiter bedankt, dann sagen Sie etwas in der Richtung von: «Sie haben es verdient, ich habe mein Lob ehrlich gemeint.» **Nochmals: Nichts sonst. Absolut gar nichts.**

7.7.4 Sinn und Geist der Anerkennung

Anerkennung und Lob enthalten einen weiteren Aspekt. Nämlich Ihr Bemühen als Vorgesetzter, dem Mitarbeiter sein Leben so angenehm wie möglich zu gestalten. Ich spreche hier selbstverständlich nicht von Luxus. Aber vielleicht möchte er am Mittag einige Früchte essen, obwohl das Essen am Arbeitsplatz verboten ist. Sprechen Sie mit ihm, wie er sich das vorstellt, und ich denke, wenn keine Unterlagen befleckt werden, dann sollte ein solcher Wunsch wirklich kein Problem sein. Ich denke auch an den Arbeitsplatz. Es gibt so viele Kleinigkeiten, die wenig Geld kosten, die aber die Stimmung des Mitarbeiters erheblich heben können: Die kabellose Maus, die Tischlampe usw. Ja, ich höre die Pfennigfuchser. Das alles kostet Geld. Rechnen Sie aber einmal aus, wieviel ein Arbeitsausfall eines Sachbearbeiters pro Stunde kostet. Dann werden Sie sehr rasch die Maus oder die Tastatur kaufen. Zumal das Dinge sind, den dem Mitarbeiter wirkliche Freude machen. Und den Neid der anderen nicht anziehen. Ich spreche hier ausdrücklich von Kleinigkeiten, wohlverstanden.

Ich weiss schon, dass dieser Vorschlag gegen die streng genormte Arbeitswelt verstösst. In deren Augen gehört es zu einer guten Organisation, die Arbeitsplätze und Ausstattung zu normieren. Das mag einen gewissen Vorteil bieten bei intern notwendigen Arbeitsplatzwechseln. Und es erleichtert die Anlagebuchhaltung und die Reparaturen. Aber es ist unmenschlich. Wir Menschen hassen alle Gleichmacherei. Sehen Sie sich doch einmal verschiedene Arbeitsplätze an. Jeder Mitarbeiter hat irgend etwas persönliches. Sei es ein Glücksbringer oder auch nur die Art, wie er sein Werkzeug versorgt. Natürlich ist Ordnung eine Grundvoraussetzung für ein zivilisiertes Zusammenarbeiten, aber stur normierte Arbeitsplätze sind ein absoluter Horror. Wenn Sie Ihrem Mitarbeiter mit Kleinigkeiten eine Freude machen, also damit seine Individualität unterstreichen, dann motivieren Sie ihn stärker als mit einer noch so kräftigen Lohnerhöhung. Seinen Glücksbringer oder seine neue Tastatur, die sieht er jeden Tag acht Stunden lang an. Das Lohnkonto sieht er sich einmal Ende Monat an. Und das auch nur, um festzustellen, dass es wieder einmal nicht gereicht hat. Was also motiviert wohl nachhaltiger: Die persönliche Kleinigkeit oder die Lohnerhöhung?

An diesem letzten Beispiel kann der Sinn und Geist des Lobes erläutert werden. Es geht weniger um Worte, Gesten oder ein krampfhaftes Suchen nach verbalen Bestätigungen. Es geht vielmehr um den Geist, der hinter all dem steckt. Und der lautet: Jeder Mitarbeiter ist wertvoll. So lange als diese Haltung nicht täglich gelebte Praxis ist, so lange wirkt Lob schal und verlogen.

Ideen, wie Lob gelebt werden kann, finden sie auch im Kapitel «Emotionale Weiterbildung». Im Alltag ist man sich viel zu wenig bewusst, dass Mitarbeiter ohne Lob und Anerkennung sterben. Zuerst innerlich und schliesslich auch rein körperlich. So wird verständlich, dass jeder Mensch sehnsüchtig nach Bestätigung, Liebe, Achtung, Zugehörigkeit lechzt. Lechzen ist der genau richtige Ausdruck, denn es handelt sich hier wirklich um einen nahezu unstillbaren Durst, der genau so oft und genau so quälend nagend auftritt wie der Durst nach Flüssigkeit. Es ist nahezu unglaublich, was Menschen alles tun, um Anerkennung zu erhalten. Möchten Sie dazu eine kleine Auswahl von Beispielen?

- **Fishing for compliments** ist eine spielerische Art vieler Frauen, bewundernde Blicke auf sich zu ziehen.

- Jedes **Schminken** ist ein Unterstreichen der eigenen Persönlichkeit mit dem Ziel, Aufmerksamkeit zu erlangen. Das gleiche gilt für die Männer, hier etwa die besondere Krawatte oder die Uhrenkette.

- Jede **besondere Geste**, etwa der leicht schräg gehaltene Kopf, die besondere Art, die Arme zu verschränken, eine bestimmte Kopfbewegung usw. sind nichts anderes als ein sich Herausheben aus der Masse.

Weitere tausend solcher Kleinigkeiten zeigen und sagen immer nur eines: Ich bin ein besonderer Mensch und sollte Dir einen Blick, ein Lob oder eine Anerkennung wert sein. Viele Ehen werden geschlossen, obwohl sich die Partner nicht gut verstehen. Aber das Gefühl, von einem anderen Wesen geliebt zu werden, ist so überwältigend, dass man gewillt ist, etliche Nachteile dafür in Kauf zu nehmen. Besonders tragisch kommt das in Ehen zum Ausdruck, in denen ein Partner den anderen tyrannisiert oder sogar schlägt, ohne dass der andere etwas dagegen unternimmt.

Wenn Sie Ihren Mitarbeitern diese Bestätigung frei Haus liefern, sie also als achtenswerte, vollwertige Firmenmitglieder behandeln, sie zudem regelmässig ehrlich belobigen und diese Anerkennung mit kleinen Kleinigkeiten weiter untermauern, das alles aus reiner Wertschätzung, dann werden Sie eine Leistungsexplosion erleben, die Sie sich auch in den kühnsten Träumen nicht vorstellen konnten. Vorausgesetzt, Ihre Beweggründe sind reell und ehrlich, können sie mit Ihren Mitarbeitern Pferde stehlen gehen. Sie gehen für Sie durch jedes Feuer und halten Ihnen Treue bis in den Tod. Und, sehr wichtig: Sie singen Ihr Lied. Damit sind sie erstklassige Werbeträger, denn die beste Werbung ist immer noch die Mund- zu-Mund-Propaganda.

SCHLAGLICHT

Motivation wirkt wie ein Leistungsturbo und macht den Mitarbeitern erst noch viel Freude

7.8 Motivationsfaktor Macht

Macht ist ein Begriff, der viele Gesichter hat und in vielen Facetten auftritt, so etwa in Familie, Politik, Geschichte, Soziologie und im Unternehmertum. In unserer Welt löst das Wort «Macht» meist negative Assoziationen aus, denn jedermann denkt unmittelbar an Machtmissbrauch. Auch im Wirtschaftsleben wird Macht negativ interpretiert. Das Wort steht etwa für den allmächtigen Unternehmer, der seine Mitarbeiter knechtet und ausbeutet. Die Definition lautet: «Eine Person oder Gruppe hat in dem Masse Macht über eine andere Person oder Gruppe, wie ihre eigenen Zielsetzungen auf die Handlungen der anderen einzuwirken vermögen.» Gemäss Definition ist Macht also wertneutral.

Wenn wir heute Macht negativ interpretieren, dann aus zwei Gründen:

- es gibt viel zu viele schlechte Beispiele,

- und so gut wie alle schlechten Beispiele werden bekanntgemacht. Sowohl die Geschichtsschreibung als auch die aktuelle Berichterstattung in den Medien ist auf Sensationen aufgebaut. Darstellungen über Machtmissbrauch lässt sich gut verkaufen. Damit kann man die Massen ansprechen.

Macht, also die absolute Beherrschung, ist das Ziel aller Wünsche. Allzu lange mussten Sie Befehle entgegennehmen, sinnlose oder stumpfsinnige Meinungen anhören, Tadel über sich ergehen lassen. Dank kluger Taktik, der Hilfe von einflussreichen Freunden und unter Einsatz aller Kniffe sitzen Sie jetzt auf dem Chefsessel. Nun werden Sie allen zeigen was eine Harke ist und wo Bartel den Most holt. Die Welt wird aufhorchen. Auch grosse Ziele wie z.B. «Unternehmer des Jahres» rücken in greifbare Nähe.

Natürlich bedienen Sie sich des ganzen Instrumentariums. Sie setzen den Namen der Firma ein, Sie verfügen grosszügig über Ressourcen und Firmenmittel und Sie bedienen sich aller Angestellten nach Gutdünken und Bedarf. Jeder erhält seinen Platz und seine Aufgabe zugeteilt und wird bei der Erfüllung seiner Pflichten streng überwacht. Nötigenfalls greifen Sie mit der gebotenen Härte durch, schliesslich führen Sie ein Unternehmen und keinen Vergnügungsdampfer. Sie haben sich einen Plan zurechtgelegt, Sie haben ein Ziel und verfolgend es mit aller Konsequenz. Wer sich Ihnen anschliesst, ist ein willkommener Mitstreiter und Weggenosse, wer sich Ihnen in den Weg stellt, wird kaltgestellt. Einmal im Leben können Sie die Puppen nach Ihrer Pfeife tanzen lassen! Das kosten Sie nun aus.

Damit verfolgen Sie nicht etwa Ihre eigenen persönlichen Machtgelüste, nein, Sie halten sich strikte an anerkannte betriebswirtschaftliche Grundsätze. Sie organisieren und strukturieren das Unternehmen hierarchisch, Sie führen es zielgerichtet und Sie kappen sofort jede störende Abweichung. Sie sind ein Manager moderner Schule, gehen streng logisch vor und setzen Ihren Verstand und Ihre Intelligenz ein. Auf Sie wartet eine erbarmungslose Konkurrenz, der Sie mit der notwendigen Härte und Schärfe begegnen.

 Wie bereits an den Beispielen Autorität und Patriarchat gezeigt, hat Macht zwei Gesichter. Der Unterschied zwischen positiver und negativer Machtausübung liegt im Verantwortungsbewusstsein. Es gibt nichts Vorbildlicheres als den fürsorgenden Patriarchen und es gibt nichts Verwerflicheres als den egoistisch machtbesessenen Diktator. Leider ist es eine Tatsache, dass Macht meist verroht und dass daraus auch sofort eine Bedrohung für die Umgebung entsteht. Das mag unvorstellbar klingen, bleibt aber trotzdem Tatsache. Die im übrigen gut dokumentiert ist, beispielsweise in Geschichtsbüchern oder durch Kriegsberichterstattungen oder Geiseldramen. Wie kommt es, dass ein ganz alltäglicher Mensch plötzlich hingeht, Menschen gefangennimmt und seine Opfer foltert, ihnen etwa brennende Zigaretten auf dem Oberarm ausdrückt? Die Antwort ist einfach: Macht im Übermass und auf ungefestigten Geist verroht. Dabei liegt es nicht etwa an der Macht, sondern eindeutig am ungefestigten, unfertigen, kaputten, emotional unreifen Menschen. Macht ist in dieser Situation nichts weiter als eine starke Droge, die alle Sinne vernebelt.

Wann ist ein Mensch unfertig, ungefestigt? Wenn er von Ängsten, Gier, Sorgen, Neid, Intoleranz, Grössenwahn usw. beherrscht wird. Wenn er einzig und allein nach Geld und Macht strebt. Wie könnte er diesen Zustand brechen? Indem er einsieht, dass der Verstand, die Logik und das Streben nach materiellen Gütern nur ein Teil es Lebens sind. Wenn er beginnt, nicht nur mit der Brieftasche, sondern auch mit dem Herzen zu denken. Wenn er die Interessen der Mitmenschen als mindestens gleich wichtig einschätzt wie die eigenen. Wenn er beginnt, das Leben auf diesem Planeten zu achten.

Wenn er einsieht, das solch negative Triebe nicht etwa urmenschlich angeboren, sondern anerzogen, erlernt oder aufgezwungen sind. Das geht klar aus der psychologischen Beschreibung der Bedürfnisse hervor. Dort wird unterschieden zwischen primären, vitalen Notwendigkeiten (Essen, Trinken, Liebe) einerseits und sekundären Bedürfnissen. Letztere werden erlernt und finden im Laufe der Lebensgeschichte ihre Ausprägung. Die Ausprägung ist dann beispielsweise entweder Grossmut und Vergebung oder aber Engstirnigkeit und Rachsucht.

Das genau ist der Unterschied zwischen dem machtbesessenen Diktator und dem ehrlichen Vorbild.

Ja, Macht zu tragen ist sehr schwierig. Es setzt einen gefestigten Charakter voraus. Ich kenne nur sehr wenige Menschen, denen Macht nicht zu Kopf gestiegen ist. Viele verlieren durch Macht einen Teil des Realitätssinnes oder der Verhältnismässigkeit. Nicht wenige erlauben sich selbst alles, setzen aber für Untergebene ganz andere Massstäbe. Das Resultat wird uns täglich präsentiert: Korrupte Politiker, ungetreue Geschäftsführer und Betrüger in weissen Westen.

Dass die so ausgeübte Macht alle Untergebenen bedroht, leuchtet ohne weiteres ein. Genau das ist ja auch der Grund, weshalb die allermeisten Angestellten sehr vorsichtig gegenüber allem sind, was von «oben» kommt. Sie arbeiten sozusagen auf Sparflamme und sind jederzeit auf dem Sprung, neue Ungerechtigkeiten entsprechend zu beantworten. Das ist das typische, oft auch von Gewerkschaften geförderte Denken. Macht wird hier immer als Druck und Gewalt empfunden. Druck erntet immer Gegendruck, Gewalt erzeugt Gegengewalt, Macht erzeugt Angst, und Angst macht unzurechnungsfähig: Jederzeit können Racheaktionen ausbrechen.

Das Machtstreben im Menschen ist das Streben nach Selbstverwirklichung. Selbstverwirklichung heisst, dass jetzt das ausgelebt werden kann, was wirklich im Menschen drin steckt. Für die Umwelt kommt jetzt der eigentliche Charakter zum Vorschein, denn der Mächtige kann ja jetzt, mehr oder weniger ungehindert, alle seine Wünsche ausleben. Ein unerzogener, unbeherrschter, kaputter, unfertiger Mensch wird immer ein Diktator, Unterdrücker, Nötiger, Drängler, Tyrann, Chauvinist, Erpresser, Peiniger, Schinder, Quälgeist, Blutsauger, Herrscher oder Despot. Dagegen helfen kein Fachwissen, kein Hochschulabschluss, keine (politische) Karriere, keine Wahl, kein Empfehlungsschreiben.

Nur ein emotional gefestigter Mensch wird ein nachahmenswertes Vorbild. Sehen Sie, wie wichtig die emotionale Erziehung der Vorgesetzten ist?

SCHLAGLICHT

Macht ohne Charakterstärke ist wie ein gefrässiger Wolf im Hühnerstall.

7.9 Zusammenfassung der Motivation

Als ideale übergreifende und allumfassende Motivation haben wir das gemeinsame Vorhaben, die Vision, kennengelernt. Nichts eint so sehr wie ein erstrebenswertes Ziel. Es schweisst die Gruppe zusammen, es schafft Familienzugehörigkeit, der einzelne identifiziert sich mit dem Ideal, er nimmt es in sein Leben auf, erhält durch innerbetriebliche Weiterbildung, Lob und Anerkennung auch ständig Bestätigung dafür, dass er auf dem richtigen Weg ist. Die Arbeit wird für ihn zur Herausforderung, zur Lebensaufgabe. Aus Beruf wird Berufung. Er lebt ein erfülltes Leben. Er arbeitet gerne und er leistet, völlig freiwillig, auch Überstunden, sofern das gemeinsame Ziel das erfordert.

Möglicherweise haben Sie die Motivation bis heute als schwere Aufgabe gesehen. Sie mögen viel über die neuen Pflichten des Managements (Coachen und Trainieren) gelesen oder gehört haben. Das alles können Sie auch viel einfacher haben. Motivation entspringt ganz natürlich aus Ihrem Wunsch, die Mitarbeiter – die ja gleichwertige Menschen sind – zu fördern. So verstanden sind Management und Motivation ein und dasselbe. Es ist der verantwortungsbewusste Umgang mit Ihren Mitmenschen, den Sie als erwachsener, emotional gefestigter Mensch ohnehin pflegen.

Aber nicht nur das Unternehmen profitiert, auch der Angestellte. Für ihn ist die Arbeit nicht mehr lästige Pflicht, sondern Freude. Er lebt ein reich erfülltes Leben. Mit anderen Worten gesagt: Sie haben einen Menschen glücklich gemacht. Ist das erreicht, erübrigt sich alle Diskussion über Manipulation.

Gibt es bei so viel Positivem auch Schattenseiten? Ja, es gibt eine Gefahr, und sie soll hier nicht verschwiegen werden. Sollte Ihr Gebäude nicht echt sein (Ziel ethisch nicht vertretbar, Halbwahrheiten oder sogar Lügen statt aufrichtige Information, geheucheltes Lob), schaffen Sie sich erbitterte Feinde. Die Menschen sind dann nicht einfach nur enttäuscht. Nein, sie erkennen dann glasklar, dass sie vorsätzlich irregeführt wurden und werden Ihnen das nie verzeihen. Einige von ihnen werden es Ihnen auch heimzahlen.

Werden die einzelnen Motivationsfaktoren verglichen, ergibt sich folgendes Bild:

7.10 Tabelle der Motivationsfaktoren

	Motivations-kraft	Mögliche negative Auswirkung
Selbsterhaltung:		
Lohn	20%	
Sicherheit:		
Altersvorsorge	30%	
Kündigungsschutz	30%	
fachliche Weiterbildung	10%	
negative emotionale Weiterbildung		100%
positive emotionale Weiterbildung	100%	
Kommunikation:		
Teamarbeit	50%	20%
Kollegenkontakte	50%	20%
offene Information	100%	
selektive Information		50%
Anerkennung:		
Lob	200%	
Statussymbole	50%	50%
Prämien	50%	20%

Die Zahlen sind Schätzwerte und dienen einzig dazu, die einzelnen Massnahmen untereinander zu gewichten.

- In Anhang 9, «Motivation», finden Sie weitere Ausführungen zur Motivation, insbesondere Tips zur praktischen Anwendung und Verbindung mit der Aktivbildtechnik.

Kapitel 8
Führung im Informationszeitalter

In diesem Kapitel lesen Sie

❖ Mit Motivation überwinden Sie die Langeweile der Mitarbeiter.

❖ Vorsicht vor negativer Motivation: Sie ist weit gefährlicher, als meist angenommen wird.

❖ Steigern Sie die Motivation Ihrer Mitarbeiter von blossem Interesse über die Begeisterung bis zum Enthusiasmus!

❖ Prüfen Sie den Motivationspegel Ihrer Mitarbeiter!

8.1 Motivation gestaltet Arbeitsplätze attraktiv

Führung im Informationszeitalter ist nur noch über die echte Motivation möglich.

Durch das Überangebot an Information und durch die ständige Überflutung mit Reizen aller Art sind die Menschen wählerisch geworden. Das ist nichts weiter als eine natürliche Schutzreaktion. Am besten lässt sich das mit der Nahrung vergleichen. Ein riesiges Überangebot an süsser Verführung wartet auf die Konsumenten und schmeckt irrsinnig gut, hat aber auch Nachteile, beispielsweise zu viel Zucker und damit die Gefahr unerwünschter Kilos. Trotzdem können wir dieser Versuchung nicht immer widerstehen. Aus diesem Grunde leben die meisten Menschen nach dem Grundsatz: «Wenn Kalorien, dann gute.» Wir wollen also weiterhin geniessen, aber wir sind sehr wählerisch geworden dabei.

Die Werbung und viele Kaufhäuser haben diesen Trend längst entdeckt. Durch Erlebnis-Shows und durch Themenparks wird der Modeströmung entsprochen. Dadurch wird die Werbung interessant und das Shopping zum Erlebnis. Dieser Trend erfasst auch die Arbeitswelt. Arbeit muss zwingend und dringend spannend und interessant werden, sonst geht niemand mehr hin. Wir haben heute bereits ein Heer von Arbeitslosen. Böse Zungen behaupten, einige davon seien nicht wirklich arbeitslos, sondern sie hätten lediglich die Nase voll von langweiligen, nichtssagenden Arbeiten und öden oder tristen Arbeitsplätzen. Ohne Action läuft nichts mehr.

SCHLAGLICHT

Motivation ist die einzige Möglichkeit, Ihre Arbeitsplätze attraktiv zu gestalten und zu bewahren.

8.2 Der Motivationspegel
8.2.1 Motivationsarbeit

Motivation ist nicht das alljährliche Mitarbeitergespräch und auch nicht das gelegentliche Loben. Motivation ist ein Lebensprinzip, dem in jeder Sekunde des Berufsalltags nachgelebt werden muss.

Jeder Mitarbeiter hat Anrecht auf ständige Motivationsbegleitung. Seine Begeisterung, d.h. sein Motivationspegel, darf nie in den Bereich der Indifferenz oder sogar der negativen Motivation absinken. Kommt es so weit, ist die Arbeitskraft, oder zumindest der wertvollste Teil davon (Kreativität, Mitdenken, Flexibilität, Initiative usw.) verloren für das Unternehmen. Fit für die Führungsanforderungen des Informationszeitalters werden wir, wenn es uns gelingt, die Mitarbeiter so zu motivieren, dass der Motivationspegel ständig im positiven Bereich und hier möglichst auf 100% verbleibt.

Motivation ist nicht statisch, sondern in höchstem Masse dynamisch. Sie kann so rasch wechseln wie das Wetter. Gestern noch schöner Sonnenschein bei über 20 Grad, heute regnerisch unfreundlich bei 12 Grad. Der Wechsel im Motivationspegel kann durch Ereignisse in der Firma beeinflusst werden, muss aber nicht. Der Mitarbeiter verbringt ja nur sieben bis neun Stunden im Betrieb. In der restlichen Zeit ist er auf dem Arbeitsweg, zu Hause, im Restaurant, am Einkaufen, vor dem Fernseher. Was er da alles erlebt, wissen wir nicht, können es aber erahnen: Rüpelhafte Verkehrsteilnehmer auf dem Arbeitsweg, Horrorkrimi am Fernsehen, Ehekrach zu Hause, schlechtes Essen im Restaurant, unerfreuliche Post, negative Familienereignisse usw. Es gibt somit ein Übermass von Einflüssen, die seine Stimmung beeinflussen können. Leider leben wir in einer Zeit, in der Mord, Totschlag, Vergewaltigung, Flugzeugabstürze, Steuererhöhungen, politische Korruption und viele tausend weitere brandschwarz destruktive Ereignisse alltäglich sind. Mit anderen Worten: Die ganze Umwelt ist so negativ verseucht, dass es für den einzelnen sehr schwierig ist, sich davon nicht anstecken zu lassen. Diese Tatsache ist leicht nachzuweisen. Setzen Sie sich einmal in einen Zug und sehen Sie sich die Gesichter an. Oder beobachten Sie die Leute am Bahnhof. Oder hinter den Steuerrädern. Überwiegend verkniffene, unzufriedene, abweisende Mienen. All diese negative Energie strömt Tag für Tag in Ihr Unternehmen. Sie umzupolen ist erste und wichtigste Aufgabe. Gelingt das nicht, werden Sie nie wirklich aufbauende, vorwärtsstrebende Dynamik erleben.

Motivation ist sehr viel mehr als einige freundliche Worte. Motivation ist echte Aufbauarbeit an jedem einzelnen Menschen. Messbar wird der Grad der Motivation mit dem Motivationspegel wie folgt:

8.2.2 Motivationspegel

Bereich	Beschreibung	Ausdruck	Pegel
Positiver Bereich	Feuer und Flamme	Aktiver selbstgesteuerter Einsatz	+100 %
	Begeisterung	Aktiver Einsatz unter Anleitung	+80 %
	Starkes Interesse	Aktive Lippenbekenntnisse	+20 %
	Interesse	Innerliche Zustimmung	+10 %
Negativer Bereich	Gleichgültigkeit	Indifferenz	−10 %
	Desinteresse	Innerliche Ablehnung	−20 %
	Völliges Desinteresse	Ablehnung mit Lippenbekenntnissen	−50 %
Destruktiver Bereich	Ablehnung	Ablehnung, viele Lippenbekenntnisse	−80 %
	Hass	Ablehnung, Einsatz unter Anleitung	−100 %
	Zerstörung	Ablehnung, aktiver selbstgesteuerter Einsatz	−200 %

Viele Menschen sehen Motivation ausschliesslich positiv. Sie vergessen dabei, dass alle Einflüsse, die auf den Menschen eindringen (also alles, was wir sehen, hören, fühlen, riechen) motivieren. Und zwar positiv oder negativ. Durch die riesige Informationsflut lassen uns viele Einflüsse kalt. So beklagen die karitativen Einrichtungen heute beispielsweise, dass die Menschen nicht mehr so freizügig spenden. Katastrophen und das Schicksal der Betroffenen lassen viele Menschen offenbar kalt. Wir haben einfach viel zu viele schlechte Nachrichten und Elend, als dass wir damit noch echte Gefühle verbinden könnten. Motiviert werden wir davon immer noch, aber leider negativ.

8.2.3 Interesse

Wenn wir uns den positiven Bereich ansehen, dann ist die erste Stufe der Motivation das Interesse. Ein interessierter Mitarbeiter hört Ihnen zu. Das ist schon sehr viel, denn die meisten sind von ihrer Meinung, Stimmung, Situation und ihren Tagesproblemen so eingenommen und absorbiert, dass sie keine Zeit und keinen Platz haben für das, was Sie ihnen zu sagen versuchen.

Das Interesse wird als Aufgeschlossenheit für bestimmte Dinge, Probleme, Personen oder Sachverhalte verstanden. Es ist in aller Regel verbunden mit hoher emotionaler Beteiligung. Intensives Interesse wird nur für Sachverhalte erreicht, die zur Persönlichkeit gehören.

Diese Beschreibung zeigt auf, wie wichtig die Identifikation der Person mit dem Objekt des Interesses ist. Ohne diese Verinnerlichung und Anpassung der Wünsche des Mitarbeiters an die Anliegen des Arbeitgebers kommt keine langfristige Bindung zustande. Das unterstreicht nachhaltig die Wichtigkeit eines natürlichen Zieles, das von jedem Mitarbeiter bereitwillig als eigenes Ziel akzeptiert werden kann. Ohne diese Akzeptanz wird das Interesse von sehr kurzer Dauer und sehr flüchtig sein. Dann wird Motivation zur Schwerstarbeit. Langfristig wird es so nie gelingen, über den Zustand einer sehr beschränkten und reservierten Interessiertheit hinaus zu gelangen.

Der Zustand des Interesses oder des starken Interesses erwirkt noch keine eigenen aktiven Taten des Mitarbeiters. Aber er ist jetzt offen und empfänglich für alle Ideen, und im Zustand des starken Interesses beginnt er auch, von sich aus darüber zu sprechen. Dieses Sprechen beschränkt sich zu Beginn auf ein Rezitieren der erhalten Informationen, ist aber nichtsdestotrotz wertvoll, denn dadurch wird der Mitarbeiter zum aktiven Motivator für seine Umwelt.

Auf der gleichen Stufe, aber leider im negativen Bereich, steht das Desinteresse. Auch hier wird der Mitarbeiter aktiv. Er baut aber nicht auf, sondern reisst ein. Er verbreitet Destruktion und Zerstörung. Bis zur Verunglimpfung und Verleumdung ist es oft nur ein kleiner Schritt.

8.2.4 Begeisterung

Je stärker das Interesse geweckt werden kann, d.h. je tiefer und genauer die Arbeit mit der Person, ihrem Charakter und ihren Eigenschaften übereinstimmt, um so eher gelingt es, an den Zustand der Begeisterung heranzukommen. Die Begeisterung selbst kann als Eifer, Freude oder Faszination umschrieben werden.

Ein begeisterter Mitarbeiter arbeitet willig und freudig. Arbeit ist für ihn nicht länger Qual oder Pflicht oder Müssen. Er kommt freiwillig, setzt sich voll und ganz ein, ist mit Herz und Hand dabei – und er denkt mit. Er mag noch kein richtiges Eigeninteresse entwickeln, d.h., er sieht die Arbeit und die Möglichkeiten noch nicht von alleine. Zur Eigeninitiative und zur kreativen Umsetzung fehlt noch ein kleines Stück. Aber verglichen mit einem desinteressierten, lahmen, pflichtschuldigen Angestellten hat er bereits eine Leistungssteigerung von mindestens einhundert Prozent hinter sich. Dazu gehört auch, dass er mit den Arbeitsgeräten sorgfältig umgeht. Seine Wesensart ist offen, freundlich und zuvorkommend gegenüber jedermann. Er arbeitet verantwortungsvoll auch ohne Aufsicht und er fügt sich gut in jedes Team ein.

Im negativen Bereich stehen Ablehnung und Hass etwa auf gleicher Motivationsebene. Auch hier wird der Mitarbeiter sehr aktiv, allerdings gegen das Unternehmen. Er tut alles, um der Firma zu schaden. Werkzeuge verschleissen, Kurzschlüsse passieren, Büroklammern legen den Aktenvernichter lahm, Computerprogramme stürzen ab. Er hat ein offenes Ohr für alle Sabotage-Tricks, und er probiert sie fleissig aus. Er entwickelt eine grosse Dynamik im destruktiven Bereich.

8.2.5 Feuer und Flamme

Gelingt es, die Begeisterung zu bestätigen, ist der Weg zum Enthusiasmus offen. Im Grunde genommen ist es ein ganz kleiner Schritt. Der Mitarbeiter muss nur bestätigt erhalten, dass seine Begeisterung angenommen und geschätzt wird, und schon beginnt er von sich aus, Vorschläge zu produzieren. Es ist der Schritt hin zur Eigeninitiative, in die ein aktives Mitdenken und vor allem auch Kreativität gehören. Der Mitarbeiter entdeckt, dass Arbeiten wirklich Spass macht. Er muss jetzt nicht weiter gestossen werden, sondern wird zum Selbstläufer. Er ist völlig fasziniert von seinem Unternehmen im allgemeinen und von seiner Aufgabe im besonderen. Mit Hingabe und Leidenschaft arbeitet er vor sich hin. Jeden Tag überdenkt er seine Aufgaben, und zwar immer unter dem Gesichtswinkel: «Was könnte ich heute besser, schneller, kostengünstiger, einfacher, rationeller, interessanter machen?» Genau die gleichen Ideen wendet er auf jede andere Arbeit und jeden anderen Bereich im Unternehmen an, die ihm begegnen. Arbeiten ist für ihn Passion, die er mit grossem Schwung verrichtet.

Der hoch motivierte Mitarbeiter nimmt Arbeiten und Probleme auch mit nach Hause. Er memoriert sie im Unterbewusstsein. Sorgen der Firma sind ihm ein echtes Anliegen, und er setzt alle seine Kräfte zur Lösung ein.

Es versteht sich von selbst, dass dieser Mitarbeiter nicht nur sich selbst, sondern seine Mitarbeiter, seine Gruppe, sein Team oder seine Abteilung in starkem Masse motiviert.

Gegenüber einem begeisterten Mitarbeiter ist nochmals eine ganz erhebliche Leistungssteigerung und insbesondere auch eine Steigerung der Leistungsqualität im Sinne von aktivem, kreativem Mitdenken eingetreten. Und das alles bei (vorerst) gleichem Lohn, wohlverstanden!

Leider gibt es diese aktive Begeisterung auch im negativen Bereich. Ist ein Mitarbeiter in seiner Enttäuschung und Wut so tief gesunken, wird auch er zum Selbstläufer. Dazu bedarf es genau sowenig wie bei der positiven Stufe. Eine kleine Bestätigung des bereits aufgestauten Hasses, und schon beginnen die Gedanken zu kreisen: «Wartet nur, das zahle ich Euch heim.» Solche negative Energie kann bis zum Basteln einer Bombe gehen. Der Mitarbeiter nimmt dabei sogar in Kauf, dass auch er sein Leben verlieren kann. Deshalb bleibt die negative Motivationsskala nicht bei 100% Prozent stehen, sondern erreicht volle 200%. Hass und Zerstörungswut können einen Mitarbeiter so tief zerfressen, dass er dem Unternehmen schaden will, koste es, was es wolle – auch das eigene Leben. Diese negative Stufe ist nicht etwa Fiktion oder Erfindung. Wir finden dazu genügend Beispiele aus Stammesfehden, Bandenkriegen und auch sonst in der Tagespresse.

 Welches sind Ihre konkreten täglichen Massnahmen, den Motivationspegel Ihrer Mitarbeiter im positiven Bereich zu halten?

SCHLAGLICHT

Interesse ist gut, Begeisterung besser,
Feuer und Flamme das anzustrebende Ziel.

8.3 Motivationsreize

Über die Definition der Motivation haben wir bereits gesprochen, sie ist auch im Anhang wiedergegeben. Wichtige weitere Hinweise ergibt die Definition des Psychologielexikons der Tier-Motivation. Wir Menschen sind zwar keine Tiere, aber doch auch Lebewesen. Wenn wir der Entwicklungslehre glauben, dann verfügten wir in grauen Vorzeiten, genau so wie Tiere heute, über ausgeprägte Instinkte. Aus diesem Grund sind Erkenntnisse aus der Tierwelt wichtig.

Dort wird die Motivation als Bereitschaft zu einem bestimmten Verhalten definiert. Diese Bereitschaft hängt ab von Aussen- und Innenreizen, von Hormonen und vom zeitlichen Abstand zwischen den einzelnen Reizungen.

Bei uns Menschen ist es nicht anders. Wir können durch Augen, Ohren, Gerüche, Geräusche, gutes Essen usw. motiviert oder demotiviert werden. Die vorhandene Motivation verstärkt sich, je häufiger sich die Reize wiederholen, sie schwächt sich ab oder verliert völlig an Kraft, wenn neue Reize ausbleiben. Mit anderen Worten: Auf Motivationsreize reagieren wir ganz offensichtlich archaisch. Diese Gegebenheit ist ein weiterer Grund dafür, dass mit verstandesmässigen, logischen Anreizen wie z.B. Lohn, Altersvorsorge usw. relativ wenig zu erreichen ist.

Trotz allen Bemühungen bleibt der Begriff der Motivation nach wie vor relativ schwammig. Natürlich wird man die Motivation nie so genau feststellen können wie den Stand eines Bankkontos, denn es handelt sich um einen emotionalen Bereich, in dem alle rechnerischen Messmethoden zwangsläufig versagen müssen. Trotzdem sind wir nicht hilflos. Der am Anfang dieses Kapitels vorgestellte Motivationspegel liefert ein erstes Erfolgs-Indiz. Auch in Bezug auf die Motivationsreize sind wir nicht hilflos. Es gibt eine ganze Reihe davon.

Die wichtigsten Motivationsreize sind hier alphabetisch aufgelistet:

Motivationsreize

Agens (treibende Kraft)	Impuls
Anlass	Kitzel
Anregung	Motiv
Anreiz	Natürliche Regung
Ansporn	Reiz
Anstoss	Schmiss
Antrieb	Schwung
Auftrieb	Stimulus
Begeisterung	Temperament
Beweggrund	Treibende Kraft
Drang	Triebfeder
Dynamik	Ursache
Elan	Verlangen
Impetus (ungestümer (Vorwärts-)Drang)	Verve (inneres Feuer, Begeisterung, Schwung)
	Zug (innerer Drang, Bewegung)

Damit Sie in Ihrem Betrieb feststellen können, wie stark die Motivation ist, sollten Sie Umfragen durchführen. Ich würde sie allerdings nicht unter dem Titel «Motivation», sondern viel eher unter Bezeichnungen wie «Mitarbeiterzufriedenheit» durchführen.

Fragen Sie ruhig *«Was halten Sie von …»* oder *«Wie finden Sie…?»*

Solche Fragen stellen Sie sowohl zu Geräten, Maschinen, Einrichtungen, Produkten, Dienstleistungen, Kundenservice usw. Vergessen Sie nicht, die genau gleichen Fragen auch zu stellen zu Betriebsklima, Teamgeist, Vorgesetztenverhältnis, Arbeitsräumen usw. Als Antworten auf diese Fragen erhalten Sie die Attribute des Motivationspegels. Die Mitarbeiter werden Dinge als uninteressant oder interessant oder hochinteressant einstufen. Damit loten Sie den Pegelstand der Motivation aus.

Wenn Sie weitere Fragen stellen wie z.B. *«Warum gefällt Ihnen …?»* oder *«Aus welchem Grund sind Sie begeistert/ablehnend gegenüber …?»* oder *«Worauf führen Sie Ihre Beurteilung zurück?»*, werden Sie als Antwort die Motivationsanreize erhalten. Sie werden dann erfahren, ob z.B. Ihre betriebsinterne emotionale Weiterbildung greift, d.h. ob Ihre Impulse, Anlässe, Anregungen wirklich anregend oder eher abstossend waren.

Solche Umfragen sind überaus wichtig. Sie bringen weit mehr als Jahresendgespräche und können immer und immer wieder aufgenommen werden. Anlass zu neuen Umfragen sind beispielsweise neue Produkte, Firmenjubiläen, neue interne Strukturen oder einfach auch Ihr ehrliches Bemühen um das Wohlergehen der Mitarbeiter.

SCHLAGLICHT

Setzen Sie Reize und prüfen Sie sie nach.

Kapitel 9
Fit für die Motivation durch Emotionen

In diesem Kapitel lesen Sie

❖ Die Ordnungsprinzipien des Hippokrates passen ganz genau in unsere Welt.

❖ Wirklich erfolgreich wird ein Manager erst, wenn er positive Emotionen lebt und einsetzt.

❖ Emotionen zu lernen ist auch reiner Selbstzweck.

❖ Negative Emotionen zu überwinden ist wie das Ausheilen einer Wunde.

❖ Positive Emotionen zu stärken ist wie das entdecken neuer, unbekannter Welten.

❖ Introvertierte sind wertvolle Menschen.

❖ Die Emotionsskala von Musil ist wie ein Spiegel der Seele. Nur wer etwas zu verbergen hat, blickt nicht gerne hinein.

❖ Der Weg zur emotionalen Reife liegt vor Ihnen. Betreten Sie ihn.

Nachdem wir das Ziel der Motivation, nämlich jeden einzelnen Mitarbeiter auf die Stufe «Feuer und Flamme» zu führen und da zu behalten, definiert haben, kümmern wir uns nun darum, welche Voraussetzung eine Führungspersönlichkeit mitbringen (oder allenfalls) erarbeiten muss, damit sie diese Motivationsleistung erbringen kann.

Bekannt ist sicherlich, dass diese Herausforderung mit der emotionalen Intelligenz zusammenhängt. Dieses heute so bekannte Schlagwort lässt vermuten, dass es sich um ein hochmodernes, gerade erst erforschtes Gebiet handelt. Dem ist überhaupt nicht so. Bereits Hippokrates, der Urvater aller Ärzte und Psychologen, sprach davon.

9.1 Die Ordnungsprinzipien des Hippokrates

Hippokrates lebte von 370 bis 460 vor Christus. Er gilt als Begründer unserer westlichen Medizin und zwar inklusive ihren ethischen Grundsätzen. Damals waren die Wissenschaftsrichtungen Medizin, Theologie, Psychologie und Soziologie noch nicht getrennt. Für ihn war es also leicht, den Menschen als Gesamtheit und nicht bloss als Körper oder Seele oder Geist zu sehen. Aus diesem Grund liebe ich seine Ordnungsprinzipien so sehr. Sie sind von fundamentaler Bedeutung, denn Hippokrates hat darin schriftlich festgelegt, wie der Mensch eigentlich leben sollte, damit er rundum (physisch und psychisch) gesund bleibt und sich am Leben freuen kann.

Die Ordnungsprinzipien lauten:
- Beherrschung der Gemütsbewegungen
- Vernünftiger Umgang mit Essen und Trinken
- Regelmässige Entschlackung
- Geordneter Umgang mit Licht, Luft, Wasser, Erde, Wärme und Kälte
- Wechsel von Wachen und Schlafen
- Rhythmus von Bewegung und Ruhe, von Arbeit und Freizeit

Obwohl der Katalog sehr kurz ist, findet wohl jedermann einige Punkte, gegen die er im Alltag verstösst. Besonders bemerkenswert ist, dass Hippokrates die Beherrschung der Gemütsbewegung an die erste Stelle setzt. In unserer Welt hören wir viel über Ernährung, Sport, Körperpflege. Für Hippokrates war das alles zweitrangig. Primär wichtig für ihn war das Gleichgewicht des inneren Menschen. Zuerst müssen Wut, Hass, Sorgen, Neid, Eifersucht usw. bewusst abgebaut bzw. beherrscht werden. Sie müssen überwunden und ausgeräumt werden zugunsten von Liebe, Nachsicht, Toleranz, Mittragen.

Und damit sind wir mitten im Thema, bzw. in den Emotionen und bei der Frage: Wie kann ein Manager emotional kompetent werden?

9.2 Erfolgreiche Menschen (Manager) setzen Emotionen ein

Die emotionale Intelligenz können wir, wie andere Dinge auch, rein theoretisch lernen. Etwa so, wie wir theoretisch lernen, dass zwei mal zwei vier gibt. Diese Mathematiktheorie kann ich zum Leben erwecken, indem ich z.B. mit Äpfeln hantiere. Eine persönliche Beziehung zur Zahl vier kann ich dann aufbauen, wenn ich die Äpfel durch Arbeit verdiene und sie jetzt, als Belohnung, essen darf. Solches aktives Erleben macht den Unterschied zwischen theoretischem Wissen und Erfahrung aus. Alles Wissen bleibt so lange tot und nichtssagend, bis wir es im eigenen Leben erfahren haben.

Bei den Emotionen verhält es sich nicht anders. Die emotionale Intelligenz, also das Wissen um die Gefühle allein, genügt nicht. Die Gefühle müssen unbedingt durch eigene Erfahrungen konkretisiert, erlebt, durchlitten, erspürt und erduldet werden. So und nur so erreichen wir emotionale Kompetenz.

Erfolgreiche Manager haben und leben Emotionen. Sie haben z.B. Trauer empfunden beim Tod der eigenen Eltern. So können sie verstehen, dass ein Mitarbeiter, dem das Gleiche passiert, sehr bedrückt, betrübt und gedämpft ist. Erfolgreiche Menschen kennen Armut, Hunger, Durst, Freude, Trauer, Angst, Not, Glück, Mut, Ungeduld, Hass, Langmut, Depressionen, Frieden, Nervosität, Ruhe, Selbstsicherheit, Minderwertigkeitsgefühle, Wut, Vertrauen usw. aus eigener Erfahrung. Erfolgreiche Menschen haben auch gelernt, dass Ruhe, Selbstsicherheit und Frieden wesentlich schöner und angenehmer sind als Angst, Unsicherheit und Hass. Mit anderen Worten: Sie haben gelernt, mit den eigenen Gefühlen umzugehen. Ja, es ist ein Lebens- und Lernprozess, dieses Umgehen mit den Emotionen.

Emotionen werden weder in der Schule noch im Beruf gelehrt. Dort wird grossen Wert auf Intellekt, Wissen, Verstand und Logik gelegt. Was aber passiert, wenn uns als Teenies die Liebe überfällt und was wenn wir am Grab der Eltern stehen? Wir haben zwar als ganz kleine Kinder gelernt, aufzustehen, wenn wir hinfielen. Wie aber verhalten wir uns in Trauer, in finanziellen Sorgen, in brodelnder Wut, in Depressionen? Wie überwinden wir diese Verwundungen? Ja, ich weiss, der Volksmund sagt: «Die Zeit heilt alle Wunden.» Getreu diesem Wort verharren viele Menschen stoisch in Wut, in Sorge, in drückender Niedergeschlagenheit. Viele nehmen ihren Hass mit ins Grab oder zerbrechen unter der Last. Weil das leider eine allzu häufige Tatsache ist, kann das zitierte Sprichwort nicht stimmen. Ich kann mir nicht vorstellen, dass es Lebensaufgabe sein soll, ein Leben lang wütend oder sorgenzerfressen zu leben.

Nein, was fehlt, ist die emotionale Kompetenz. Sie beginnt bei der Einsicht, dass negative Emotionen Unglücksfälle sind, genauso wie ein körperlicher Unfall.

Wenn ich mich schneide oder wenn ich hinfalle oder den Arm breche, dann sorge ich für entsprechende Hilfe. Ich verbinde die Wunde, lasse den Arm schienen und schone mich, bis mein Körper wieder heil ist. Genau so können auch emotionale Wunden versorgt, gereinigt, gepflegt und geheilt werden. Lebensziel kann niemals Wut, Hass, Not, Sorge, Angst, sondern immer nur Glück, Frieden, Ausgeglichenheit, Zufriedenheit, Liebe und Freude sein. Wenn ich das nicht selbst erreiche und täglich erlebe, dann kann ich niemals Vorbild sein. Wenn ich aber nicht Vorbild bin, wie kann ich dann Kinder erziehen, mit meinem Lebenspartner umgehen oder Vorgesetzter in einem Betrieb sein?

Jeder Mensch sehnt sich nach Erfolg. Erfolgreich zu sein setzt aber einen vollen Einsatz aller Kräfte voraus. Der kann niemals erfolgen, wenn ich meine Energien in Sorgen, Angst, Streit, Machtkämpfe usw. vergeude. Kommt dazu, dass ein emotional unausgeglichener Mensch seine Mitmenschen nicht anzieht, sondern abstösst. Erfolg setzt aber immer voraus, dass ich von meinen Mitmenschen geachtet, getragen und gefördert werde. Den Goodwill meiner Mitmenschen erreiche ich, wenn ich emotional gefestigt bin, d.h. sie alle als vollwertige, liebenswerte Menschen achte, schätze und entsprechend behandle. Wie heisst es doch so schön? Erfolgreichen Menschen fällt alles etwas leichter. Ja, das stimmt, denn sie werden geliebt und geachtet. Diese Haltung der Mitmenschen ist eine Reaktion auf das, was die erfolgreichen Menschen aussenden: Emotionale Kompetenz.

Schlaglicht

So werden Sie emotional kompetent:
- Emotionale Kompetenz heisst, eigene Emotionen zu verstehen, zu durchleben und zu beherrschen.
- Negative Emotionen sind Gefühls-Wunden. Sie müssen dringend versorgt und behandelt werden analog den körperlichen Wunden.
- So wie ich mich um einen gesunden Körper bemühe, genau so muss ich ständig für gesunde, klare, positive Emotionen besorgt sein.
- Erst wenn ich in Liebe und Zufriedenheit gefestigt lebe, habe ich den ersten Schritt zum persönlichen Erfolg gemacht.

9.3 Emotionale Kompetenz schulen

Unsere Welt verändert sich rasend schnell. Wer nicht ständig am Ball bleibt, wird abgehängt. Unsere offizielle Ausbildung (Schule, Beruf, Uni) hat unsere Zivilisation erst ermöglicht, d.h., sie hat einen sehr hohen Stand erreicht. Da sie aber einseitig den Intellekt betont, sind ihr auch natürliche Barrieren gesetzt. Um das nächsthöhere Leistungsniveau erreichen zu können, müssen wir beginnen, jeden Menschen als ganzheitlich und vollwertig zu sehen und anzuerkennen. Das setzt Lernen und auch Umdenken in einigen Bereich voraus.

Werden von einem Untergebenen gute Umgangsformen verlangt, so sind die Anforderungen an einen Vorgesetzen sehr viel anspruchsvoller. Er muss ethisch hochstehend denken, er muss die Grundzüge der menschlichen Psyche kennen, verstehen und anwenden können, er muss emotional gefestigt sein, er muss geistig ausserordentlich fit sein und so leben, dass er sich diese Fitness erhält. Er muss seelisch stabil und stark sein, und er muss ganz allgemein dem Leben positiv gegenüberstehen. Es versteht sich von selbst, dass er sein persönliches, privates Leben meistert und dass er in diesem Bereich keine schwelenden, ungelösten Probleme mit sich herumträgt. Wie kann er Vorbild sein, wenn er mit seinem Leben nicht zurechtkommt?

Ich weiss, das sind hohe und hehre Ziele. Sind sie deshalb weniger erstrebenswert? Ich weiss natürlich auch, dass die meisten Vorgesetzten auf dem Standpunkt stehen, das Privatleben gehe die Firma nichts an. Da bin ich ganz anderer Meinung. Ein Vorgesetzter mit Problemen kann niemals ein gefestigter Charakter sein. So einfach ist das. Ob er sie vor dem Aufsichtsrat ausbreiten muss, der seinerseits möglicherweise emotional auch nicht makellos ist, steht auf einem anderen Blatt.

Bevor Sie jetzt die Flinte ins Korn werfen: Emotional zu erstarken ist nicht so schwierig, wie es vielleicht tönt. Ich meine sogar, dass es vielmehr eine Frage der Berührungsangst als ein echtes Lernproblem ist. Wir sind einfach alle viel zu stark eingeschworen auf den Verstand. Unser ganzes System verherrlicht die Ratio bis zum Geht-nicht-mehr. Und merken dabei gar nicht mehr, wie viel Leerlauf, Blödsinn und Ungerechtigkeit sich in diesem Verhalten versteckt. Ratio ist gut, aber in vielen Situationen trotzdem völlig verlogen, unangepasst oder sogar richtiggehend zerstörerisch.

Um es noch einmal zu wiederholen: Die Vernunft und Logik ist nur eine Seite unseres Menschseins. Die andere Seite sind die Gefühle, Emotionen, Erfahrungen. In uns Menschen sind beide Teile untrennbar miteinander verbunden. Werden nicht immer beide Seiten angesprochen, bleiben wir unwahr, unvollständig und unglücklich und tief im Inneren unausgeglichen und zerrissen. Wir sind dann dazu verdonnert, immer mehr Macht hinterherzurennen, immer mehr Status-Symbole zu erwerben, immer mehr Geld zu scheffeln und – so viel wir auch erreichen – sind trotzdem nie zufrieden. Können wir auch nicht, weil unsere Seele, der zweite Teil neben dem Verstand, nicht zufriedengestellt wird dadurch. Es ist ein Teufelskreis, der letztlich nur eines bewirkt: Zerstörung. Genau das ist unser Weltbild heute.

Nun mögen Sie vielleicht einwenden, es sei nicht Ihre Aufgabe, die Welt zu verbessern. Und Sie allein könnten wohl kaum etwas bewirken. Beide Argumente sind falsch. Erstens können Sie sehr wohl etwas bewirken, denken sie nur an Ihre Angestellten. Und zweitens tun Sie es nicht nur für die Angestellten oder die Umwelt, sondern natürlich auch für sich selbst. Auch Sie sind ein Mensch, auch Sie haben eine unbefriedigte, lechzende Seele. Sie suchen nach Geborgenheit und Anerkennung genauso wie der Gabelstaplerfahrer in Ihrem Betrieb. Wenn Sie es also nicht (in erster Linie) für Ihre Angestellten tun, dann doch wenigstens für sich. In diesem Punkt dürfen Sie ruhig egoistisch denken.

> **SCHLAGLICHT**
>
> Seien Sie in diesem Punkt ruhig egoistisch. Lernen Sie emotionale Kompetenz und profitieren Sie als erster davon.

9.4 Negative Emotionen überwinden

Wir alle haben gelernt, körperliche Wunden zu verbinden, uns vor Erkältung zu schützen und Alkohol nur in vernünftigem Mass zu trinken. Mit anderen Worten gesagt: Wir haben mehr oder weniger gut gelernt, unseren Körper zu verstehen und auf ihn Rücksicht zu nehmen. Aber wir sind völlig ahnungslos in bezug auf unsere seelisch-geistigen Kräfte. Sorgen, Wut und Hass nehmen wir als Schicksalsschläge entgegen: Stecken wir erst einmal in Sorgen, dann strecken wir die Waffen. Wir bleiben darin während Stunden oder sogar während Tagen gefangen. Wir haben nie gelernt, uns mit psychischen Gegebenheiten auseinanderzusetzen. Dabei sind sie den körperlichen Gebrechen vergleichbar.

Ich kann eine Schnittwunde bluten lassen, aber ich muss nicht. Das gleiche gilt für Stimmungen, Minderwertigkeitskomplexe, Groll, Trauer: Ich kann diese Wunden völlig passiv bluten lassen und irgendwann verdrängen. Ich könnte die Wunden aber auch verbinden, versorgen und deren Heilung überwachen. Sie meinen, dazu benötigen Sie einen Psychologen? Bitte schön, ich stehe Ihnen nicht im Weg. Für mich gilt generell: «Fachberatung ja, aber wenn immer möglich in erster Linie als Ausbildungshilfe.» Schliesslich sind Sie nicht der amerikanische Präsident, der jederzeit über mehrere Ärzte, Psychologen und Juristen verfügen kann. Sie müssen in weitem Masse für sich selbst sorgen können. Tun sie das nicht, fehlt Ihnen ein Stück Lebenstüchtigkeit.

Was sind denn nun die geistig-seelischen Wunden (oder sollen wir sagen: Geschwüre)? Ich kann Ihnen einige aufzählen.

Ich habe sie in Gruppen zusammengefasst wie folgt:

- Aggression, Ungeduld, Streitlust
- Argwohn, Misstrauen, Eifersucht
- Arroganz, Überheblichkeit
- Bequemlichkeit
- Depressive, gedrückte Stimmung, Minderwertigkeitskomplexe
- Distanziertheit, Emotionslosigkeit, Kälte
- Egoismus, Koketterie, Machtstreben
- Hass, Groll
- Verschlossenheit
- Naivität, Leichtgläubigkeit
- Nervosität
- Sorgen
- Wankelmut, Unentschlossenheit
- Wut
- Zynismus

Solche Wunden zu verbinden, sie täglich zu pflegen, sie auszuheilen, sie zu überwinden und abzulegen, das ist echte Schule des Lebens. Eine Schule, in der Lernfächer wie z.B. Psychologie, positives Denken, Entspannungstechniken, Meditation usw. stehen. Wenn Ihnen all das fremd oder zu esoterisch erscheint, dann rate ich Ihnen, ein ganz einfaches Programm wie die Fünf «Tibeter» zu lernen. Dabei handelt es sich um einfache Bewegungsabläufe, die Sie in einem Tag spielend lernen und danach so in Ihren Alltag aufnehmen wie das Zähneputzen. Der grosse Vorteil der «Tibeter» ist die Tatsache, dass sie ganzheitlich wirken. Sie werden zwar körperlich durchgeführt und geben Ihnen jugendliche Beweglichkeit und körperliche Geschmeidigkeit zurück, aber sie wirken genauso intensiv auf das Gefühlsleben und den inneren Menschen. Sie bauen Nervosität ab, stärken die Konzentrationsfähigkeit und steigern die Denkfähigkeit, d.h. machen geistig fit und klar. Die Fünf «Tibeter» sind ein sehr guter Einstieg, um nicht nur den Körper, sondern auch den inneren Menschen tiefer kennenzulernen. Dabei sind die «Tibeter» weder dogmatisch noch sektiererhaft, sondern ganz natürlich.

Als zertifizierter «Tibeter»-Trainer liegen mir viele positive Testimonials von Managern vor. Sie alle sind begeisterte Anhänger geworden, denn einfacher, rascher und natürlicher ist der Zugang zu unserer inneren Welt wohl kaum zu schaffen.

SCHLAGLICHT

Beginnen Sie heute damit, emotionale Gebrechen aufzuarbeiten.

9.5 Positive Emotionen pflegen

Emotionales Wachstum erreicht man durch zwei Dinge: Einerseits durch den Abbau von emotionalen Unzulänglichkeiten, d.h. durch die Wundpflege, und andererseits durch den sorgfältigen Ausbau und die Pflege der positiven Eigenschaften.

Eigentlich hasse ich den Ausdruck «emotionale Unzulänglichkeiten», denn er suggeriert, dass wir Menschen von Natur aus emotionale Krüppel sind. Das trifft in aller Regel nicht zu. Wir sind zwar alle verschieden, aber fast alle verfügen über einen gesunden, völlig normal funktionierenden Körper. Genauso verfügen fast alle über einen gesunden und wohlgestalteten inneren Menschen. Treten seelisch-geistige Defekte auf, handelt es sich in aller Regel um Wunden aus Unfällen, Unachtsamkeiten, Fehltritten, Abstürzen. Hier sind Massnahmen wie desinfizieren, heften, nähen, verbinden, schienen, ruhigstellen, verpflastern usw. angebracht und im Normalfall auch genügend.

Leider herrscht in Bezug auf die emotionalen Defekte ein völlig abstruses Denken. Weil Sie z.B. wütend werden, denken Sie: «Ich bin von Natur aus jähzornig.» Ähnliche Gedanken sind: «Es ist meine Art, sich zu sorgen», «Jeder Mensch hat ein Päckchen zu tragen», «Wenn ich nicht so nervös wäre, könnte ich mich besser konzentrieren und mehr leisten.» Solches Denken ist völlig verquer, denn es verwechselt Ursache und Wirkung. Sie sind nicht wütend, weil sie jähzornig sind, sondern weil Sie Ihre Emotionen in einer bestimmten Situation nicht beherrschen. Was das heisst, lässt sich an einem Bild darstellen.

BEISPIEL

Stellen Sie sich vor, Sie unternehmen mit einem Freund eine Bergwanderung. Unterwegs läuft das Gespräch hin und her und erreicht schliesslich einen Punkt, an dem Sie ganz anderer Meinung sind. Sie fühlen sich angegriffen, in Ihrer Berufsehre gekränkt und können und wollen das nicht auf sich sitzen lassen. Sie wehren sich vehement, geben zurück und liegen sich schliesslich in den Haaren. Der Disput eskaliert, sie werden handgreiflich. In der Hitze des Gefechtes haben Sie nicht bemerkt, dass sie auf dem Berggrat angekommen sind und neben Ihnen der Abgrund droht. Wenn Sie jetzt nicht einhalten, sich umsehen, überlegen, sich all der positiven Stunden mit Ihrem Freund erinnern und so Ihren Zorn wieder einfangen, dann kann es leicht passieren, dass Sie sich verletzen oder sogar in die Tiefe stürzen.

Aus dem Zornausbruch zu schliessen, Sie wären immer jähzornig, ist falsch, denn Sie sind immerhin einige Stunden ganz friedlich neben dem Freund hergewandert. Sie haben sich über tausend verschiedene

Dinge mit ihm unterhalten, ohne dabei wütend zu werden. Sie haben sich ganz im Gegenteil gut mit ihm verstanden, auch gelacht, seine Sorgen mitgetragen, ihn mit Rat unterstützt und getragen. Dann allerdings stand da ein spitzer Stein: An dem haben Sie sich heftig verletzt. Alles, was Sie jetzt tun sollten, ist, diese Wunde zu pflegen und sich zukünftig vor spitzen Steinen in acht zu nehmen. Wie oft fällt ein Kleinkind hin, bis es laufen kann? Denkt es irgendwann dabei: «Das lerne ich nie, meine Beine sind zu schwach und ich bin zu dumm»? Ich kenne kein Kind, das so denkt. Sie alle schreien zwar wie wild, aber im nächsten Moment ist das alles vergessen, sie springen auf, lassen sich die Wunde versorgen und verhalten sich im übrigen, als wäre nichts passiert.

Wir Menschen sind nicht von Natur aus schlecht. Das lässt sich leicht aus der Definition der Bedürfnisse ableiten. Der zweite Teile der Umschreibung lautet:

«Die biologisch-körperlichen Bedürfnisse, vor allem die angeborenen, unterscheidet man als vitale oder primäre Bedürfnisse von geistigen und kulturellen, die sekundäre Bedürfnisse genannt werden. Letztere werden erlernt und finden im Laufe der Lebensgeschichte einzelner ihre jeweilige Ausprägung.»

Da steht es: Die sogenannt sekundären Bedürfnisse sind nicht angeboren, sondern erhalten ihre Ausprägung im Laufe der Zeit durch Erziehung, Umwelt, Erlebnisse. Da in unserer Welt Negatives nachgerade kulthaft verbreitet und gepflegt wird, ist es kein Wunder, sind wir alle davon weitgehend angesteckt oder sogar richtiggehend verseucht. Wir haben uns diese Situation eingebrockt, also müssen wir sie auch auslöffeln. Der Abbau der emotionalen Defekte, das verbinden seelisch-geistiger Wunden, ist eine der wohl grössten Aufgaben unseres Jahrhunderts.

Damit ist auch gesagt, dass wir uns ganz bewusst vermehrt dem Positiven zuwenden müssen. Und da sind viele Lichtblicke. Jeder Mensch hat Fähigkeiten, Talente und gute Anlagen. Sie zu entdecken und auszubauen ist eines der wohl schönsten Abenteuer im Leben. Zur Pflege benötigen Sie Instrumente wie beispielsweise das positive Denken, die Meditation, die Fünf «Tibeter», Eigenliebe, autogenes Training oder die Aktivbildtechnik. Was hindert Sie daran, in Ihrem privaten Bereich genau so eine Vision, ein Leitbild aufzubauen wie für die Gesellschaft? Genaugenommen sollte dieses private Ziel vor dem beruflichen stehen. Denn beide müssen dringend miteinander übereinstimmen, sonst erleiden Sie Schiffbruch.

Hier ist eine Auswahlliste von positiven Fähigkeiten:

- Aufgeschlossenheit
- Beharrlichkeit, Willensstärke
- Brillanz, Intelligenz, Klugheit
- Charme, Anmut
- Ehrlichkeit, Vertrauenswürdigkeit
- Freundlichkeit, Gutherzigkeit
- Herzlichkeit, Liebenswürdigkeit
- Loyalität, Treue, Verlässlichkeit
- Verantwortungsgefühl

Vielleicht studieren Sie Horoskope in Illustrierten und lesen dort über Ihr Schicksal und Ihre Veranlagung negative Dinge. Möglicherweise steht da, Sie seien einfach unter einem unglücklichen Stern geboren worden, sonst wären Sie nicht jähzornig, sondern sanftmütig wie ein Lamm. Vielleicht finden Sie sich ab mit diesem Schicksal und resignieren. Wenn jedermann so denken würde, dann müssten wir logischerweise auch sagen: Ein Mörder kann nichts dafür, er muss morden, er ist einfach so.

Nein, ganz entschieden nein: Emotionale Defekte sind Krankheiten, Geschwüre, Seuchen, Wucherungen, Wunden die versorgt, geheilt und überwunden werden müssen. Dabei spreche ich ganz ausdrücklich nicht davon, dass Sie als Person bestraft werden müssen für Ihren Jähzorn. Nicht Sie sind böse oder minderwertig, sondern Ihre Haltung, Ihr Jähzorn muss abgelehnt werden. Das ist ein erheblicher Unterschied, der leider nicht immer erkannt und beachtet wird. Sobald Sie diesen Jähzorn als Wesensart nicht weiter tolerieren oder sogar verteidigen oder beschönigen, sondern vielmehr als störenden Fremdkörper erkennen, haben Sie auch schon den ersten wichtigen Schritt zum Überwinden dieses Defektes getan. Jähzorn muss nicht sein, wirklich nicht. Genauso wie alle anderen Defekte auch nicht sein müssen.

Diese Situation lässt sich vergleichen mit einer Alkoholabhängigkeit. So lange wie der Alkoholiker selbst der Meinung ist, er sei nicht süchtig, sondern er trinke nur gelegentlich etwas viel, so lange kann ihm nicht geholfen werden. Erst wenn er den Alkoholmissbrauch als eine für ihn unwürdige Eigenschaft erkennt, und erst wenn er offen dazu steht und einsieht, wie erniedrigend diese Sucht für ihn ist, erst dann macht eine Entziehungskur Sinn. Jetzt kann er die Sucht wie einen Fremdkörper abstreifen und geheilt nach Hause gehen.

Ich gebe gerne zu, dass das Versorgen von emotionalen Wunden nicht etwas ist, was man so nebenbei oder über Nacht erledigen kann. Aber Schürfwunden oder

Schnittwunden heilen auch nicht an einem einzigen Tag, oder? Emotionale Defekte erfordern viel Nachdenken, Einsicht, Ehrlichkeit vor sich selbst. Und viel aufrichtigen Willen. Denken Sie nur an die Bequemlichkeit. Wie bequem ist es doch, etwas bequem zu sein! Man schadet damit ja niemandem. Wirklich nicht? Was ist denn mit der Frau, die alle Einkäufe selbst besorgen muss? Was höre ich? Das sei ohnehin Hausfrauenarbeit? Ist denn Hausfrauenarbeit unter Ihrem Niveau? Ist eine Ehefrau nicht auch ein wertvoller Mensch?

SCHLAGLICHT

Ganz schön happig, diese emotionale Erziehung, nicht wahr?

9.6 Introvertiert / Extrovertiert

Viele Manager klassieren ihre Mitarbeiter bewusst oder unbewusst nach einem groben Schema in «introvertiert» oder «extrovertiert». Zwar gibt es diese beiden Kategorien in ihrer reinen Form an sich nicht. Aber im Geschäftsalltag und auch in Arbeitszeugnissen finden sich diese Einteilungen immer wieder, etwa als «aktiver Draufgänger» und «passiver, zurückhaltender Charakter». Obwohl Etiketten immer problematisch sind, mag diese Einteilung im Geschäftsleben in bestimmten Situationen Sinn machen. Gefährlich wird sie allerdings da, wo der Extrovertierte als wertvoller als der Introvertierte eingestuft wird. In Tat und Wahrheit ist es leicht umgekehrt. Sind Sie erstaunt?

Sehen wir uns die Tatsachen an:

Introvertierte Menschen sind Duckmäuser, die im Geschäftsleben nicht zu gebrauchen sind. Sie können keinen vernünftigen Kundenkontakt herstellen, sie sind zimperlich und zögerlich, wenn es gilt, eine Strategie durchzusetzen, sie benötigen viel Zeit, um Entscheidungen zu fällen und sie nehmen viel zu viel Rücksicht auf Minderheiten. Im Geschäftsleben gilt es, eine gerade Linie zu verfolgen, nötigenfalls mit dem gebotenen Druck.

🙘 🙘 🙘

Gute Werbung verschweigt Schwachstellen und zeigt die Stärken. So werden auch mittelmässige Produkte verkauft. Für Skrupel bleibt im Wettbewerbskampf kein Platz.

🙘 🙘 🙘

Der Extrovertierte ist und bleibt Sieger in jeder Situation. Er knüpft leicht Kontakte, steckt Ablehnungen weg wie nichts, setzt seine Argumente durch und überzeugt Zweifler im Nu.

 Introvertierte Menschen vermeiden Grossspurigkeit und Oberflächlichkeit der Extrovertierten. Sie erarbeiten sich präzises Wissen und wenden es intelligent an. Sie sind in jedem Kontakt zuvorkommend und freundlich und überzeugen durch Sachverstand und Takt an Stelle von lautstarkem, jovialem Auftreten.

Der Extrovertierte, der Draufgänger hat die in unserer Zeit so beliebte Ellbogenmentalität. Er ist mit rasendem Tempo durch die Kinderstube geflutscht und wendet jetzt die gleichen Methoden im Geschäftsleben an. Deshalb scheint er auch so gut in die Geschäftswelt zu passen. Er setzt sich durch und ist deshalb bei vielen Managern beliebt. Er ist aktiv. Er bewegt etwas. Dass er dabei allerdings nicht selten wie ein Elefant im Porzellanladen vorgeht, übersieht man geflissentlich. Er ist vergleichbar einem Stier, der mit gesenktem Kopf voranstürmt und alle Hindernisse aus dem Weg räumt. Dass dabei alles Bestehende umgerannt und eingerissen wird, das nimmt man in vielen Fällen in Kauf. Der Extrovertierte hat wenig Zeit zum Nachdenken, er ist ein Tatmensch und immer auf dem Sprung. Denken langweilt ihn. Die Hackordnung, die er in der Kindheit auf dem Pausenplatz selbst tatkräftig hergestellt hat, genau die wendet er jetzt im Geschäftsleben an. Wehe den Menschen, die ihm im Wege stehen!

Genau darum eignet sich der Extrovertierte für das Geschäftsleben denkbar schlecht. Er mag sich in bestimmten Situationen besser durchsetzten, er mag rascher Kontakte knüpfen, aber der Preis dafür ist viel zu hoch. Der Extrovertierte mag sich für den kurzen, raschen Erfolg eignen, aber langfristige, nachhaltige Beziehungen kann er nicht aufbauen. Er eignet sich für das schnelle Geld, nicht aber für die durchdachte Aktion und schon gar nicht für den Aufbau von langfristigen Kundenbeziehungen. Er ist ein Aufreisser, Türöffner, aber man sollte ihn nie in die Kundenstube eintreten lassen, weil der durchschnittlich begabte Kunde seine Fassade sofort durchschaut und dabei nichts als hohle Worte entdeckt. Ihr Unternehmen hat aber hoffentlich mehr zu bieten als flotte Sprüche.

 Der Introvertierte denkt, bevor er handelt. Und das ist sein grösstes und wertvollstes Kapital. Leider wird es nur von wenigen Managern wirklich geschätzt. Kommt das etwa daher, dass es viele Chefs gar nicht gerne sehen, wenn die Mitarbeiter mitdenken? Kommt da nicht vielleicht eine alte Managerfurcht zum Vorschein? Der Untergebene könnte am Ende besser sein als der Vorgesetzte, also muss man dafür sorgen, dass er mundtot ist und bleibt. So wird dann aus einem wertvollen Mitarbeiter ein frustrierter, unzufriedener Mitläufer gemacht. Und so kann der Chef dann den Introvertierten als minderwertigen, schüchternen Angestellten hinstellen. Wie schade. Das Unternehmen

zahlt dann zwar ein Salär, aber es erhält keinen echten Gegenwert für sein Geld. Denn eines ist sicher: Echte Gehirnleistung kann nur vom Introvertierten kommen. Er ist gewohnt zu denken, zu forschen, auszuloten und optimal angepasste Lösungen zu präsentieren. Was er tut, das hat Hand und Fuss und bleibt für lange Zeit beständig. Und das ist es doch, was ein erfolgreiches Unternehmen auszeichnet.

Beginnen Sie, in Ihrem Unternehmen bewusst nach den Stillen zu suchen. Beschäftigen Sie sich etwas genauer mit ihnen. Beginnen Sie, diese Menschen durch Motivation und Anerkennung zu fördern. Sie werden wahre Wunder erleben. Diese Stillen öffnen sich wie Rosen im Morgentau. Durch Lob gewinnen sie an Selbstsicherheit. Jetzt haben Sie das Tüpfelchen auf das i gesetzt. Jetzt haben Sie intelligente, mitdenkende, emotional starke Mitarbeiter, die sich zu öffnen beginnen, d.h. die auf natürliche, offene und sehr sichere Art auf ihre Kunden zugehen. Mit solchen Mitarbeitern schlagen Sie jede Konkurrenz um Längen. Einfach deshalb, weil sie die Kunden emotional ansprechen, sie für voll nehmen, sie nicht anlügen und ebenso kompetent wie intelligent sowie selbstverantwortlich verhandeln.

SCHLAGLICHT

Extrovertierte sind Türöffner. Überlassen Sie aber Kundengespräche besser den Introvertierten. Machen Sie es wie die Jäger: Der Hund spürt zwar auf, aber er darf nie zubeissen!

9.7 Die emotionale Entwicklung

Hippokrates steht mit seinen Ordnungsprinzipien nicht alleine da. In der Psychologie gibt es einige beachtenswerte Anleitungen, wie wir Menschen zu emotionaler Ausgeglichenheit kommen können. Die allermeisten davon erklären den inneren Menschen sozusagen von innen heraus. Sie benutzen dafür Analysemethoden wie die Persönlichkeits- oder die Entwicklungspsychologie. Was der Fachmann selbstverständlich handhabt, bleibt dem Laien oft verschlossen. Deshalb suche ich den Zugang zum inneren Menschen genau umgekehrt, nämlich über den Körper. Wenn es stimmt, dass der Mensch eine Ganzheit aus Körper, Seele und Geist ist, dann kann ich die Seele und den Geist durch den Körper beeinflussen. Und umgekehrt kann der Geist Körperfunktionen auslösen. Dass dem so ist, wissen wir aus der Medizin. Wie viele Menschen leiden unter Asthma, Migräne oder Allergien ohne körperlichen Befund? Der Arzt spricht in diesen Fällen von psychosomatischen Leiden; also von Krankheiten, die nicht körperliche Ursachen haben, sondern aus dem Inneren aufsteigen.

Der Zugang über den Körper hat einen grossen Vorteil: Ich kann von etwas Bekanntem zu etwas Unbekanntem vorstossen. So muss ich den Boden der Realität nicht verlasse. Ich stehe sozusagen immer auf festem Grund und laufe nie Gefahr, in innere, seichte Tiefen zu versinken. Ich muss nicht Angst davor haben, was in meinem Innersten wohl zum Vorschein kommen könnte. Ich kann mich immer am festen Geländer des Körpers halten und wie ein Zuschauer in meine innersten Tiefen hinabblicken. So verliere ich alle Furcht, erlebe mich innerlich als natürlich und kann das, was ich sehe, akzeptieren und verarbeiten. Genau das ist mein Ansatz und mein Zugang zum inneren Menschen. Eine solche Türe habe ich bereits kurz vorgestellt, es sind die Fünf «Tibeter».

Um Ihnen den Wert einer direkten, körperlichen Türe darzustellen, schildere ich Ihnen meine Reise:

Ich habe, wie sicher sehr viele andere Menschen auch, während Jahrzehnten eine hohe Stellung, Macht und viel Geld angestrebt. Ich habe Zusatzausbildungen absolviert und meine Ziele, zumindest nach aussen hin, auch erreicht, d.h. ich war in leitenden Stellungen. Trotzdem war ich nicht eigentlich zufrieden. So wie viele andere wohl auch nicht. Diese Unzufriedenheit und Unruhe lässt sich einfach nachweisen: Durch die Aussteiger. Ich bin zwar nicht ausgestiegen, aber ich habe weitergesucht. Im Laufe der Jahre kam ich immer stärker zur Überzeugung, dass äussere Werte nicht wirklich glücklich machen. Sie sind zwar wichtig zum leben, aber sie können nicht die letzte Erfüllung sein. In all dieser Zeit litt ich unter vielen Krankheiten.

Durch Kopfschmerzen, Rheuma, Verstopfung und sonstige «nette» Zivilisationskrankheiten fühlte ich mich schliesslich so stark behindert, dass ich nicht nur viele Ärzte aufsuchte, sondern mich endlich auch selbst intensiv mit Anatomie und Heilkunde auseinanderzusetzen begann. Bald einmal fand ich heraus, dass viele Leiden nicht einfach aus dem blauen Himmel kommen, sondern Folgen des Verhaltens und der Lebensweise sind. Sorgen, so fand ich heraus, verursachen Verstopfung, Wut lähmt das Denkvermögen, Stress, Nervosität und Anspannung lassen Muskelkater entstehen. So nach und nach wurde mir klar, wie unsinnig und schmerzhaft viele meiner Gewohnheiten doch waren. Ich begann mich mit Ernährungslehre zu befassen und fand langsam, aber stetig immer mehr Zusammenhänge zwischen dem sichtbaren und dem unsichtbaren Menschen. Da herrscht nicht nur Kommunikation, sondern unmittelbare, direkte gegenseitige Beeinflussung und Abhängigkeit. Der Körper beeinflusst Seele und Geist und umgekehrt. Nachtragen beeinträchtigt die Leber, Sarkasmus die Nieren, Geiz den Stuhlgang, Trotz die Stimmbänder, Depressionen machen sehr müde, Streit schlägt auf den Magen usw.

Als ich die Tragweite dieser Zusammenhänge erkannte, musste ich nicht lange überlegen: Ich wollte alle diese ungebetenen Geister so rasch und so gründlich als möglich loswerden. Ich würde nicht behaupten, dass ich dieses Ziel heute vollständig erreicht habe. Aber ich habe sehr viel gelernt und ich habe eine wesentliche Lebensbereicherung erfahren. Ich erlebe jeden Tag viel Freude.

Ich habe gelernt, meinen Körper zu verstehen, ihn anzunehmen, ihn artgerecht zu pflegen, zu ernähren und zu lieben. Im gleichen Ausmass habe ich auch gelernt, mit meinen emotionalen Defekten umzugehen, sie abzubauen und die positiven Eigenschaften sukzessive auszubauen. Glauben Sie mir, diese ganzheitliche Welt zu erforschen und zu erleben ist faszinierender als alles, was Sie bis heute in der sichtbaren Welt gesehen oder erfahren haben.

Diese letzte Feststellung ist im übrigen weder neu noch unbekannt. Zu allen Zeiten in allen Kulturen hat es immer wieder Menschen gegeben, die sich auf die innere Reise gemacht haben. An der Vielfalt der verschiedenen Lösungen, die sie uns überliefert haben, ist ersichtlich, wie riesig diese innere Welt ist. Sie wird wohl nie völlig erforscht werden. Sie könnten das jetzt negativ sehen und denken, Sie würden es nie schaffen. Sie können es aber auch positiv sehen und sich darauf freuen, dass auch für Sie genügend wunderbare Wahrheiten und Offenbarungen vorhanden sind, die nur darauf warten, persönlich erfahren zu werden.

Um Ihnen noch einen Hinweis darauf zu geben, wie Sie Ihre Ausbildung ausrichten und organisieren können, lasse ich hier die Emotions-Skala von Musil folgen. Musil wurde zwar später stark angegriffen, insbesondere, was die Wertung, d.h. die Reihenfolge seiner Emotionsstufen anbetrifft. Man hat z.B. heftig kritisiert, dass er den Konservativismus so hoch eingeschätzt hat. Wie dem auch sei: Sehen Sie sich weniger die Wertigkeit (also die Stufen) an, sondern vielmehr die Umschreibung der emotionalen Reife. Hier, so denke ich, können viele Hinweise auf die eigenen Weiterentwicklungsmöglichkeiten gefunden werden. (Robert Musil, österr. Schriftsteller, 1880 – 1942, Psychologische Bilder der österreichischen Gesellschaft.)

9.8 Die Emotions-Skala nach Musil

Stufe	Gelebte Emotion / Emotionale Reife
15	**Enthusiasmus.** Frohsinn, Beschwingtheit, Aufgeschlossenheit, Flexibilität. Der lachende Sieger.
14	**Interesse.** Vergnügen, aktiv beteiligt an allem Positiven, liebesfähig, grosszügig ohne Verschwendung. Toleranz.
13	**Konservativismus.** Zufriedenheit, geht konform, meidet das Aussergewöhnliche, abhold jeder Änderung, unproblematisch.
12	**Langeweile.** Zuschauer, die ganze Welt ist seine Bühne, weder zufrieden noch unzufrieden. Nimmt die Dinge, wie sie sind. Ziellos und sorglos, löscht keine Lampen aus, zündet aber auch keine an. Unbeteiligter Fernsehzuschauer.
11	**Antagonismus** (Widerspruchsgeist). Muss unbedingt debattieren, unverblümt, ehrlich aber taktlos. Schlechter Verlierer.
10	**Schmerz.** Empfindlich, reizbar, unkonzentriert. Wütet gegen Dinge, die ihm Schmerzen verursachen oder verursacht haben.
9	**Zorn.** Chronisch aggressiv und aufbrausend. Beschuldigt alle Welt. Ewig nachtragend, bedroht andere, besteht auf Gehorsam.
8	**Gefühllosigkeit.** Eisberg. Unterdrückt heftigen Zorn, grausam. Still, findig, frostige Höflichkeit.
7	**Versteckte Feindseligkeit.** Freundlicher Heuchler, Schwätzer, Schauspieler, witzelt auf Kosten anderer, lacht nervös, grinst.
6	**Furcht.** Feige, ängstlich, sorgenvoll, argwöhnisch. In seiner Unentschlossenheit gefangen, sucht ihr aber zu entrinnen.
5	**Mitleid.** Hat das zwanghafte Bedürfnis der Übereinstimmung mit anderen. Fürchtet sich und anderen weh zu tun. Bekümmert sich um alle, denen es dreckig geht. Hin und her gerissen zwischen selbstgefälliger Fürsorglichkeit und Tränenflut.
4	**Sich um Gunst bemühen.** Beschwichtigt gern. Möchte es jedem recht machen. Verteilt Gunstbeweise, um sich selbst vor schädlichen Folgen zu bewahren. Will die Leute dämpfen. Sachte, meine Herren.
3	**Gram / Traurigkeit.** Jammerer. Klammert sich an alte Erinnerungen und sammelt Kümmernisse. Weiss alles Schlechte der letzten 1000 Jahre. Fühlt sich dauernd betrogen. Alles verursacht ihm Pein.
2	**Wiedergutmacher.** Der ständige Ja-Sager. Will alles tun, um Mitgefühl oder Hilfe zu erlangen. Ist anderen blindlings ergeben.
1	**Apathie.** Aufgegeben und abgeschaltet. Selbstmordkandidat. Rauschgiftsüchtiger, Alkoholiker, Spieler, Fatalist. Mag tun, als habe er «den Frieden gefunden».

Psychische bzw. emotionale Beweglichkeit ist ein Zeichen ganzheitlicher Gesundheit. Nur wenn wir in der Lage sind, jede Situation unseres Lebens mit der ihr angemessenen Gefühlslage zu erleben, so sind wir fähig, das Leben zu geniessen. Wir sollen bewusst ja sagen zu den Höhen und Tiefen des menschlichen Lebens. Nur wenn wir fähig sind, traurig zu sein, wo Trauer am Platze ist und zu lachen, wo es zu Lachen gibt, haben wir unsere Gefühle im Griff.

Vielleicht fragen Sie sich, welche Stufe denn schliesslich am erstrebenswertesten ist. Nun, eine gute Heimat für unsere Gefühlswelt ist sicherlich die Stufe 14. Dies ist die Lage der inneren Heiterkeit. Auf dieser Ebene sollten wir uns immer wieder einzupendeln versuchen. Es ist ein sicheres Zeichen persönlicher Kultur, in der Lage zu sein, in jeder Situation angemessen zu reagieren. Hat man diese Stufe erreicht, kann man auch getrost Verantwortung übernehmen und einer Belegschaft vorstehen. Findet man sich aber oft oder lange auf Positionen wesentlich unterhalb der Stufe 13, sind gezielte Massnahmen angebracht.

Vergleicht man die Emotionsskala von Musil mit dem herkömmlichen Wirtschaftsklima, dann findet man in verschiedenen Stufen Verwandtschaften.

- So könnte die businesslike Kühle und Geschäftsmässigkeit in Stufe 8 eingeordnet werden.

- Der extrovertierte Draufgänger könnte in Stufe 7 wiedergefunden werden.

- Einige der ganz Linientreuen würde man wohl in Stufe 6 finden.

- Insbesondere Menschen mit brauner Zunge könnten in Stufe 4 oder auch Stufe 2 passen.

- Und, leider, ein guter Teil aller Mitarbeiter, die angesichts einer starren Hierarchie und übermächtiger Chefs längst abgeschaltet haben, müssten wir wohl in Stufe 1 suchen.

- Ich möchte diese Aufzählung keinesfalls als Wertung verstanden wissen, sondern lediglich als Anreiz dafür, den Weg zur emotionalen Reife unter die Füsse zu nehmen.

SCHLAGLICHT

Musil wird gerne angegriffen, insbesondere von all jenen, die in seinem Spiegel kein schönes Bild erkennen.

9.9 So nehmen Sie den Weg zur persönlichen Emotionalität unter die Füsse

Wie Sie diesen Weg konkret betreten und immer weiter verfolgen können, zeigen die folgenden Massnahmen:

- Stellen Sie sich auf Menschen ein, die (emotional gesehen!) oben sind. Vermeiden Sie Kontakt mit Menschen, die Sie belasten, sei es mit Nörgelei, Klagen, Negativem oder Schwerem. Vorsicht: Dieser Rat ist nicht despektierlich oder herzlos. Natürlich versuchen Sie, beladenen Menschen zu helfen. Leider ist es aber so, dass es auch Menschen gibt, die sich gar nicht helfen lassen wollen. Es gefällt ihnen, Opposition zu machen, sich bemitleiden zu lassen, immer recht zu behalten. Solche Menschen kosten zuviel Energie. Halten Sie Abstand und versuchen Sie es in einem Jahr wieder. Vielleicht sind sie dann bereit, sich helfen zu lassen.

- Kümmern Sie sich aktiv um Ihre eigene Gesundheit. Der eigene Körper ist das Tor und der Schlüssel zum inneren Menschen und gleichzeitig zu wundervollen, tiefen Erlebnissen. Wir haben nur einen einzigen Körper, und der ist ganz genau richtig für uns. Wir sollten ihn pflegen, ihn artgerecht ernähren und ihm Licht, Luft und Bewegung geben.

- Richten Sie sich wohnlich ein, kleiden Sie sich gut. Umgebung, Farben, Atmosphäre: Das alles beeinflusst uns direkt und wesentlich stärker, als wir annehmen. Richten Sie sich so ein, dass Sie sich wirklich wohl, geborgen, gut aufgehoben und leistungsstark fühlen.

- Brechen Sie Beziehungen zur Vergangenheit, sofern sie tiefer stand, ab. Beziehungen abzubrechen bringt auch das Überbordwerfen von Ballast mit sich. Tun Sie das auf materieller und auf geistiger Ebene. Trennen Sie sich von Altem, Überholtem und Überflüssigem. Öffnen Sie sich bewusst für neue Ansichten und Meinungen und freuen Sie sich über jede neue Erkenntnis.

- Kompensieren Sie körperliche Mängel bewusst. Viele Menschen beklagen ihren Körper, etwa die zu grossen Ohren, die langsam schwindenden Kräfte usw. Erstens ist mit Klagen nichts gewonnen, und zweitens haben wir alle ein Gehirn mit auf den Weg erhalten, um (oft nur vermeintlich bestehende) Schwächen auszugleichen.

- Anerkennen und überwinden Sie soziale Mängel. Wir alle sind etwas sozialgeschädigt. Das kommt daher, dass der Staat soziale Fürsorgewerke aufgebaut hat und uns damit vermeintlich unsre eigene soziale Verantwortung abgenommen hat. Werden Sie im sozialen Bereich persönlich aktiv. Sie werden daraus tiefe innere Befriedigung erzielen. Der Volksmund weiss das, wenn er sagt, dass Schenken mindestens so schön ist wie beschenkt zu werden.

- Passen Sie Arbeit und Verantwortung der Leistungsfähigkeit an. Viele Menschen überfordern sich, und zwar nicht unbedingt, weil sie zuviel Arbeit haben, sondern weil sie in Unkenntnis der körperlichen und geistigen Möglichkeiten handeln. Wir Menschen können Stress vertragen, aber nicht Dauerstress. Nach jeder Anstrengung muss unbedingt auch eine Erholungspause sein. Das ist Natur: Auf Flut folgt Ebbe, auf Sommer Winter. Je genauer wir mit diesen natürlichen Gegebenheiten im Einklang leben, um so leistungsfähiger werden wir.

- Stöbern Sie traumatische Erlebnisse auf und eliminieren Sie sie. Das Aufarbeiten von Altlasten gehört zum Reinigungsprozess. Dieser ist körperlich und seelisch-geistig zu verstehen und vorzunehmen. Genauso wie das Entrümpeln ist diese Bereinigung eine der wichtigsten Voraussetzungen dafür, dass man in der geistigen Erkenntnis aufsteigen kann. Sind sie nicht ausgeräumt, versperren sie den Weg wie riesige Felsbrocken, die die Strasse blockieren.

- Geniessen Sie ästhetische Kunst. Leider haben viele moderne Kunstwerke wenig mit Ästhetik zu tun. Sie spiegeln vielmehr unsere zerrissene Hektik wieder. Solche Darstellungen können nicht aufbauend wirken, sondern verstärken die allseits auf uns einstürmende Negativität. Stöbern Sie zum Ausgleich in Buchhandlungen. Es gibt Kunstbücher verschiedenster Epochen zu sehr günstigen Preisen. Vielleicht entdecken Sie eine Vorliebe für die Renaissance oder die Impressionisten.

- Meiden Sie unharmonische Musik strikte. Sie schädigt nicht nur unser Harmonieempfinden sondern oft auch das Gehör, insbesondere in Discos, wo Lautstärke oft Qualität zu ersetzen versucht. Genau wie in der Kunst ist auch die moderne Musik Ausdruck unserer Zeit: Stress, Unzufriedenheit, Negativität, Druck und Durchsetzungsvermögen. Klassik dagegen fördert das Denkvermögen. Das beweisen Untersuchungen amerikanischer Universitäten.

- Leben Sie Ihre Gefühle aus, d.h. unterdrücken oder kaschieren Sie sie nicht. Damit meine ich keineswegs, dass Sie Wut und Zorn an anderen Menschen ausleben sollen. Ich meine vielmehr, dass Sie (auch als Mann) bei Trauer weinen und dass Sie zu Ihren Gefühlen stehen sollen. Gefühle sind natürlich, ursprünglich und gehören zum Leben wie Essen und Trinken. Es gehört genauso zum Leben, dass wir negative Emotionen abbauen und überwinden und positive Erlebnisse pflegen und ausbauen.

- Überprüfen Sie die eigenen Wertmassstäbe. Nicht alles, was wir im Elternhaus, in der Kirche oder der Schule gelernt oder gehört haben, ist richtig. Fühlen Sie sich frei, für sich selbst neue Wertmassstäbe zu finden, und zwar innerhalb jener Grenzen, die für alles Leben auf dieser Erde gelten, nämlich

> Alles, was das Leben (Menschen, Tiere, Pflanzen, die Erde) fördert, ist gut, unterstützungswürdig und positiv. Alles, was das Leben in dieser Welt behindert, abbaut oder sogar zerstört, ist schlecht. Je genauer und tiefer sich alle Menschen an diese Maxime halten, um so einfacher, reibungsloser und effizienter wird der Alltag und um so reicher wird das Erleben eines jeden einzelnen.

9.10 Die erfolgreiche Führungspersönlichkeit

Viele meiner Ausführungen zielen auf die ideale Führungspersönlichkeit hin. Ich stelle Ihnen diesen Menschen gerne vor:

1 Er zeichnet sich aus als untadeliges Vorbild und durch grosse Motivationskraft. Durch seine Persönlichkeit und sein Auftreten versteht er es, seine Gruppe, sein Team, seine Abteilung oder die ganze Firma wie ein Mann hinter ein lohnendes, erstrebenswertes Ziel zu scharen und täglich neu zu begeistern.

2 Er ist weder ein Diktator noch ein Waschlappen. Er ist vielmehr Vorbild, Primus inter Pares. Er ist eine wohlwollende, sachlich, fachlich und emotional überragende Persönlichkeit, die seine Führungsaufgabe ernst nimmt, sich aber nicht überschätzt und sich schon gar nicht über die Untergebenen erhebt. Er ist und bleibt wertvoll, ohne die Untergebenen als weniger wertvoll als sich selbst einzustufen oder zu behandeln. Er lebt mit sich selbst in harmonischer Ausgeglichenheit, also, ohne sich zu überschätzen und auch ohne sich zu unterschätzen.

3\. Er verfolgt die unternehmerischen Ziele zäh und zielstrebig, ohne stur zu sein. Vielmehr zeichnet er sich durch Anpassungsfähigkeit und Flexibilität in Einzellösungen aus. Durch seine Offenheit und seine uneingeschränkte Informationspolitik schafft er eine Vertrauensbasis, die er sorgfältig hütet und pflegt.

4\. Er ist mächtig, ohne die Macht jemals durchsetzen zu müssen, geschweige denn zu missbrauchen. Seine Macht basiert auf seinem Fachwissen, seiner emotionalen Kompetenz und seiner absoluten Unbestechlichkeit. Er versteht es weise, die berechtigten Ziele der Unternehmung mit den Forderungen der Angestellten in Einklang zu bringen.

5\. Er gewährt seinen Untergebenen innerhalb der vereinbarten Zielsetzung so viel Spielraum wie möglich. Er beschränkt seine Kontrollen auf ein Minimum und verwendet seine Zeit darauf, die Mitarbeiter zu betreuen, zu motivieren, aufzubauen, auszubilden, zu fördern und in jeder nur erdenklichen Art und Weise zu unterstützen. Er ist viel weniger Befehlsgeber als vielmehr Mitkämpfer, Coach und Trainer.

6\. Er richtet alle seine Entschlüsse, sein ganzes Tun und Handeln auf das Unternehmensziel. Es steht im Einklang mit seinem ganzen Wesen und bildet einen Teil seines Lebens.

Für einen solchen Führungsmann arbeiten zu dürfen, ist eine Ehre für jeden Angestellten. Er wird sein Bestes geben. Er wird mit Freude zur Arbeit gehen, ausdauernd, fleissig und mit viel Sachverstand arbeiten. Jeder Angestellte wird dem Vorbild nacheifern. Die Produktivität eines so geführten Betriebes wird stark ansteigen. Die Leistung der Angestellten sprengt jede Norm.

Und das alles bei einem menschlich angenehmen, warmen Klima.

9.11 Offener Brief
9.11.1 Den erfolgreichen Angestellten zeichnet aus

Ein guter Mitarbeiter
- Kommt jeden Tag ausgeruht, gesund und freudig zur Arbeit.
- Identifiziert sich mit dem Arbeitgeber und seinen Zielen.
- Vertritt die Firma und deren Produkte mit Stolz, selbst dann, wenn er nicht im Verkauf arbeitet.
- Ist neugierig auf die Produkte des Arbeitgebers und benützt sie selber.
- Sucht jeden Tag nach innovativen Kosten- und Zeitsparmöglichkeiten für seine Routinearbeit, so dass ihm viel Kapazität für spezielle Herausforderungen bleibt.
- Ist nicht nur bereit, sondern aktiv bestrebt, jeden Tag zu lernen.
- Passt sich veränderten Situationen willig und flexibel an, d.h. sieht darin eine willkommene und lehrreiche Abwechslung.
- Ist ein unermüdlicher, kreativer Motor, der die Firma, die Produkte und die Arbeitsabläufe ständig neu inspiriert.
- Denkt und plant langfristig und im Einklang mit den Zielen des Arbeitgebers.
- Arbeitet selbständig, motiviert und verantwortungsbewusst.
- Ist allen anderen Mitarbeitern und den Vorgesetzten gegenüber jederzeit offen, kooperativ und hilfsbereit.
- Dokumentiert seine Arbeit so, dass sie von jedermann sofort nachvollziehbar ist.
- Überlegt bei jeder Arbeit und bei jeder ihm zuströmenden Informationen, wen er seinerseits informieren muss. Im Zweifelsfall informiert er lieber zu viel und zu oft als zu wenig.

Als Mitarbeiter erwarte ich von Ihnen als Chef, dass
- Sie mich als Menschen und nicht als Arbeitsmaschine behandeln.
- Sie alles, was meine Arbeit behindern oder verunmöglichen könnte, sofort aus dem Wege räumen.
- Sie mich nach Kräften fördern und tatkräftig bei meiner Arbeitserfüllung unterstützen.
- Sie, trotz dieser Unterstützung, den Arbeitserfolg mir und nicht sich selbst zuschreiben.
- Sie gute Arbeit schätzen und anerkennen.
- Sie Fehler als Lehrstücke behandeln und danach für immer vergessen und zwar nicht nur bis zu Lohnverhandlungen oder zum Jahresendgespräch.
- Sie jederzeit, auch während dem Jahr, ein offenes Ohr für meine Sorgen, Probleme, Wünsche und Anregungen haben.
- Meine Eingaben und Vorstösse umgehend, d.h. innerhalb von längstens einer Woche, behandeln.
- Sie mir die Gründe für eine allfällige Ablehnung sofort offenlegen.
- Sie jede einzelne Aussage beim Qualifikationsgespräch mit Tatsachen und Beispielen erklären und begründen.
- Sie diese Qualifikation nicht als Faktum vortragen, sondern sie als Ihre Meinung ausgeben.
- Sie mir bei negativen Beurteilungen Gelegenheit zu einer Gegendarstellung geben.
- Sie meine Lohnforderung sachlich behandeln und dass Sie mir nachweisen, dass ich lohnmässig gleichgestellt bin – wie jeder andere Mitarbeiter in vergleichbarer Position.
- Sie strikte alles unterlassen, was meine Persönlichkeit verletzen könnte.

9.11.2 Den erfolgreichen Chef zeichnet aus:

Ein guter Chef
- Schätzt jeden Mitarbeiter als wertvollen Menschen und achtet peinlichst darauf, die Würde dieser Menschen in keiner Art und Weise zu verletzen.
- Hat immer Zeit für die Mitarbeiter, kein Anliegen ist ihm zu unwichtig.
- Geht jeder Anregung ehrlich und unvoreingenommen nach. Nimmt selbst die auf den ersten Blick unsinnigen Ideen der Mitarbeiter ernst und bemüht sich aktiv um deren Realisierung.
- Nimmt die tägliche Motivation als seine grösste und wichtigste Aufgabe wahr. Führt ausschliesslich durch Lob und Anregung und enthält sich strikte jeglicher verletzenden Kritik.
- Geht auf seine Mitarbeiter ein, fördert sie nach Kräften, verteidigt und schützt sie gegen Angriffe von innen und von aussen.
- Nimmt nie Lob von Dritten für sich, sondern gibt es immer direkt an den betreffenden Mitarbeiter weiter.
- Stellt sich hinter alle Mitarbeiter, d.h. sieht sich als Diener und Coach seiner Angestellten.
- Räumt seinen Angestellten alle Hindernisse aus dem Weg, so dass sie ihre Arbeitskraft ungestört einsetzen und sich ganz auf ihre Aufgabe konzentrieren können.
- Informiert alle Mitarbeiter laufend, völlig offen und uneingeschränkt über alle Vorkommnisse in der Firma.

Als Chef erwarte ich von Ihnen als Mitarbeiter, dass
- Sie neugierig auf die Unternehmensvision sind, sie studieren, zu ihrem Bild beitragen und sie schliesslich als Ihre Idealvorstellung übernehmen.
- Sie jeden Tag den Teil der Vision umsetzen und konkretisieren, der Ihnen am besten liegt.
- Sie neugierig auf unsere Produkte sind und sie selbst benützen.
- Sie interessiert mit den Kunden ins Gespräch kommen, um so deren Wünsche herauszufinden.
- Sie mit Freude und Geduld an der Umsetzung der Kundenwünsche für neue / erneuerte Produkte arbeiten.
- Sie langfristig und im Einklang mit den Zielen der Vision mitdenken und mitplanen.
- Sie flexibel sind, sich einen breiten Horizont bewahren und jederzeit bereit sind, auch etwas ganz Spezielles sehr schnell zu lernen.
- Sie so flexibel sind, dass Sie auch interne Chancen sehen und wahrnehmen.
- Sie die wirtschaftlichen Grundlagen des Geschäfts lernen, verstehen und mittragen.
- Sie auf die Konkurrenz achten und darauf, dass unsere Gesellschaft nie ins Hintertreffen gerät.
- Sie Ihren Kopf benutzen, analysieren, werten, gewichten und entscheiden. Im Zweifelsfall entscheiden Sie lieber früh, basierend auf wenigen Informationen als spät mit mehr Daten.
- Sie ein Auge für das offensichtlich Wesentliche haben: emotionale Ausgeglichenheit, Teamgeist, Ehrlichkeit, ethisches Verhalten und harte Arbeit. Diese Eigenschaften sind die wichtigsten und verstehen sich eigentlich von selbst.
- Sie auf erkennbare Mängel auf die einzig richtige Art und Weise reagieren, nämlich, indem Sie diese durch Weiterbildung überwinden.

Kapitel 10
Ausblick

In diesem Kapitel lesen Sie

❖ Ist Mobbing ein Weg zur menschlichen Organisation?

❖ Oft sagen Beispiele mehr als viele Worte.

❖ Die Erfolgsrezepte von Levi's, Sony und Microsoft.

10.1 Vorbilder

Vielleicht denken Sie nach wie vor, was ich hier vorschlage, sei nicht zu verwirklichen oder es entfalte nicht die Wirkung, die ich beschreibe. Ich kann Ihnen versichern, dass es viel mehr bewirken wird, als Sie heute auch nur ahnen. Wie ich zu dieser kühnen Behauptung komme? Ganz einfach: Es gibt heute schon Beispiele. Teilbereiche meiner Vorschläge sind verwirklicht worden, und die Resultate sind bemerkenswert.

Sehen wir uns zuerst den Menschen als Privatperson an. Neueste Statistiken zeigen, dass der emotional ausgeglichene Mensch eine drei Jahre höhere Lebenserwartung hat als der Durchschnitt. Dass er dabei intensiver lebt, mehr fühlt, freier atmet, sich insgesamt besser entfalten kann und wesentlich mehr Freude am Leben hat, sei nur am Rande vermerkt. Ich bin fest davon überzeugt, dass diese drei Jahre nur ein kleiner Anfang sind. Emotional kompetente Menschen leben erheblich länger als Unausgeglichene, Gestresste, Wutzerfressene, Sorgenbeladene.

Sehen wir uns als nächstes die Mitarbeiter in Unternehmen an. Derzeit wird Mobbing öffentlich diskutiert. Man beginnt also ganz offensichtlich zu erkennen, dass Belästigung, Schikane, Nötigung und Erpressung am Arbeitsplatz den Menschen als solchen herabwürdigen und zudem die Leistung killen. So weit, so gut. Es wurde auch endlich Zeit, dass für die betroffenen Mitarbeiter etwas getan wird. Bleibt die Frage, ob dieser eingeschlagene Weg zum Ziel führt. Leider steht doch oft Aussage gegen Aussage. Oder ein aufsässiger Mitarbeiter benutzt den Mobbing-Vorwurf zur Verleumdung. Wem wollen Sie als Oberverantwortlicher in einer solchen Situation glauben? Dem Vorgesetzten oder dem Angestellten? Und selbst wenn der Mitarbeiter recht erhält, was nützt es ihm? Er kann sich damit trösten, dass sein Chef zusammengestaucht wird. Schadenfreude also. Ob das seinem Charakter dient?

Und wie sieht die Sache beim zurechtgestutzten Vorgesetzten aus? Er verliert sein Gesicht, wird also tief verletzt. Je nach Charakter wird er es schlucken und verdrängen. Dann taucht es einfach später wieder auf. So oder so ist ein Wutpotential da. Oder er kündigt und wendet die gleichen Methoden an der nächsten Stelle wieder an. Wir sind wieder bei der Tatsache, dass Strafe nicht wirklich hilft. Was der Chef (und der Angestellte) benötigt, ist Führung, die ihm hilft, seine emotionalen Defekte zu überwinden. Er blutet. Die Wunde muss versorgt werden. Vielleicht ist es auch nicht nur eine Wunde, sondern eine ansteckende Krankheit. Dann liegt bald Ihre ganze Unternehmung auf dem Krankenbett. Dagegen helfen Mobbing-Gesetze wenig. Sinnvoller ist die positive emotionale Schulung, und zwar auf allen Stufen. Erst wenn im Unternehmen klar ist, wie sich ein Mitarbeiter benimmt, und erst wenn ihm Hilfe angeboten wird, damit er dieses Verhalten erreichen kann, erst dann beginnt das Ganze zu greifen. Wir kommen um eine Wahrheit nicht herum: Emotionale Kompetenz kann man nicht kaufen, aber man kann sie lernen.

Gehen wir jetzt als nächsten Schritt zu den Unternehmen selbst. Die Dienstleistungsgruppe mit dem Onkelsystem, von der ich weiter vorne gesprochen habe, ist seit Jahren Marktführer. Und sie hat auch in diesen rezessiven Zeiten Zuwachsraten. Von roten Zahlen weit und breit keine Spur. Es ist im übrigen eine relativ stark hierarchisch gegliederte Firma. Aber allein das informelle Netz, diese Familienzusammengehörigkeit durch das Onkelsystem, setzt ganz offensichtlich ungeahnte positive Kräfte frei.

Oder nehmen wir die Firma Levi's: Das Unternehmen ist Marktführer und leistet sich etwas, das alle Konkurrenten der Textilbranche längst aufgegeben haben: Produktion in Hochlohnländern in Europa! Sensationell, oder? Wissen Sie, was dahinter steht? In der Zeitschrift «Bilanz» vom Februar 1997 steht zu lesen: «…einzigartig sind Robert Haas' Managementprinzipien. Als engagierter Verfechter eines ausgeprägten Stakeholder value approaches (Risikoträger bzw. Mitarbeiter-Annäherungsmethode) sorgt Haas tagtäglich dafür, dass der Ausspruch ‹Die Mitarbeiter sind unser teuerstes Kapital› im Levi's-Konzern keine Phrase bleibt.» Was also, bitteschön, tut dieser höchst erfolgreiche Topmanager? Befehle erteilen? Pläne ausbrüten? MIS (Informations-Systeme für das Management) erstellen, kontrollieren, auswerten? Vielleicht. Vielleicht auch nicht. Über seinen Tagesablauf wissen wir nur eines: Er lobt seine Mitarbeiter tagtäglich. Jeden einzelnen Tag. Das ist seine Hauptbeschäftigung. Zudem heisst es weiter im zitierten Bericht: «… erhält jeder der 37 500 Angestellten – vom Kantinenmitarbeiter bis zum Länderchef – nebst den üblichen Jahresboni und Langfristprämien zusätzlich ein volles Jahresgehalt überwiesen.» Haben Sie es gelesen? Langfristprämien. Jahresboni. Volles Jahresgehalt. Für alle, denn alle sind wichtig.

Oder denken wir an Microsoft. Ein Betrieb, der von vielen als unorganisierter Haufen belächelt wurde. Microsoft, habe ich mir sagen lassen, verfüge auch heute noch über keine starre Hierarchie. Und es komme immer wieder vor, dass ein Mitarbeiter sein Notebook nehme, eine andere Abteilung aufsuche, dort den Stecker in die Dose stecke und dann eben dort mitarbeite. Einfach weil er zu einer bestimmten Frage eine Idee hat. Daran stört sich dort keiner. Ganz im Gegenteil. Man will ganz bewusst den Gehirnschmalz der Mitarbeiter aktivieren und einsetzen.

Oder nehmen wir Sony. Sony hat den Bereich Büroelektronik vor Jahren aufgegeben und dabei grosse Verluste hingenommen. Begründet wurde dieser Entscheid damit, dass keine geeignete Führungskraft für diesen Konzernbereich gefunden werden konnte. Um diesen Entscheid zu verstehen, muss man wissen, dass Sony die Arbeitsbereiche nach den Fähigkeiten der Mitarbeiter strukturiert – und nicht umgekehrt. Das stellt jegliche Organisationstheorie völlig auf den Kopf. In der Betriebswirtschaft wird ja von oben nach unten geplant. Sony hat das umgedreht. Die bauen das Unternehmen um die Mitarbeiter herum. Da gibt es so gut wie keine Ungenauigkeiten. Der Charakter, die Veranlagung und das Wissen eines Mitarbeiters passen ganz genau zu seiner Aufgabe, weil nämlich die Aufgabe erst definiert wird, wenn die Fähigkeiten klar sind. Bei dieser Philosophie muss natürlich in Kauf genommen werden, dass die Firma sich auch in Richtungen entwickelt, die eigentlich nicht vorgesehen waren. Kleinliche Chefs haben damit ein Problem. Die Firma Sony hatte keines und hat recht. Und wurde einer der ganz grossen Weltkonzerne.

SCHLAGLICHT

Wann steht Ihr Unternehmen als Beispiel in einer Neuauflage dieses Buches?

10.2 Setzen Sie Ihr Unternehmen unter Strom!

Was hindert den Unternehmer daran, nicht mehr das angelernte Wissen und den trainierten Verstand, sondern die Inspiration und die Intuition ins Zentrum aller seiner Überlegungen und Handlungen zu stellen?

Was hindert den Unternehmer, die Menschen nicht mehr als Objekte in starre hierarchische Ordnungen einzuplanen, sondern sie als denkende und selbstverantwortlich handelnde, innovative Persönlichkeiten einzusetzen?

Was hindert den Unternehmer, starre verstandesmässige Planung gegen die mentale Aktivbild-Technik einzutauschen?

Ist es Tradition, ist es seine Ausbildung?

Viele Unternehmen sind in ihrer Struktur erstarrt. Sie sind wie Schlangen oder Krebse, die ihre Haut allzu lange getragen haben. Die Haut, die Panzerung ist jetzt so dick gewachsen und so verkrustet, dass sie nicht mehr abgeworfen werden kann. Die Schlage ist in ihrer Haut gefangen, sie kommt nicht mehr heraus, sie kann sich nicht mehr häuten. Ein lebensgefährlicher Zustand. Was wird passieren? Stirbt das Tier, oder gelingt es ihm, die Haut, den Panzer zu sprengen? Welchen Schaden verursacht die unnatürliche Aufsprengung?

Man mag über England denken, was man will. Fest steht, dass England Weltmacht Nummer eins war. Mit einem Gesetzeswerk, das dem Grundsatz nach geradezu lächerlich einfach war. Jeder Kleinstaat hat heute ein umfassenderes Regelwerk. Einer der damals hochgehaltenen englischen Grundsätze war das «dealing at arm's length». Damit liess man in vielen Lebensbereichen einen Ermessensspielraum offen. Diese in der Praxis so überaus wichtige und nützliche Spanne ist heute in fast allen Lebensbereichen verschwunden.

Nehmen wir für einmal das Strassenverkehrsgesetz. Auf vielen Strassen ist die Geschwindigkeit vorgeschrieben. Nicht etwa in einem bestimmten Geschwindigkeitsbereich, sondern ganz genau. Dieser Abschnitt mit 80 km/h, jener Abschnitt mit 120 km/h usw. Zu was hat das geführt? Jeder Autofahrer fährt, bei Tag und bei Nacht, bei Sonne, Regen und Schnee ganz genau 80 bzw. 120 km/h. Ihn kümmern die Strassenverhältnisse und die Verkehrsdichte überhaupt nicht mehr, sein eigenes Denken hat er ausgeschaltet. Fährt vor ihm ein denkender Autofahrer, wird dieser so lange bedrängt, angehupt und angeblinkt, bis er von der Strasse weg ist.

Mit allen Regeln und Gesetzen sagt man den Menschen: Du lieber Mensch magst ja gut und recht sein, aber Du bist doch eigentlich zu blöde, um selbst zu entscheiden. Dein Urteilsvermögen ist zu schwach. Ich muss deshalb eingreifen und Dir sagen, wie und wann Du etwas zu tun hast. Die Eigeninitiative, das selbständige Denken und Handeln des Menschen wird damit systematisch unterdrückt. Es verkümmert. Das Denken ist wie ein Muskel und reagiert wie alle anderen Muskeln auch. Wird er, auch nur über kurze Zeit, nicht gebraucht, wird er schlaff, atrophisch und stellt seine Tätigkeit schliesslich gänzlich ein.

Aus meiner Sicht ist genau das die Ursache für unsere heutige Misere. Die Wirtschaft hat aufgehört zu wachsen, sie ist erstarrt in ihrer Struktur, die Unternehmer beklagen denkfaule, desinteressierte Mitarbeiter, und die Mitarbeiter beklagen unmenschliche Arbeitsplätze.

Es gibt nur einen Weg aus dieser Situation heraus. Der Weg heisst aktive Unternehmens-Vision bzw. Aktivbild in Verbindung mit positiver, aufbauender Motivation.

Beginnen Sie, Ihre eigene Vision zu erstellen. Sorgen Sie für frischen Wind im Unternehmen. Lassen Sie Ihre Mitarbeiter unmissverständlich wissen, was Sie vorhaben. Motivieren Sie. Erlösen Sie Ihre Mitarbeiter aus den Hierarchie-Gefängnissen. Nutzen Sie die geballte Kraft Ihrer Mind-Power.

SCHLAGLICHT

Setzen Sie jeden Mitarbeiter und damit auch Ihr Unternehmen unter Strom!

Anhänge

Anhang 1: **Begriffe** 165

Anhang 2: **Hierarchische Struktur eines Unternehmens** 167

Anhang 3: **Psychologische Definition von Fachausdrücken** 169

Anhang 4: **Manager haben einen schlechten Ruf** 171

Anhang 5: **Praktische Illustration: Aus Hänschen wird Hans** 173
• Was Hänschen nicht lernt, lernt Hans nimmermehr
• Angelernte Unselbständigkeit • Same procedure as every year • Hierarchie

Anhang 6: **Das Unternehmen mit anderen Augen sehen** 183
• Jeder Mensch ist gut • Der Unternehmenskörper
• Die Unternehmensseele • Unternehmenskultur

Anhang 7: **So erwecken Sie Kreativität auch im Unternehmen** 191
• Kreativität in der materiellen Welt • Vorschlagswesen
• Kreativbilder • Der Mitarbeiter ist Kaiser

Anhang 8: **Unternehmensziel praktisch** 199
• Das Management und seine Aufgabe • Das motivierende Leitbild • Die verständlichen Worte • Das Ideal
• Mit Kreativität zum neuen Leitbild • Die klare Aufgabe

Anhang 9: **Motivation** 209
• Den Menschen ansprechen • Umkehren zur optimalen Motivation • Hürde: Arbeitsverunmöglichung
• Drei Esslöffel vor jeder Mahlzeit • Wachsen und Gedeihen
• Vision anpassen

Anhang 10: **Hintergründe zum besseren Verständnis der Menschen** 219
• Werte im Wandel der Zeiten • Alle Menschen sind gleich
• Individualisten • Logische «Meisterleistungen»
• Neue Werte • Gefühle und der ganze Schmus
• Das Wertvollste am Menschen

Literaturverzeichnis 234

Anhang 1
Begriffe

Einige der am häufigsten verwendeten Begriffe sind nachfolgend stichwortartig erklärt. Die hier gegebenen Definitionen folgen der allgemeinen betriebswirtschaftlichen Theorie. Wo sich aus meiner Sicht abweichende Sinngehalte ergeben, habe ich sie im Text ausführlich dargelegt.

Begriff	Umschreibung (hergebrachte, offizielle Lesart)
Ablauforganisation	Beziehung zwischen den Arbeitsprozessen. Definiert auch den Informationsfluss.
Aufbauorganisation	Organisatorischer Aufbau des Unternehmens, Struktur. Hierarchie.
Avor	Arbeitsvorbereitung. Stelle, an der, je nach Ausgestaltung, die Produktion geplant, vorbereitet und überwacht wird.
Führungsstil, Führungsform	Art und Weise, wie ein Vorgesetzter mit seinen Mitarbeitern umgeht. Typische Stile: Autoritär, kooperativ, partizipativ, demokratisch usw.
Hierarchie	Aufbauorganisation, definiert den Rang und die Stellung jedes Mitarbeiters. Daraus leiten sich Kompetenzen (und Aufgaben) ab.
Management	Zielgerichtete Führung, Planung, Steuerung und Kontrolle der Unternehmensaktivitäten.
Management-Methoden	Führungsstil an sich. Grundeinstellung des Managements. Art und Weise des Wirtschaftens.
Management-Techniken	Management-by-Methoden beschreiben die Massnahmen, die zum Erreichen des gesetzten Zieles eingesetzt werden.

Begriff	Umschreibung (hergebrachte, offizielle Lesart)
Mangement by Delegation (MbD)	Führung durch Delegation von Aufgaben und dazugehörender Verantwortung. Ähnliche Grundsätze finden sich auch im Harzburger Modell (s. Homo oeconomicus).
Management by Exception (MbE)	Führung in Ausnahmefällen: Sie greift nicht ein so lange als der Betrieb innerhalb der gesetzten, zum voraus definierten Normen läuft.
Management by Objectives (MbO)	Führung durch Zielvereinbarung (fälschlicherweise oft auch als Führung durch Zielvorgabe übersetzt).
Management by Results (MbR)	Führung durch Vorgabe von Kennzahlen wie z.B. Kostenziele oder Deckungsbeiträge.
MIS	Management Informations-Systeme.
Motivation	Subjektive Beweggründe für Handlungen, allenfalls auch instinktive Handlungen. Weitere Erläuterungen siehe Anhang 3, psychologische Begriffe.
Organisation	1. Das Unternehmen als solches. 2. Die Systematik der offiziellen Beziehungen (Aufgaben, Verantwortung, Kompetenz) in einem Unternehmen.
Personalbeurteilung	Massnahmen und Hilfsmittel, meist Checklisten zur Beurteilung der Leistungen und Fähigkeiten eines Angestellten. Die Ergebnisse werden in der Personalakte gesammelt.
Stakeholder value	Risikoträger- bzw. Mitarbeiter-Wertansatz.
Unternehmenskultur	Wertsystem im Unternehmen, das die im Unternehmen tätigen Menschen beeinflusst.
Unternehmensleitbild	Unternehmenspolitische Rahmenplanung mit Motivations-, Orientierungs- und Legitimationsfunktion.
Unternehmensziele	Beschreibt den gewünschten zukünftigen Zustand des Unternehmens. Wird sinnvollerweise unterteilt in konkrete Ziele pro Bereich oder Abteilung oder Gruppe.
Zeugnissprache	Geheimsprache zur Leistungsbenotung eines Angestellten.

Anhang 2
Hierarchische Struktur eines Unternehmens

Jedes Unternehmen verfügt über eine individuelle hierarchische Struktur. Hier geht es nicht darum ein Musterbeispiel einer solchen Struktur aufzuzeigen, sondern die in der Hierarchie meistens verwendeten Begriffe anhand eines Beispiels einzuordnen.

Rang	Ebene	Titel	Beispiel
Konzern	Konzernleitung	Konzernleiter	Novartis
Top Management	Unternehmensleitung	Unternehmensleiter	Ein einzelner Produktionsbetrieb, z.B. eine Nahrungsmittelfabrik
Middle Management	Funktionalbereiche Hauptabteilungen	Bereichsleiter	z.B. Einkauf oder Produktion oder Verkauf in diesem Betrieb
Lower Management	Abteilung, Gruppe, Team	Abteilungsleiter, Gruppenleiter, Teamchef	z.B. die Produktion von Obstsäften oder der Einkauf von Obst
Einzelstelle / Arbeitsplatz	einzelner Angestellter	Mitarbeiter	z.B. die Bedienung der Abfüllanlage

Anhang 3
Psychologische Definition von Fachausdrücken

Begriff	Definition (Quelle: Bertelsmann Lexikon der Psychologie, Gütersloh, 1995)
Antiautoritäre Erziehung	Form des Erziehungsverhaltens, die in Deutschland aus der radikalen Kritik der heranwachsenden Generation an der institutionalisierten und als repressiv-autoritär etikettierten Erziehung entstand. Sie geht auf Jean-Jacques Rousseau zurück und propagiert ein Erziehungsprinzip, das auf die autonome Entfaltung des Kindes setzt.
Autorität	Geltung, Ansehen, Einfluss auf Grund der Leistung, Persönlichkeit oder Würde des Amtes. Auch: anerkannter Fachmann.
Bedürfnisse	Erlebte Mangelzustände oder Notwendigkeiten können die körperliche Verfassung von Menschen betreffen oder geistig-kulturelle bzw. zivilisatorische Anliegen. Die biologisch-körperlichen, vor allem die angeborenen, unterscheidet man als vitale oder primäre Bedürfnisse von geistigen und kulturellen, die sekundäre Bedürfnisse genannte werden. Letztere werden erlernt und finden im Laufe der Lebensgeschichte einzelner ihre jeweilige Ausprägung.
Fehler	Nach Freud ist eine Fehlhandlung das häufige und scheinbar zufällige Versprechen, Verlesen, Verschreiben, Vergreifen, Vergessen usw., das psychodynamisch als Störung des normalen, bewussten Handlungsablaufs durch verdrängte Vorstellungen, bzw. unbewusste, aber rekonstruierbare Motive aufzufassen ist.
Interesse	Aufgeschlossenheit für bestimmte Dinge, Probleme, Personen. Auch in Form auswählender, intensiver Aufmerksamkeit für bestimmte Sachverhalte, die zur Persönlichkeit gehören und/oder über grössere Zeiträume immer wieder auftreten. Meist verbunden mit hoher emotionaler Beteiligung. Die Interessenlage ist mitbestimmend für den Erfolg der Lernbemühungen, deshalb kommt ihr besonders im Bereich der Berufsberatung Bedeutung zu.
Kooperation	Zusammenarbeit mehrere Personen oder Gruppen mit unterschiedlichen Teilaufgaben zur Erreichung eines gemeinsamen Ziels.

Begriff	Definition (Quelle: Bertelsmann Lexikon der Psychologie, Gütersloh, 1995)
Kreativität	Kreativität hängt nur sehr beschränkt mit Intelligenz zusammen und kann deshalb mit herkömmlichen Testverfahren schlecht oder gar nicht erfasst werden. Kreativität ist der phantasievolle Umgang mit der Wirklichkeit, die Fähigkeit, zu staunen, neugierig zu sein, zu lernen und neue Formen des Umganges mit Erlebnissen und Ereignissen des täglichen Lebens zu finden. Kreativität ist eine Grundbedingung für seelisches Wachstum und psychische Gesundheit.
Kultur	Ursprünglich die Aneignung und pflegende Veredelung der rohen, äusseren Natur. Gesellschaftlicher Entwicklungs- und Abgrenzungsprozess, selbstwertbetonte Identität, sprachliche und lebensstilbezogene Eigenheiten. Intellektuelle, technische, religiöse und künstlerische Praktiken des Wert- und Normgefüges, instrumentelle Kompetenz einer Gesellschaft oder Gruppe.
Lob	Lob ist eine Belohnung durch ausdrückliche Anerkennung für eine Leistung. Lob wirkt als positive Verstärkung eines Verhaltens und ist neben Vorbildsein das wichtigste Erziehungsmittel.
Macht	Das Vermögen, in sozialen Beziehungen Unterordnung zu erzwingen. Eine Person oder Gruppe hat in dem Masse Macht über eine andere Person oder Gruppe, wie ihre eigenen Zielsetzungen auf die Handlungen der anderen einzuwirken vermögen.
Motivation	Die Motivation ist eine zusammenfassende Bezeichnung für die Stärke und Richtung einer Verhaltenstendenz in bestimmten Situationen. Das Aktivierungsniveau wird bestimmt durch die Stärke des Bedürfnisses, den Anreiz des Handlungszieles und die Wahrscheinlichkeit des Erreichens.
Motivation (Tierforschung)	In der Tierforschung wird die Motivation als die Bereitschaft zu einem bestimmten Verhalten definiert. Diese Bereitschaft hängt ab von Aussen- und Innenreizen, von Hormonen und vom zeitlichen Abstand zwischen den einzelnen Reizungen.
Ökonomisches Prinzip	Prinzip des rationalen wirtschaftlichen Handelns, nach dem ein gegebener Zweck mit geringstmöglichem Aufwand bzw. ein höchstmöglicher Nutzen mit gegebenen Mitteln erreicht werden soll. Ein stets nach dem ökonomischen Prinzip handelndes Wirtschaftssubjekt ist eine in der Volkswirtschaftslehre verwendete Kunstfigur. (= Homo oeconomicus).
Patriarchat	Heue kaum noch verwendeter Begriff für eindeutig nach der Vaterlinie orientierte Sozialstruktur, bei der allein die Abstammung von der Vaterseite realisiert sind. Früher auch aufgefasst als Vater-(Männer-)Herrschaft, die bei Familien, Clans und Sippen gewöhnlich vom ältesten Mann der ältesten Linie ausgeübt wird. Kritischer Begriff für die in der Industriegesellschaft gegebene Dominanz der Männer gegenüber den Frauen. Sexismus, Aggression, Krieg und Vernichtung der natürlichen Umwelt.

Anhang 4
Manager haben einen schlechten Ruf

Im Auftrag des Management-Zentrums St. Gallen (MZSG) führte die Publitest AG Zürich eine repräsentative Umfrage unter je fünfzig Managern und Nachwuchsmanagern durch. Das Thema der Umfrage waren das Berufsverständnis der Junior-Manager und ihre Vorbereitung auf die Führungsaufgabe. Die Resultate wurden u.a. in «Cash» (5. Dezember 1997) und im «io-management» (Dezember 1997) veröffentlicht.

Das Bild ist erschütternd, und entsprechend war auch die Sprache der Zeitschriften. Da wird von «Fachidioten», «Dünkel» und von «vergessener Verantwortung» geschrieben. Die Junior-Manager wurden als «fachlich hervorragend», aber im Management selbst als «völlig ungenügend ausgebildet» eingestuft. Dabei hält Professor Fredmund Malik ausdrücklich fest, dass Management ein Beruf sei wie jeder andere auch, und dass er somit auch lernbar sei. Aber genau da scheinen die jungen Heisssporne ganz anderer Meinung zu sein. Sie fühlen sich als durch eine höhere Macht Berufene, als besondere Elite von morgen. So kassieren Sie eine schlechte Note um die andere: Sie können nicht delegieren, verstehen es nicht, Prioritäten zu setzen, und es fehlt ihnen an sozialer Kompetenz. Dieser letzte Mangel wurde präzisiert.

Er drückt sich aus durch:
- Fehlender Umgang mit den Mitarbeitern.
- Die fehlende Bereitschaft, Verantwortung zu tragen.
- Der Mangel an Teamfähigkeit.

Kein Wunder, wurde dann festgehalten, dass diese Mängel, die als eigentliche Managementfehler bezeichnet werden, fatale Auswirkungen auf Menschen, Einzelschicksale und ganze Familien haben. Zurückzuführen seien diese Mängel auf das krasse Auseinanderklaffen zwischen Wirklichkeit und Fiktion: Die Manager fühlen sich als Naturtalente, als Auserwählte, als Berufene. Aus diesem Grunde hätten sie es auch nicht nötig, das Führen von Menschen zu lernen. Zwar hätten die Manager auffallend gute Fachausbildung, aber den Umgang mit Mitarbeitern und die eigentliche Managementaufgabe lernten sie nicht.

Das Bild wird zusätzlich belastet durch den krassen Mangel an Verantwortungsgefühl. Abschliessend wird festgehalten, dass die Managementausbildung nicht so sehr eine Frage des angebotenen Lehrstoffes, sondern vielmehr eine Haltungsfrage der Absolventen sei. Sie müssten zur Erkenntnis kommen, dass Führungskräfte nicht vom Himmel fallen, sondern dass sie ihren Erfolg durch Lernen und Disziplin verdienen müssen.

Was nach Ansicht der Junior-Manager zur sozialen Kompetenz gehört	Prozent
Umgang mit Mitarbeitern	30
Verantwortung für andere tragen	2
Teamfähigkeit	13
Eingehen auf Mitarbeiter	15
Verständnis für Mitarbeiter	26
Keine Angaben	14

Was nach Ansicht der Junior-Manager das Management ist	Prozent
Eine von der Persönlichkeit, vom Talent abhängige Berufung	47
Ein erlernbarer Beruf	21
Sowohl Beruf als auch Berufung	32

Mängel der Junior-Manager bei der sozialen Kompetenz aus eigener Sicht	Prozent
Kommen häufig vor	13
Kommen immer wieder vor	34
Kommen selten vor	51

Anhang 5
Praktische Illustration:
Aus Hänschen wird Hans

Was Hänschen nicht lernt, lernt Hans nimmermehr

Familie Bernegger ist auf dem Sonntagsspaziergang. Herr Bernegger beobachtet gerade den Schwan auf dem See, und Frau Bernegger ist mit dem Baby im Kinderwagen beschäftigt. Für Hänschen ist das die Gelegenheit, auszubrechen. Er ist lange genug folgsam neben den Eltern hergetrottet. Ihn reizt das nahe Gartenmäuerchen. Er will doch endlich einmal sehen, ob er nicht auf die Mauer klettern und darauf stehen kann. Flugs ist er weg und beginnt, auf die Mauer zu klettern. Er richtet sich auf, und – tatsächlich er steht! Ermutigt durch die ersten Minuten wird er kühner. Jetzt beginnt er, auf der Mauer zu laufen. Zu seinem Glück (oder Unglück?) schaut jetzt die Mutter vom Kinderwagen auf. Sie vermisst Hänschen und sucht ihn. Er ist nicht zu übersehen, wie er stolz auf der Mauer balanciert. Voller Schreck schreit die Mutter: «Hänschen, kommt sofort herunter! Du wirst dir noch ein Bein brechen.» Der Vater rennt hinzu und greift sich Hänschen, um ihn in Sicherheit zu bringen. Eine wahre Schimpfkanonade prasselt jetzt auf ihn hernieder: «Was hast du dir denn dabei gedacht? Du bist doch jetzt weiss Gott gross genug, um zu wissen, dass das gefährlich ist. Keine Minute kann man dich aus den Augen lassen.» Und der Vater doppelt nach: «Du benimmst dich wie ein kleines Baby.»

Zwar zitieren wir das Sprichwort immer in der Form, wie es im Titel steht: «Was Hänschen nicht lernt, lernt Hans nimmermehr». Aber dieses Sprichwort enthält noch einen zweite, mindestens ebenso wichtige Wahrheit, nämlich: «Was Hänschen gelernt hat, verlernt Hans nimmermehr.»

Hänschen hat sich in Gefahr gebracht, das ist sicher nicht abzustreiten. Aber er ist dabei nicht etwa unvernünftig vorgegangen. Er ist zuerst auf die Mauer gestiegen, hat sich danach aufgerichtet, hat die neue Position geprüft und begann erst, auf der Mauer zu laufen, als er durch das Stehen eine gewisse Sicherheit erlangt hatte. Aus seiner Sicht ist nicht einzusehen, weshalb er dafür ausgeschimpft wird. Die Demütigung und das Drohen haben auf ihn einzigartige negative Wirkungen. Er wird sich in Zukunft gründlich überlegen, ob er noch irgendwelche eigenen Schritte tun wird. Er wird künftig jede einzelne seiner Handlungen zuerst an Normen, Richtlinien, Gesetzen und der Meinung der Umwelt prüfen. Mit dem Verhalten der Eltern ist der Grundstein für ein völlig angepasstes Kind gelegt.

Dieser Grundstein wird im Laufe der Erziehung und Ausbildung weiter und weiter ausgebaut, bis ein solides, massives Gebäude steht. Ein Gebäude von Vorschriften, Verhaltensregeln, Gesetzen, Normen, Ansichten, Meinungen und Vorurteilen. Was Hänschen so eingebleut worden ist, das verlernt Hans nimmermehr.

Er lernt zu Hause, dass man nicht schnieft, sondern sich die Nase putzt. Im Kindergarten lernt er, dass man nicht rennt, sondern sittsam läuft. Zu Hause lernt er, dass man mit Messer und Gabel isst und nicht mit den Fingern. In der Schule lernt er, dass Rechnen wichtiger ist als Religion. Zudem lernt er, dass Sprachen dem Zeichnen vorzuziehen sind. Musik ist ein Freifach, und man lässt es lieber, denn Fussball ist männlicher. Die Kameraden bringen ihm bei, dass ein Mann mehr wert ist als eine Frau, denn der Mann ist der Vorstand der Familie. Als rechter Mann erlernt er einen richtigen Beruf. Der Beruf bringt ihm neue, vielfältige und bisher noch nicht gekannte Regeln. Nach dem Berufsabschluss verbrennt er alle die verhassten Bücher. Jetzt beginnt für ihn das richtige Leben, er hat jetzt ausgelernt.

- Was Hänschen bis hier gelernt hat, das verlernt er nicht mehr.
- Was Hänschen bis hier nicht gelernt hat, das bleibt ihm verschlossen.

Angelernte Unselbständigkeit
Hänschen ist zum Hans geworden. Er hat viel gelernt. Nach der vorherrschenden Meinung unserer Gesellschaft ist er ausgelernt und ein richtiges und wichtiges Mitglied eben dieser Ordnung geworden. Er funktioniert ganz genau so, wie er erzogen worden ist. Nach Plan und nach Schema: Angepasst, unauffällig, kontrolliert, selbstbeherrscht. Er füllt den ihm zugedachten Platz in unserer Gesellschaft aus.

Und ist dabei todunglücklich, neigt zu Neurosen, Minderwertigkeitsgefühlen oder krasser Selbstüberschätzung und Selbstherrlichkeit. Er ist pro Jahr mehrmals krank, ohne dass ihm wirklich etwas fehlt. Er unterliegt Stimmungsschwankungen. Ihm steigt öfters die Galle hoch und er explodiert lautstark. Er fühlt sich gestresst, überfordert, gelangweilt, unbefriedigt. Alles gleichzeitig oder kurz nacheinander.

Wie konnte es dazu kommen?

Es gibt viele Gründe:

Die Erziehung berücksichtigt oder favorisiert bewusst und unbewusst rein materielle Werte. Aus Hänschen soll ein lebenstüchtiger Hans werden. Er soll einen richtigen Beruf lernen und ausüben können. Alles, was neben diesem Ziel liegt, wird weggelassen oder tunlichst vermieden. So werden z.B. die Fächer Zeichnen und Singen als Nebenfächer, als unwichtig und zum Teil sogar als reine Zeitverschwendung hingestellt. Als «richtiger» Beruf gilt eine Tätigkeit, mit der möglichst viel Geld verdient werden kann. Einige Generationen zuvor galt der Grundsatz «Handwerk hat einen goldenen Boden». In unserer Zeit gilt das nur noch sehr bedingt. Ein Schneider oder ein Schuhmacher sind so schlecht bezahlt, dass sich kein Nachwuchs mehr findet. Metzger können fast nur noch in Grossmetzgereien oder in Ladengeschäften der Supermärkte arbeiten. Bäcker müssen täglich sehr früh aufstehen, das will man dem Hänschen lieber nicht zumuten. Dagegen werden Berufe wie Stewardess oder Pilot gelobt. Niemand sagt Hänschen, dass die fortwährende Zeitverschiebung gesundheitsschädlich ist. Niemand sagt Hansine, dass Stewardess nichts anders als eine Art Serviertochter ist. Und Hänschen bekommt auch nicht mit, dass Fliegen heute mehr mit Computerbedienung als mit handwerklichem Können zu tun hat. In der Luft herrscht ganz und gar nicht die grosse Freiheit, die Hänschen sich vorstellt. Nein, hier ist sklavische Einhaltung von Regeln und Normen absolute Pflicht.

Gleichgültig, welcher Beruf gelernt oder welches Studium absolviert wird, die ganze Ausbildung funktioniert immer nach dem gleichen Prinzip: Das sogenannt Richtige lernen, das sogenannt Schlechte vermeiden. Die Berufswelt wird in Schwarz und Weiss eingeteilt. Der Auszubildende erhält klare, einprägsame Normen eingebleut. Denken und Überlegen ist zwar natürlich erlaubt, aber es hat in den vorgegebenen Normen zu erfolgen. Das ist in den unzähligen Berufen nicht anders als auf der Universität. In jedem Studium ist der oberste Leitsatz die Wissenschaftlichkeit. Solange irgend ein Tatbestand gemessen, gewogen, quantifiziert werden kann, solange ist er innerhalb der wissenschaftlichen Normen. Ist er nicht nachweisbar, dann ist er unwissenschaftlich, undurchsichtig, unreell, unsauber oder sogar ungesetzlich. Es lohnt nicht, darüber näher oder weiter nachzudenken. Das Denken in solche Richtungen wird sogar als ketzerisch und abweichlerisch angeprangert.

Natürlich darf auch die Staatskunde nicht fehlen. Hans wird klar gesagt, was man von ihm als treuem Staatsbürger erwartet. Er muss sich bei der Einwohnerkontrolle registrieren lassen, er muss eine Aufenthalts- oder Niederlassungsbewilligung beantragen, er muss sich als Erwerbstätiger registrieren lassen, er muss Steuerformulare zeitlich und sachlich korrekt ausfüllen und einreichen, er muss sich bei den verschiedensten Sozialwerken registrieren lassen, er muss, er muss und er muss. Tut er dies alles nicht, bekommt er die ganze Härte des Gesetzes zu spüren. Die Polizei ist dann plötzlich nicht mehr sein Freund und Helfer, sondern vielmehr Häscher und Greifer.

Alles in allem: Hans wird erzogen, d.h., aus dem Freigeist Hänschen, der sich erdreistete, auf ein Mäuerchen zu steigen, wird im Laufe der Zeit ein Mensch geformt, der in vorgegebene Bahnen gelenkt wird und der innerhalb genau dieser Normen und Regeln lebt und denkt.

Verstehen Sie mich richtig: Ich streite nicht ab, dass viele dieser Normen wichtig und auch richtig sind. Was mich aber so stört, ist die Tatsache, dass die Normen als alleingültige Seligmacher hingestellt werden. Hänschen erhält bei diesem Vorgehen nie die Chance, eigene Gedanken oder Vorstellungen zu entwickeln. Er kann nie selbst entscheiden, wählen, abwägen, beurteilen. Er hat keine Alternativen. Die Welt ist für ihn bereits eingeteilt worden. Und diese Einteilung wird ihm als absolut sakrosankt hingestellt. Nochmals: Viele dieser Normen sind unzweifelhaft richtig. Aber es ist ein grosser Unterschied, ob ich mit meinem eigenen Verstand zur Überzeugung komme, dass etwas richtig ist, oder ob ich es einfach eingebleut erhalte.

Durch dieses Vorgehen sind wir nicht sehr viel weiter als im Mittelalter. Die damaligen Herrscher hielten ihre Untertanen bewusst unwissend, d.h. Ausbildung bzw. Bücher waren verboten. Unser System quillt über vor Informationen. Ausbildungsangebote noch und noch, von der Informationsflut im Internet ganz zu schweigen. Aber jede einzelne Information, jedes noch so kleine Stück von Wissen ist mit einer Etikette versehen: Gut oder böse, wissenschaftlich oder Humbug, nützlich oder unnütz, natürlich oder unnatürlich, echt oder kitschig, weiss oder schwarz. Warum gehen wir nicht hin und lassen die Leute selbst entscheiden? Warum gestehen wir unseren Kindern nicht das Recht zu, selbständig zu denken, Vor- und Nachteile abzuwägen und selbstverantwortlich zu handeln?

So wird heute jeder Mensch zur Unselbständigkeit erzogen. Vor allem zu einer Unselbständigkeit des Denkens. Denken ist weder gefragt noch notwendig. Wann immer ich über irgend ein Thema etwas wissen will, dann ist dieses Thema für mich bereits vorgedacht worden. Das Resultat, d.h. das Urteil liegt auch schon vor. Meist in Form einer sogenannten wissenschaftlich erhärteten Tatsache. Ich kann mir so eine immens grosse Bildung aneignen, ohne selbst wirklich denken zu müssen. Könnte es sein, dass unser System gerade deshalb so ist, wie es ist, d.h., könnte es sein, dass wir Denken als anstrengend empfinden und deshalb froh sind, wenn wir nicht denken müssen?

Same procedure as every year
Als junger Konfirmand trat Hänschen dem Kirchenchor bei. Er hatte zwar keinen speziellen Gesangsunterricht genossen, spielte aber ein Musikinstrument und hatte Freude an Musik, weil er ein gutes Musikgehör besass. In einer der ersten Proben passierte es. Etwas mühsam wurde eine Passage eingeübt, und Hänschens Gehör signalisierte ihm jedes einzelne Mal eine Disharmonie. Er kritisierte dieses Falschsingen laut und deutlich und löste damit betretenes Schweigen des ganzen Chors aus. Der Chorleiter fand erst nach einer langen Denkpause wieder Worte und verlangte von Hans, dass er sich am Ende der Probe bei ihm zu melden habe. Da machte er Hänschen klar, wie gut er diesen Chor in den letzten 20 Jahren geleitet hatte und wie sicher sein Musikgehör sei und welchen guten Ruf das Konservatorium habe, an dem er studiert habe, und ob Hänschen sich eigentlich bewusst sei, welchen Schaden er mit seiner Kritik angerichtet habe.

Nach dem Abschluss der kaufmännischen Lehre trat Hänschen seine erste Stelle in einer Debitorenbuchhaltung in Zürich an. Zwar war die Arbeit relativ eintönig, aber Hans schreckte das nicht ab. Nach der Einführungszeit begann er sich zu überlegen, wie einzelne Arbeitsabläufe anders, schneller oder sicherer gestaltet werden könnten. Er machte das weder aus Kritiksucht noch aus Hochmut. Es machte ihm einfach Freude, darüber nachzudenken, wie man es anders bzw. besser machen könnte. Er notierte sich einige Stichworte und liess sich einen Termin beim Finanzchef geben. Keine 5 Minuten später war er wieder draussen. Jetzt hatte er einen gehörigen Schrecken abgekriegt und verstand die Welt überhaupt nicht mehr. Der Finanzchef nahm sich nicht die Zeit, ihm bis zum Ende zuzuhören. Er fühlte sich persönlich angegriffen und hielt Hans eine Standpauke über seine Ausbildung, seine Erfahrung, seine Stellung als Vorgesetzter und die Firmentraditionen im allgemeinen.

Nach mehreren Jahren der weiterführenden Ausbildung wurde Hans Wirtschaftsprüfer und betreute verschiedene Kunden. Einer dieser Kunden schrieb eine Stelle aus, für die Hans sich bewarb. Der Personalchef führte grosse (selbstgestrickte!) Tests durch, die Hans alle gut bestand. Dann stellte der Personalchef die Stelle, deren Umfang und Aufgaben vor. Er entwarf dabei ein Bild, von dem Hans genau wusste, dass es nicht klappen würde. Denn weil die Stelle so definiert worden war, hatte der jetzige Stelleninhaber versagt. Hans konnte diesen Sachverhalt sehr gut beurteilen, denn er hatte diesen Kunden als Wirtschaftsprüfer über Jahre betreut. Er legte dem Personalchef seine Argumente vor und zeichnete ihm auf, wie er die Stelle strukturieren würde. Der Personalchef fasste Hansens Worte als persönliche Beleidigung auf. Er unterbrach ihn nach etwa zehn Sätzen, also bevor Hans alle Argumente vollständig vorbringen konnte. Der Chef entrüstete sich heftig darüber, dass ein Aussenstehender es wagte, ihm als Fachmann zu erklären, wie er seine Arbeit zu tun habe. Er sagte wörtlich, er hätte schon viel erlebt, aber eine solche Impertinenz sei ihm in seinem ganzen Leben noch nicht untergekommen. Eine der bestgehüteten Traditionen sei eben die Art, wie gebucht werde. Er denke nicht im Traum daran, von dieser so gut eingeführten Gewohnheit auch nur einen Millimeter abzurücken.

Was tat Hans in der Folge? Er lernte seine Worte zuerst im Schongang zu waschen und danach noch dreimal durch den Weichspüler zu schicken. Er wurde mehr als angepasst.

In praktisch allen Unternehmungen sind Erfahrungen und Traditionen so sakrosankt, dass man immer und immer wieder vergeblich dagegen anrennt. Einerseits haben diese Werte eine durchaus positive Seite: Alles, was einmal gut gelaufen ist, kann, (zumindest theoretisch), auch ein zweites Mal gut gehen. Man hat eine Spur gelegt, einen Weg gemacht und auf diesem Weg will man jetzt transportieren. Dagegen ist nichts einzuwenden.

Ausser der Tatsache, dass die gelegten Geleise von einem Bach unterspült werden können, dass der Weg austrocknen, der Belag absinken oder der Teerbelag in der glühenden Sonne flüssig werden kann. Mit anderen Worten: Erfahrungen und Traditionen wären **die** Lösung, wenn wir in einer statischen Welt leben würden. Genau das aber ist nicht der Fall. Die Welt dreht sich, verändert sich, wechselt zwischen Tag und Nacht, zwischen Sonne und Regen, zwischen Frühling, Sommer, Herbst und Winter. Wie um alles in der Welt konnten wir jemals auf die irrige Idee kommen, es gäbe auf dieser Welt irgend etwas wirklich Beständiges, Unveränderliches oder Sicheres?

Das Leben ist im höchsten Masse unbeständig, unsicher und unberechenbar. Jedermann, der sich nicht anpasst, geht unter. Das ist die Wahrheit. Da helfen weder Gesetze noch das soziale Netz, noch Richtlinien, noch Traditionen, noch Erfahrungen, noch angelerntes Wissen, noch wissenschaftliche Beweise. Da hilft nur der immer gleiche Vorsatz: «Gestern habe ich es so gemacht. Wie kann ich es heute **besser** machen?»

Erfahrungen sind eine feine Sache. Aber man kann Dinge auch 100 Jahre lang falsch machen. Nehmen wir eine unbedeutende Kleinigkeit als Beispiel. Wir alle kennen das ABC und die Ablage in einem Ordner. Man kann also ein Register in einen Ordner legen und dann beginnen, anfallende Belege im Ordner einzusortieren. Dabei gibt es Menschen, die legen aus Tradition die Belege vor den Buchstaben. Wenn Sie einen so eingeteilten Ordner in die Hand nehmen und zum Beispiel «IBM» suchen, dann finden sie es nicht unter I, sondern unter H, denn der Beleg liegt ja vor dem Buchstaben. Ausgehend vom Grundsatz «Wie mache ich es besser» würde ich vorschlagen, die Ablage so zu organisieren, dass die Belege nach dem Registerbuchstaben einsortiert werden. Wird dann «IBM» gesucht, kann sofort und direkt auf «I» zugegriffen werden. Sie glauben es vielleicht nicht, aber es gibt viele Menschen, die vor den Registerbuchstaben einsortieren und deshalb unter H suchen müssen, wenn sie I meinen.

Eine andere kleine Kleinigkeit ist das Überfüllen von Ordnern. Jeder Beleg, der aus einem solchen Ordner entnommen oder noch eingefüllt werden muss, ist mit zeitraubender Fummelei verbunden. Damit nicht genug: Der Ordner steht nicht mehr, er hat die Tendenz, ganze Ordnerreihen zu Fall zu bringen. Er ist ein dauerndes Ärgernis. Ein Stressfaktor, der spottbillig zu vermeiden wäre: Zum Preis eines neuen Ordners.

Wie Sie sehen: Man kann sich das Leben auch verkomplizieren. Oder anders gesagt: Man kann auch Dinge aus Erfahrung über Jahre hinweg falsch, umständlich, kompliziert oder unausgegoren machen.

In jeder einzelnen Unternehmung herrschen Normen, Regeln, Traditionen, Verfahrensarten, Weisungen, Ordnungen, geschriebene und ungeschriebene Gesetze, Leitbilder, Techniken, Zielumschreibungen, Stellenbeschreibungen, Arbeitsanweisungen usw. Dieses ganze Gebäude zusammengenommen wird oft als Tradition, ja sogar als Firmenkultur bezeichnet. Jeder Betrieb ist stolz auf solche Errungenschaften. In unserer sehr formalisierten Zeit bemühen sich nicht wenige Unternehmen um den Status der ISO-Zertifikate. Die Zertifizierung setzt voraus, dass alle Firmenabläufe durchdacht, normiert und standardisiert werden. Positiv und wichtig an all diesen Regeln ist, dass man sich wirklich Rechenschaft über die Abläufe gibt. Negativ ist, dass Ihre Struktur jetzt armiert, geschalt, betoniert, einzementiert und siebenmal versiegelt ist.

Ausserordentlich negativ ist, dass die Firmen in diesen Regeln erstarren. Die Mitarbeiter werden zu Minimalisten. Sie müssen nicht mehr selbst denken, sie lesen nach und tun das, was da steht. Und zwar immer genau das, was da steht. Gleichgültig, ob es regnet oder schneit, ob die Angabe stimmt oder nicht. Das eigene Denkvermögen und der gesunde Menschenverstand werden völlig ausgeschaltet. Die Mitarbeiter verlieren zusehends den persönlichen Kontakt zur Firma. Die emotionale Bindung geht verloren. Die Firma ist ein seelenloses Regelwerk, das stur befolgt werden muss. Eigenes Zutun, ja Herzblut, ist weder gefragt noch erlaubt. Vom ehemaligen Berufsstolz eines jeden Facharbeiters bleibt wenig übrig. Die Lebensaufgabe wird zum schnellebigen, seelenlosen Job, den man mehr schlecht als recht erledigt. Erledigen ist hier genau das richtige Wort. Notgedrungen erledigt man und entledigt sich gleichzeitig der lästigen Pflicht, überhaupt hingehen zu müssen.

Wie gut die Bindung zwischen Arbeitsstelle und Mitarbeiter ist, lässt sich immer daran ablesen, wie viele Personen am Betriebsausflug oder am Weihnachtsessen teilnehmen. Ich kenne nicht wenige Unternehmen, die sich Absagen ersparen, indem sie im Oktober oder November durch den Personalchef eine Mitteilung verlauten lassen: «Zum diesjährigen Weihnachtsessen laden wir herzlich ein. Es findet am 18.12. um 18.30 Uhr im Löwen statt. Die Teilnahme ist obligatorisch und gilt als Arbeitszeit. Unentschuldigte Absenz wird als Fernbleiben von der Arbeit behandelt.»

Ganz abgesehen von der rechtlichen Zulässigkeit eines solchen Vorgehens ist es für mich auch rein menschlich gesehen indiskutabel. Aber es sagt viel über die (fehlende!) emotionale Bindung aus.

Ich stehe ohnehin oft unter dem Eindruck, dass über das Miteinander zwischen Arbeitgeber und Arbeitnehmer zwar viel und in schönen Worten («Sozialpartnerschaft» usw.) gesprochen wird, dass aber die Realität ganz anders aussieht. Niemand scheint sich Rechenschaft darüber zu geben, dass ein Unternehmen und die Wirtschaft insgesamt nur dann blühen und gedeihen kann, wenn die beiden Partner miteinander auf das gleiche Ziel hinarbeiten. Ein Gegeneinander wirkt immer lähmend und zerstörend. Für beide Seiten. Auch wenn die beiden Parteien Siege proklamieren – es gibt keine Gewinner in diesem Kampf, sondern nur Verluste. Zerstört wird primär das Vertrauen. Der Arbeiter kommt dann mit Wut im Bauch (oder mit Schadenfreude) zur Arbeit, der Arbeitgeber begegnet ihm mit Misstrauen. Was glauben Sie, wie gut da die Arbeitsleistung ausfällt?

Hierarchie

Hänschen ist unter Begleitung und unter Einfluss von Eltern, Schule und Ausbildungsstätte zum Hans geworden. Er hat gelernt, diesen vielfältigen «Obrigkeiten» zu gehorchen. Er hat gelernt, dass unsere Gesellschaft auf Machtordnungen basiert. Sei es zu Hause oder in der Schule, immer gab es eine Rangordnung. In der Schule stand der Rektor über den Lehrern und diese wiederum sorgen für Ordnung und Disziplin im Schulzimmer. Die Lehrer wurden zudem von der Schulkommission überprüft, unterlagen somit einer weiteren Kontrolle. Hans nimmt solche Machtgefüge als gegeben hin, er kennt nichts anderes. So nimmt er auch die hierarchische Ordnung in der Unternehmung als richtig auf.

Die Hierarchie in der Unternehmung dient der Machteinteilung. Der Direktor steht über dem Abteilungsleiter, dieser wiederum über den Gruppenleitern, die ihrerseits den Mitarbeitern vorstehen. In der Umschreibung der Hierarchie stehen so schöne Sätze wie: «Der Abteilungsleiter führt...» oder auch: «Der Abteilungsleiter steht XY vor». Solche Sätze sind reine Augenwischerei. In Tat und Wahrheit geht es einzig und allein um die Regelung der Machtverhältnisse. Die Hierarchie ist die institutionalisierte Hackordnung der Unternehmung.

Die Hierarchie in einem Unternehmen wird üblicherweise in Organigrammen dargestellt. Sie zeigen, wer oben und wer unten ist. Es ist die Machtpyramide der Unternehmung. Die Bedeutungsfolge der Unternehmung.

Dieser letzte Satz zeigt den wirklichen Charakter und auch die Gefährlichkeit der Hierarchie. Wer bedeutend ist, kommt ins Organigramm. Wer sehr bedeutend ist, steht oben. Wer unbedeutend ist, wird nicht aufgeführt. Wir leben in einer Kastengesellschaft. Wir werten Menschen.

Der zweite negative Punkt jeder hierarchischen Ordnung ist die Tatsache, dass die Stellen festgeschrieben werden. Das Organigramm definiert beispielsweise die Abteilung Produktion, die Abteilung Verkauf und die Abteilung Administration. Innerhalb der Administration sind die Positionen Personal, Buchhaltung und Finanzen zu finden. Wird eine solche Position frei, versucht man zwar natürlich einen Kandidaten zu finden, der geeignete berufliche Kenntnisse hat. Man kann aber so lange suchen wie man will, einen optimal passenden Menschen für die Stelle gibt es nicht.

Man mag für die Position Buchhaltung einen kaufmännischen Angestellten finden, der Buchhaltungserfahrung hat. Neben diesen Buchhaltungskenntnissen ist er aber auch Familienvater, Velofahrer, Angler und Fischkoch. Das Kästchen Buchhaltung können wir, ist es einmal definiert, nicht mehr verändern. Mit dem Kandidaten für die ausgeschriebene Stelle Buchhalter stimmt das Kästchen aber nur zu etwa 20% überein. Der Buchhalter wird somit in der Unternehmung zu 20% angesprochen, 80% liegen brach. Dabei ist die Position Buchhalter noch sehr einfach zu besetzen. Die Position Personalchef ist schon schwieriger. Welche Ausbildung passt hier wirklich? Kaufmännischer Angestellter? Psychologe? Soziologe?

Was also schaffen wir mit der hierarchischen Ordnung wirklich? Wir schaffen eine Klassengesellschaft, d.h. wir nehmen eine Wertung der Menschen vor, und wir versuchen aus eirunden, vollwertigen Menschen viereckige, gehorsame, höchst einseitig beanspruchte Roboter zu machen.

Sie werden einwenden, dass sich jeder Mitarbeiter im Laufe der Zeit seiner Stellung anpassen wird, dass er quasi hineinwächst. Ich sehe das anders. Ein Mensch ist und bleibt ein Mensch. Aus einem Tannenzapfen werden immer lauter Tannen wachsen. Gleichgültig, wo der Samen hinfällt; wenn er aufgeht, dann entsteht eine Tanne. Aus einer Tulpenzwiebel wird nie eine Rose entstehen, immer nur eine Tulpe. Und zwar eine rote mit krausen Blütenblättern, denn so ist die Zwiebel. Wir können warten, so lange wir wollen, und Kästchen zeichnen und Stellenbeschreibungen machen, so viele, wie wir möchten – ein Mensch wird immer ein Mensch bleiben. Oder haben Sie schon einmal ein Ei gesehen, das eckig wurde, nur weil es in einer eckigen Verpackung lag? Nein, das Ei behält seine eirunde Form unter allen Umständen. Im Sommer, im Ladengeschäft, im Kühlschrank. Ich kann das Ei mitnehmen und an so viele Orte oder in Kästchen legen, wie ich möchte. Das Ei bleibt eirund. Ich kann auch versuchen, das Ei aufzustellen, aber es gelingt mir nicht. Es wird immer wieder umfallen, denn es ist eirund. Es kann sich nicht verändern. Es hat ja eine Schale. Zwar kann ich die Schale zerschlagen, aber dann läuft das Ei aus und ist verloren.

Genauso der Mensch. Er hat eine Form (seine Persönlichkeit). Er als Ganzheitlichkeit kann versuchen, sich der betrieblichen Organisation anzupassen. Er, von sich aus, freiwillig. Sie aber als Unternehmung mit Macht oder Gewalt oder per Dekret oder per Befehl oder per Organigrammkästchen, Sie erreichen gar nichts. Sie können die eirunde Form Ihres Mitarbeiters zwar zerbrechen, aber dann haben Sie den Menschen zerstört und er erbringt keine wirkliche Leistung mehr. Er mag noch als Roboter funktionieren, aber verlangen Sie von ihm ja nie, dass er denken soll. Er könnte aufwachen und das Spiel durchschauen. Und dabei sehr, sehr zornig werden, denn er würde bemerken, dass er all die Zeit am Leben vorbeigelebt hat. Und dafür würde er einen Schuldigen suchen.

Anhang 6
Das Unternehmen mit anderen Augen sehen

Führungsstile und Management-by-Techniken müssen sich im Alltag bewähren. Welche Ergebnisse liefern sie? Wie schneiden sie ab, wenn man die direkt Betroffenen fragt, also die Untergebenen, Mitarbeiter und Angestellten? Wenn wir ehrlich sind, dann ist das Ergebnis niederschmetternd. Jedenfalls kenne ich kein anderes Fachgebiet, über das so viele Witze gerissen wird wie über die Management-by-Techniken. Es gibt eine riesige Sammlung und eine ganze Anzahl Bücher davon. Sie sind in jeder Buchhandlung, in jeder Zeitung und in jedem Unternehmen anzutreffen.

Sie meinen, diese Witze seien nicht ernst zu nehmen? Weit gefehlt. Sie sind der Aufschrei der gegängelten Masse. Die Betroffenen lachen am lautesten, weil sie sich damit Luft machen können und sie sich so einreden können, sie würden über Kollegen lachen.

Die betroffenen Untergebenen sind in einer Zwangslage. Sie sind Angestellte der Unternehmung, somit zu Gehorsam und Loyalität verpflichtet und womöglich auch auf die Anstellung angewiesen. Deshalb müssen sie Führungsstile über sich ergehen lassen. Viele Mitarbeiter sehen genau, dass der Vorgesetze Fehler macht, dass seine Methode nicht funktionieren kann. Aber im hierarchisch strukturierten Unternehmen gilt ja der Grundsatz, dass der Chef immer recht hat. Er ist sozusagen unfehlbar, auch wenn er völlig abstruse Ideen vertritt. Was bleibt dem Angestellt anderes übrig, als sich mit einem Witz Luft zu machen? Die Management-by-Witze, die in Unmengen zirkulieren, zeigen, wie gross der Frust der Angestellten ist.

Sehen wir uns die Situation etwas genauer an:

Jeder Mensch ist gut

Spätestens seit den Bestseller-Büchern von Dale Carnegie, Dr. Joseph Murphy, Thomas A. Harris und vielen anderen Autoren wissen es Millionen von Lesern: «Ich bin o.k., Du bist o.k.», um mit den Worten des Buchtitels von Harris zu sprechen. Millionen von Lesern haben ihr Selbstwertgefühl aufgewertet. Nur an der Betriebswirtschaftslehre scheint dieses Wissen spurlos vorbeigegangen zu sein. Nach wie vor wird hier jedem Mitarbeiter ein sogenannt «gesundes» Misstrauen entgegengebracht. Alle Handlungen werden argwöhnisch überwacht. Kontrolle und Revision werden gross geschrieben. Verantwortung wird zwar sehr freigiebig übertragen, der notwendige Handlungsspielraum und die erforderliche Kompetenz zur Umsetzung aber lassen auf sich warten. Oft werden sogar Informationen bewusst zurückgehalten. «Wir haben ihm eine Aufgabe gestellt, wollen doch mal sehen, wie er sich bewährt» ist ein sehr beliebtes Motto. Kein Gedanke daran, dass er von vornherein zum Scheitern verdammt ist, d.h., dass ihm die Unternehmensleitung nie eine echte Chance gegeben hat. Sie hat ihm die Arbeit von allem Anfang an verunmöglicht, indem sie Informationen zurückhielt, die Erwartung utopisch hoch angesetzt hat oder den armen Mann mit einer völlig ungeeigneten Infrastruktur ausstattete. Wenn er dann protestiert, dann heisst es höchstens: «Die Kunst besteht ja gerade darin, sich in einer heiklen Situation zu bewähren.»

Auf der einen Seite ist diese Haltung verständlich. Man muss sich die Situation vergegenwärtigen. Nehmen wir einen Produktionsbetrieb, in dem CNC-gesteuerte Maschinen stehen, das Stück zu über einer Million Franken oder DM. Der Betrieb umfasst zehn solche Maschinen, dazu eine grosse Anzahl kleinerer Drehautomaten und viele Handmaschinen und Geräte. Zudem natürlich die ganze Betriebseinrichtung und die Gebäude. Alles in allem gut und gerne zwanzig Millionen Franken/DM. Jetzt wird ein neuer Geschäftsleiter gesucht. Als Aufsichtsrat übergeben Sie diesem Mann den Schlüssel zu 20 Millionen. Zudem die Verantwortung über 18 Mann Belegschaft und die Erwartungen der Aktionäre und der Banken. Wer würde da nicht übervorsichtig vorgehen und sich so gut als irgend möglich absichern?

Sie stehen also jetzt vor der Entscheidung, ob sie dem ausgewählten Mann 20 Millionen anvertrauen wollen oder nicht. Alles, was sie haben, sind ein paar Zeugnisse und eine Auskunft seines letzten Arbeitgebers. Vielleicht haben Sie zudem eine Schriftprobe, und es liegt Ihnen ein Schriftanalyse vor, die so ungenaue Wörter wie «gefühlsmässig stabil» oder «Neigung zu Übertreibungen» oder so ähnlich enthält. Nicht gerade viel um eine sachlich korrekte Entscheidung zu fällen, bei der 20 Millionen im Spiel sind, oder? Zudem erwarten Sie von

Ihrem neuen Mann, dass er die Anlagen nicht nur erhält, sondern mit deren Hilfe Umsatz erwirtschaftet und einen Gewinn erzielt. Über die 18 Personen spreche ich hier bewusst nicht, denn die werden oft vernachlässigt. Es hat darunter zwar einige wirklich treue und ausgewiesene Fachleute, aber wie lautet die berühmte Devise der Betriebswirtschaft? «Niemand ist unersetzlich». Also kann man sich ohne weiteres nur auf den finanziellen Aspekt konzentrieren.

Genau da liegt der Fehler.

Würde nämlich nicht nur das investierte Geld, sondern auch das Personal (oder besser gesagt die Menschen) in die Überlegungen einbezogen, wäre die Entscheidung bedeutend einfacher und die Treffsicherheit erheblich höher.

Ja, ich weiss: Es bedarf sowohl auf der Seite des Unternehmers als auch auf der Seite des Arbeitnehmers ein Umdenken. Aber sehen wir uns die Sache Schritt für Schritt an.

Der Unternehmenskörper

Genau so wie jeder Mensch aus Körper, Seele und Geist besteht, so besteht auch jede Unternehmung aus eben diesen Teilen. Befassen wir uns vorerst mit dem Unternehmenskörper. Er dürfte der am besten bekannte Teil sein.

Beim Menschen besteht der Körper aus dem sichtbaren Leib: Kopf, Arme, Rumpf, Beine, Füsse. Beim Unternehmen ist das nicht anders. Es ist auch hier der sichtbare Teil: Das Gebäude, die Maschinen, Geräte, Einrichtungen, die Büros, die Telefonanlage, die Computer usw. All das macht den Unternehmenskörper aus.

Jedes Unternehmen investiert viel Geld in den Körper, oder anders gesagt, in die Anlagen, Betriebsstoffe, Verbrauchsmaterial, Hilfsgüter. Zudem natürlich die in Reparaturen, den Unterhalt und den Ersatz. Mit der Auswahl der korrekten Anlagen befasst sich die Investitionsrechnung. Erfasst und kontrolliert wird der Unternehmenskörper in der Anlagebuchhaltung. Zum Unterhalt werden Service-Abonnements abgeschlossen, ein Betriebsmechaniker wird beschäftigt oder Reparaturen werden extern vergeben. Jeder Betrieb ist stolz auf seine Anlagen. Durch sie wird er in die Lage versetzt, seine spezielle Leistung zu erbringen. Der Unternehmenskörper ist sozusagen das physische Werkzeug zum Erreichen des Unternehmenszieles.

An sich ist der Vergleich des Unternehmenskörpers mit dem menschlichen Leib nicht ganz korrekt, denn die Anlagen im Betrieb sind und bleiben tote Materie, wogegen der menschliche Körper lebt. Andererseits sind die Maschinen an sich seelenlos, d.h. nicht abhängig von Stimmungen und Gefühlen. Der menschliche Körper dagegen kann von Emotionen ganz schön in Mitleidenschaft gezogen werden. Denken wir nur an einen Todesfall eines geliebten Menschen. Es gibt viele Hinterbliebene, die körperlich ernsthaft krank werden von einem solchen Schicksalsschlag.

Anlagen eigenen sich somit viel besser für eine rationale, straffe Planung und Produktion. Ihr Einsatz kann fix und fest programmiert werden, ihre Produktivität kann rein rechnerisch, konstruktiv und technisch festgelegt werden. Maschinen hängen nicht von so vagen Dingen wie Empfindungen ab. All diese Vorteile werden immer wieder ins Feld geführt. Das ist auch mit ein Grund, weshalb der Trend zu immer neuen, immer grösseren, komplexeren und leistungsfähigeren Maschinen und Anlagen nach wie vor ungebrochen ist. Gerade dieser Trend zeigt aber auch den grossen Nachteil aller Anlagen. Jede einzelne wird für eine ganz spezifische Arbeit und eine zum voraus bestimmte Leistung gebaut. Mehr als gerade und genau das kann sie nicht und wird sie auch in hundert Jahren nicht können. Ändern sich die Verhältnisse am Markt, dann kann man die Maschine nur noch verschrotten. Sie kann so über Nacht nutzlos werden. Dann wird ihr Mangel sichtbar: Tote Materie.

Natürlich werden Sie einwenden, dass es noch das Instrument der Werbung gibt. Stimmt, mit Werbung lässt sich die Lebensdauer eines Produktes verlängern oder das Verkaufsvolumen steigern. Damit behält die entsprechende Produktionsanlage ihre Existenzberechtigung. Aber gegen Trends ist selbst die Werbung machtlos. Sie glauben mir nicht? Nehmen wir ein Beispiel: Wir werden derzeit von einer grossen Bio-Welle überrollt. Versuchen Sie einmal, mit Werbung gegen diese Welle zu schwimmen. Sie werden elendiglich ertrinken und all Ihr Werbegeld in den Sand setzen.

Anlagen haben ohne Zweifel viel zu unserem Wohlstand beigetragen. Sie haben viele Unternehmen gross und stark gemacht. Mit und durch sie erhalten viele BWL-Regeln und -Techniken volle Gültigkeit. Sie lassen sich präzise rechnen, einsetzten, planen. Das ganze Instrumentarium greift hier wie ein genau passendes Zahnrad in das wohlgeordnete Räderwerk des technisierten Betriebs. Was aber, wenn die Räder still stehen? Vermag dann das kleine BWL-Rad das ganze Uhrwerk zu treiben? Wohl kaum, wie uns die Rezession lehrt.

Also muss es neben dem Unternehmenskörper noch mehr geben. Viel mehr sogar.

Die Unternehmensseele

Am liebsten hätten die Unternehmer natürlich Menschen, die sie genau so wie Maschinen einsetzen, einplanen und nutzen können. Genau das wurde auch versucht. Mit unterschiedlichem Erfolg. Da der Erfolg nicht garantiert war, hat die Betriebswirtschaft zu experimentieren begonnen, unter anderem auch mit Führungsstilen.

Dass dieses Denken noch lange nicht überwunden ist, dafür ist die heutige Rezession ein Beispiel. Immer mehr Betriebe gehen dazu über, Teile ihrer Belegschaft zu entlassen. In der Theorie der BWL ist eine solche Redimensionierung richtig. Bei stagnierenden oder sogar sinkenden Umsätzen müssen zwingend auch die Kosten gesenkt werden. Und zwar so rasch als irgend möglich. Und hier kommt jetzt erstmals der Pferdefuss der hochtechnisierten, anlageintensiven Betriebe zur Vorschein. Wer, bitte schön, kauft denn einen Kran, wenn niemand mehr baut? Der Kran mag 300 000 Franken/DM gekostet haben und er mag auch fast neu sein. Aber niemand will ihn, denn das Bauvolumen ist geschrumpft. Es sind keine Aufträge da. Wo kein Umsatz gemacht wird, können auch der Zins für das investierte Kapital und die Abschreibungen nicht verdient werden. Also ist der Substanzwert entwertet. Was bleibt dem Manager übrig? Ja leider: Personal entlassen.

Was geschieht in einem Unternehmen, das so handelt? Es blutet aus. Nicht mehr und nicht weniger. Zugegeben, es gibt Unternehmen, die haben Speck und Fett und womöglich auch einige Wucherungen angesetzt. Da kann eine Schlankheitskur nicht schaden. Personal ist allerdings meist nicht einfach wie überflüssige Pfunde. Ein Personalabbau ist immer eine Blutentnahme. Nun mag man wieder einwenden, dass Blutspenden gesund sei, zumindest ab und zu. Auch dem stimme ich zu. Aber es ist alles eine Frage der Menge und der Zeit. Und denken wir daran: Nach dem Blutspenden ist der Spender erst einmal richtig müde und schlapp. Er muss während einiger Zeit liegen und erhält kräftigende Brühe. Können Sie Ihr Unternehmen vorübergehend ins Bett legen und sorgfältig wieder aufpäppeln? In den meisten Fällen muss ein Unternehmen rund um die Uhr laufen. Einen eigentlichen Stillstand gibt es nicht.

Mitarbeiter sind die Seele eines jeden Unternehmens. Sie haben etwas, was keine Maschine jemals ersetzen kann: Das Know-how. Das beginnt doch schon bei der Telefonistin: Sie weiss genau, dass der Kunde Barenko gerne ein Spässchen erzählt am Telefon, dagegen der Kunde Trüber sehr sauer auf jeden solchen Zeitverlust reagieren würde. Trüber will durchgestellt werden, und zwar pronto. Was für die Telefonistin gilt, gilt in noch weit höherem Mass für jeden Sachbearbeiter, Kundenbetreuer, technischen Berater, Verkäufer, Marketingfachmann; kurz für die ganze Belegschaft. Sie alle kennen doch Ihre Pappenheimer. Sie wissen, wie

Sie den Herrn Dr. Borer nehmen müssen, Sie wissen warum Leicher keine offizielle Rechnung will, Sie kennen die Marotte der alten Frau Gräfin und Sie liefern dem Heiermann seit Jahren ein Sortiment, das nicht einmal in den Verkaufsunterlagen steht. Sie meinen, das gilt nur für das mittlere und das obere Kader? Weit gefehlt. Jeder einzelne Mitarbeiter in Ihrem Unternehmen ist wertvoll. Setzen Sie ruhig probehalber einmal einen anderen Mann an die Schweissanlage. Er wird garantiert zuerst Schalter A umlegen, weil das das normale Vorgehen ist. Aber Ihre Anlage, das hat Ihr Schweisser Fleissig mehrmals ausdrücklich moniert, startet nun mal anders. Der Ersatzmann wird, wenn er Pech hat, umgehend im Spital landen.

Für die Betriebswirtschaftslehre sind Know-how und Goodwill sehr verschwommene Begriffe. Man kann sie zwar rechnen, insbesondere in der Unternehmensbewertung. Aber was sie wirklich umfassen, darüber gibt sich niemand Rechenschaft. Ich kann es Ihnen sagen: Sie sind die Seele des Betriebes. Eben all das Wissen, das jeder einzelne Mitarbeiter im Laufe seiner Betriebszugehörigkeit erworben hat. Er macht die nötigen Handgriffe im Schlaf. Für ihn sind sie selbstverständlich. Und weil sie so normal sind, werden sie auch nirgends aufgeschrieben. Mit jedem entlassenen Mitarbeiter verschwindet ein Teil Ihres Know-hows. Das Unternehmen verliert Blut. Das gilt für junge Mitarbeiter, aber insbesondere für ältere, erfahrene, gestandene Leute. Sogenannte alte Hasen oder graue Panther zu verlieren, sei es durch Kündigung oder durch Pension, ist ein enormer Aderlass über den sich nur die allerwenigsten Manager wirklich im klaren sind.

Mit vielen entlassenen Mitarbeitern verschwindet auch ein Teil der Unternehmenskultur. Und das ist dann echtes Herzblut.

Es gibt sicher Situationen, in denen ein Unternehmen nicht darum herumkommt, Personal zu entlassen. Daneben gibt es aber auch Unternehmen oder sogar Branchen, die nach wie vor hohe Gewinne einfahren und trotzdem massenweise Angestellte auf die Strasse stellen. Wenn sich diese Betriebe nur nicht den falschen Finger verbinden. Gäbe es statt Entlassungen nicht auch andere Methoden?

Auch muss festgestellt werden, dass viele Kostenrechner sehr kurzsichtig sind. Sie sehen nur die durch die Entlassungen kurzfristig abgebauten Kosten. Korrekterweise müssten sie aber die Kosten der Wiedereinstellung und der Neuausbildung auch mit einkalkulieren. Und auch das Lehrgeld ist einzusetzen. Lehrgeld für all die vielen Eigenheiten der Maschinen, der Kunden, der Lieferanten (und der Chefs!). Eben das Know-how, das die alte Belegschaft noch hatte. Es wieder aufzubauen ist nicht selten ein jahrelanger, sehr teurer Prozess, der leider nicht erfasst wird, weil er einfach in der (herabgesetzten!) Produktivität verschwindet. Kommt Zeitdruck dazu, summiert sich ein Fehlerpotential, das nicht selten Hintergrund für Rückrufaktionen ist. Wo also bleibt da die wirkliche Ersparnis? Warum gehen wir nicht hin und lösen uns von der so kurzsichtigen Jahresrechnung? Warum denken und planen wir nicht etwas weitsichtiger? Warum tragen wir nicht viel mehr Sorge zu unserem wertvollsten Gut, der Unternehmensseele?

Die Unternehmenskultur

Wir haben gesehen, dass die Anlagen den Körper darstellen und die Mitarbeiter die Seele des Betriebes. Was ist nun der Geist oder die Kultur eines Unternehmens? Nun, es ist das ganze Gedankengut, das hinter einem Unternehmen steht.

Wenn wir uns ein junges, im Entstehen befindliches Unternehmen vorstellen, dann steht, ganz am Anfang, die Idee des Gründers. Diese Eingebung wälzt er, prüft er und teilt sie den zukünftigen engsten Mitarbeitern mit und überzeugt damit auch die Aktionäre und die Bank. Dann geht er zum Juristen, lässt sich die Idee in Statuten oder Satzung festschreiben oder auch patentieren und gründet eine Gesellschaft. Jetzt ist seine Vorstellung, die mittlerweile bereits an vielen anderen «Gehirnen» gemessen und geschliffen worden ist, festgehalten und das Unternehmen, das bisher ein reines Gedankengebilde, also rein geistig war, beginnt, Formen anzunehmen. Maschinen werden gekauft, d.h. der Körper entsteht, Mitarbeiter werden jetzt eingestellt und damit wird das Gedankengut beseelt und zum Leben erweckt.

Leider sind alle schriftlichen Unterlagen eines Unternehmens, also die Statuten oder Satzung, die Verträge und die Unternehmensleitbilder, meist trocken bis verknöchert. Würde ein Unternehmen tatsächlich diesen dürren Worten nachleben, könnte es keine Sekunde gedeihen oder überleben. Was das Unternehmen wirklich braucht, sind zündende Ideen, feuriger Idealismus, stetig lodernde Leidenschaft für das Gedankengut und das Ziel des Unternehmens. Ein Unternehmen, das von einem solchen Geist durchdrungen ist, das hat echte Überlebenschance. Jeder echte Unternehmer ist doch (meist sehr zu recht) stolz auf seine Erfindung, sein spezielles Verfahren, sein Know-how, seine Forschung. All das ist der Ausfluss des Unternehmensgeistes. Wiederum ein Ding, das im kaufmännischen Alltag nicht oder nur sehr unvollständig erfasst ist.

Trotzdem ist es das eigentliche Ziel und gleichzeitig Angelpunkt jeder unternehmerischen Tätigkeit. Ohne den ein Unternehmen befeuernden Geist ist es tot. Und ohne die das Gedankengut umsetzenden Menschen kann es ebenfalls nicht überleben. Und beiden, dem geistigen Hintergrund und den arbeitenden Menschen, müssen adäquate Maschinen, Geräte und Anlagen zur Verfügung stehen, damit das gesetzte Ziel erreicht werden kann.

Damit ist der Kreis geschlossen. Jedes Unternehmen ist, genau gleich wie ein Mensch auch, ein Körper, eine Seele und ein Geist. Und diese Teile, so unterschiedlich sie an sich auch sind, sind untrennbar miteinander verbunden. Ein Unternehmen floriert nur, wenn es alle diese Instrumente einsetzt. Es ist genau wie ein Klavier. Die Tasten sind nichts, wenn die kundige Hand fehlt, die spielt. Der Tastendruck allein bewirkt nichts, wenn das Klavier nicht korrekt gebaut ist, d.h. wenn kein Hämmerchen vorhanden ist. Das Hämmerchen mag die Saite schlagen, aber der Ton ist nur dann voll und korrekt, wenn die Saite richtig gespannt ist. Ein einzelner Ton vermag nichts, kann sogar stören, wenn er nicht in Harmonie und Einklang eines ganzen Vortrages steht, d.h. einem Gehirn folgt, das ein Ziel hat und sich der Tasten und des Klaviers virtuos zu bedienen weiss. Und schliesslich ist alle schöpferische, fachliche und technische Mühe umsonst, d.h. der Ton verloren, wenn kein Ohr da ist, das den Ton gerne und genussvoll aufnimmt.

Ein Unternehmen ist ein grosses Instrument. Es korrekt zu spielen, ist eine Kunst, die Meister verlangt.

Anhang 7
So erwecken Sie Kreativität auch im Unternehmen

Kreativität in der materiellen Welt

Kreativität ist Ideenreichtum, Phantasie, Einfallsreichtum. Kreativität ist die Kraft, Neues zu schöpfen. In unserer schnellebigen Zeit, die laufend nach Neuem, Besserem, Wichtigerem, Attraktiverem schreit, ist Kreativität eine Überlebensfrage.

Kreativität hat sehr viel mit dem Geist und mit der Seele zu tun, aber so gut wie nichts mit dem körperlich-materiellen Bereich des Menschen. So wird verständlich, weshalb im harten Business-Klima der Unternehmung die Kreativität so wenig Chancen hat. In einem Umfeld, in dem nur das Materielle zählt, in dem Gefühle als verweichlicht kategorisch abgelehnt oder systematisch verdrängt werden, in einem solchen Umfeld kann Kreativität nie richtig aufblühen.

Versetzen wir uns noch einmal kurz in die Situation eines Mitarbeiters: Der Chef ist (vielleicht sogar aus Prinzip!) nicht zufrieden mit Ihrer Leistung. Die Firmendoktrin haben Sie übernommen, so gut es geht, aber sie widerstrebt Ihrer Natur in mehreren Punkten. Verschiedene Probleme sind ungelöst, Ihr Vorgesetzter hat aber keine Zeit dafür. Jetzt werden Sie zu einer Mind-Mapping-Sitzung eingeladen und sollten hier Ihr Innerstes, Tiefstes, Privates offenlegen. Unmöglich.

Oder nehmen wir den angepassten Mitarbeiter: Was tut er in der Kreativitätssitzung? Alles, was er gelernt hat, ist, fimenkonform zu denken. Jedes Brainstorming wird immer wieder die gleiche Lösung bringen. Er hat nie gelernt, frei zu denken. Die Firma hat es ihm ja verboten. Und überhaupt, was würde geschehen, wenn er es jetzt doch täte? Würde er nicht sofort hochkant hinausgeworfen, wenn er sich erdreisten würde, etwas zu sagen, das nicht firmenkonform ist?

Kreativitätstechniken werden notwendig, weil die allermeisten Betriebe so einseitig ausgerichtet sind und weil die Erziehung auf dem Vermitteln von Wissen und nicht auf Selbst-Denken basiert.

Kreativität ist an sich nichts Geheimnisvolles oder Mysteriöses. Sie ist ganz im Gegenteil völlig normal und natürlich. Jeder Mensch ist natürlicherweise kreativ, die meisten unterdrücken es aber. Firmen mit einer sachlichen, businesslichen Kultur unterdrücken das ganz systematisch. Wenn eine solche Firma trotzdem Kreativität von ihren Mitarbeitern erhalten möchte, dann muss sie das Umfeld zuvor gründlich reinigen. In einem solchen Fall würde ich die Kreativitätssitzung niemals in der Unternehmung abhalten. Hier sind die (geistigen) Mauern viel zu eng.

Soll doch eine Kreativitätssitzung unter dem üblichen, businesslichen Arbeitsklima durchgeführt werden, sind einige Vorbereitungen und weitere Massnahmen unerlässlich.

Ich würde beispielsweise:

- Die Mitarbeiter in ein Fahrzeug packen und auf eine Alp fahren.

- Jede Krawatte, jeden Zwang, jedes Statussymbol ablegen.

- Erst einmal tüchtig körperlich durchlüften und durchatmen.

- Abstand von der Firma gewinnen.

- Gemütlich um ein offenes Feuer herumsitzen und die Seele baumeln lassen.

- Als Chef deutlich zu verstehen geben, dass hier die hierarchische Rangordnung aufgehoben ist.

- Dann folgt die geistige Fensteröffnung: Ich würde den Sinn und Zweck der Sitzung erläutern.

- Kreativität als solche und die Technik im besonderen ausführlich darstellen.

- Den Leuten klar machen, dass wir unserer Kreativität oft selbst im Weg stehen.

- Die Kreativität als das darstellen, was sie ist: etwas völlig natürliches, menschliches.

- Jede Scheu abzubauen versuchen. Kreativität hat nichts zu tun mit Anstrengung, mit krampfhafter Konzentration, mit erzwungener Arbeitsleistung.

- Firmendoktrinen und firmenkonformes Denken aufzeigen und hier offiziell ausser Kraft setzen.

- Die Mitarbeiter bitten, die üblichen Gedankenfilter wegzulegen und hier frei und offen zu sprechen.

- Die Situation der Firma ungeschminkt offenlegen.

- Jede noch so geheime oder bohrende Frage so offen als irgend möglich beantworten.

- Den Mitarbeitern zwar vorschlagen, alles, was besprochen wird, auch aufzuschreiben, aber ohne Namen bei den einzelnen Voten.

- Nicht jeden Mitarbeiter schreiben lassen, sondern nur einen. Alle anderen müssen alles Schreibmaterial abgeben.

- Den Mitarbeitern (schriftlich!) zusichern, dass alles, was hier besprochen wird, wirklich geheim bleibt und nicht ohne Zustimmung in die Firma weitergeht.

- Alle Notizen jeden Tag auf dem Tisch liegen lassen. Nichts wird eingepackt, nichts wird mitgenommen, versteckt oder verheimlicht. Die Notizen können z.B. auch auf Flip-charts geschrieben und rundum an die Wände gehängt werden. Sie bleiben aber auf jeden Fall im Besprechungsraum.

- Den Mitarbeitern (schriftlich!) zusichern, dass, was auch immer passiert oder gesagt wird, keine Kündigung und keinen Eintrag in die Personalakte zur Folge hat.

- Zudem schriftlich zusichern, dass Erfolge hochoffiziell belobigt und auch honoriert werden.

- Am Schluss oder am letzten Tag alle Notizen gemeinsam durchsehen und dann bestimmen, was nun in die Firma mitgenommen wird und was auf der Alp zurückbleibt und hier verbrannt wird.

Vorschlagswesen

Nachdem in Deutschland die Kamera- und die Motorradindustrie praktisch vollständig von den Japanern überrannt worden ist, gab es nicht wenige, die auch den Untergang der Autoindustrie voraussagten. Heute ist die deutsche Automobiltechnik in vielen Gebieten weltweit führend – trotz sehr hoher Produktionskosten. Wie konnte es dazu kommen?

Aus meiner Sicht ist das Vorschlagswesen, das in der deutschen Autoindustrie eine lange Tradition hat, einer der wichtigeren Gründe für diesen Erfolg. Das Vorschlagswesen zapft die geballte Mind-Power aller Angestellten an. Leider nur auf einem Teilgebiet, aber offenbar genügend für den Erfolg.

Das Vorschlagswesen in den deutschen Werken besteht darin, dass Mitarbeiter aufgefordert werden (zum Teil sogar verpflichtet sind), Verbesserungsvorschläge, die sie erkennen, schriftlich zu melden. Jede Verbesserung, die realisiert wird, wird belohnt. Es gibt Wettbewerbe, die Sieger werden belobigt, gewinnen eine Reise oder ein Motorrad oder einen anderen Preis.

Vorschläge der Mitarbeiter sind ausdrücklich zu allen bestehenden Abläufen, Handgriffen, Verfahren und eingesetzten Materialien erwünscht. Wenn Sie also erkennen, dass ein Blech besser und rascher angenietet als wie bisher angeschraubt wird, dann bringen Sie diesen Vorschlag ein. Er wird geprüft. Sollte er realisiert werden, werden Sie an der Kostenersparnis der Unternehmung beteiligt. Es handelt sich also immer um Verbesserungsvorschläge zu bestehenden, vorgegebenen Situationen. Mit dieser Definition ist der kreative Gestaltungsraum etwas eingeschränkt. Das Denken in Richtung von etwas ganz Neuem wird zu wenig angeregt. Als weiterer Nachteil ist anzuführen, dass der Ansporn (die Motivation) fast ausschliesslich über die materielle Seite des Menschen geholt wird. Der Mitarbeiter ist verpflichtet, vorzuschlagen, und er erhält dafür eine finanzielle Entschädigung. Zwar erfolgt auch eine Belobigung, aber offenbar steht für alle Beteiligten immer der materielle Ansporn im Vordergrund. So erfolgt nie eine vollständige Motivation, eine umfassende Identifizierung des Mitarbeiters mit seiner Firma oder seinem Produkt. In diesem Sinne ist das Vorschlagswesen der Aktivbild-Technik unterlegen.

Typisch für das deutsche Vorschlagswesen ist die Tatsache, dass es immer einige wenige gibt, die sich durch sehr viele Vorschläge hervortun. Offiziell wird dieses Verhalten damit begründet, dass einige Mitarbeiter kreativer seien als andere. Es stimmt natürlich, dass wir Menschen unterschiedliche Fähigkeiten und Begabungen haben. Trotzdem kann ich mich dieser Argumentation nur bedingt anschliessen. Für mich sind die aktiven Mitarbeiter jene, die sich mit der Firma völlig identifizieren. Den anderen hat man die Kreativität mehr oder weniger befohlen.

Trotz dieser Einschränkung: Die Erfolge sind beachtenswert. Sie bezeugen auf eindrückliche Art und Weise, was geballte menschliche Mind-Power zu leisten vermag!

Ein kritischer Punkt im Vorschlagswesen ist die Handhabung der Ablehnung von nicht realisierten Vorschlägen. Ich persönlich sehe es als falsch an, einen nicht realisierten Vorschlag sang- und klanglos untergehen zu lassen. Das stufe ich als schädlich (und als unhöflich) ein. Der Mitarbeiter muss begrüsst werden, und die Gründe für die Nichtausführung müssen offengelegt werden.

Kreativbilder

Bei der Besprechung der Firmen-Vision und der Aktivbilder (siehe dazu Kapitel 5) weise ich darauf hin: Es gibt keine bessere Technik, die Phantasie anzuregen, als das Schwelgen in Visionen. Das Beschreiben eines Traumbildes, das Erstellen einer Zukunftsidee, das ist konzentrierte, aktive Kreativität. Das Interessante an Aktivbildern ist die Tatsache, dass jedesmal, wenn ich mich wieder mit (ein und demselben!) Aktivbild beschäftige, mein Geist jedesmal weiter daran arbeitet und neue zusätzliche Bilder oder Erkenntnisse aufsteigen lässt.

Das lässt sich am Beispiel Duttweiler (siehe Kapitel 5) aufzeigen. Er hatte das Bild der glücklichen Familie, die satt und zufrieden am Tisch sitzt. Als er das Bild genauer ansah, sah er, dass die Kinder schmutzig waren. Sie hatten dreckige Hände, verschmierte Mäuler und Kleider, die vor Schmutz standen. Er erkannte einen weiteren grossen Mangel seiner Zeit: Die primitivsten hygienischen Hilfsmittel waren unbekannt oder schlicht zu teuer für arme Familien. Als nächstes Produkte erschienen deshalb billige Seifen und Waschpulver in seinen Läden.

Genau diese Entwicklung meine ich, wenn ich von Wachsen und Gedeihen der Aktivbilder spreche. Unsere Phantasie ist ein faszinierendes Gebilde. Sie ist so unruhig wie ein Sack Flöhe, sie ist ständig und rasend schnell tätig. Wenn ich Bücher schreibe, dann habe ich in meiner Wohnung in jedem Zimmer einen Block mit einem Bleistift parat. Im Auto genauso, in der Aktentasche ebenfalls und auf dem Pult am Arbeitsplatz natürlich auch. Überall, wo ich bin oder stehe, überall bin ich darauf gefasst, dass mir meine Kreativität einen Einfall aufsteigen lässt, den ich dann so rasch wie irgend möglich festhalte. Ich blinke, fahre rechts raus, parke und notiere den Einfall. Alle Blätter und Notizen werden gesammelt und zum halbfertigen Manuskript gelegt. Nicht selten liegt ein ganzer Stapel vor, wenn ich am Manuskript weiterarbeite.

Der Mitarbeiter ist Kaiser

Ich staune immer wieder, wie aufwendig Werbung gestaltet wird. Um Kunden zu überzeugen, einzufangen oder auch nur zu interessieren, werden alle Tricks und Kniffe angewendet. Man gibt Gratiszugaben, richtet eine Hotline oder Gratistelephonlinie ein, ersinnt sinnvolle und weniger sinnvolle Geschenke, veranstaltet Wettbewerbe usw.

Warum wird um die Kunden so viel geworben und warum werden gleichzeitig, vom gleichen Unternehmen, die Mitarbeiter in geradezu sträflicher Art und Weise vernachlässigt?

Natürlich weiss ich, womit sich viele Unternehmen brüsten: «Der Kunde ist König» behaupten sie. Nichts dagegen einzuwenden. Gut so. Aber vergesst dabei nicht, dass der Mitarbeiter Kaiser ist! Warum gehen Sie nicht hin und zweigen etwa 10% der geballten Überzeugungstäter in der Werbeabteilung ab, um einmal an die eigene Crew zu denken? Ein Unternehmen, für das sich die Mitarbeiter nicht interessieren, ist tot. Wie aber soll sich der Mitarbeiter für das Unternehmen einsetzen, wenn er es nicht kennt oder wenn er sich mieser behandelt vorkommt als ein beliebiger Kunde?

Warum überlegen Sie sich nicht, was die Angestellte Meier oder Ihren Mitarbeiter Huber wirklich interessiert? Vielleicht fällt Ihnen dann etwas anders ein als der ewig gleiche jährliche Blumenstrauss zum Geburtstag. Damit habe ich nichts gegen die Blumen an sich gesagt. Es soll sogar Unternehmen geben, die nicht einmal daran denken.

Viele sinnvolle Verbesserungen lassen sich ohne grosses Geldausgeben realisieren. Eine schnurlose Maus z.B. kostet nur geringfügig mehr Geld als die Standardmaus. Aber eine Sekretärin, die ständig Kabel verheddert, arbeitet mit einer schnurlosen Maus besser, rascher und vor allem, ohne sich zu ärgern. Ähnliche Überlegungen gelten für die ergonomische Tastatur. Sie zeigen Ihrem Mitarbeiter durch eine solche Anschaffung deutlich, dass er Ihnen nicht gleichgültig ist. Sie sind um seine Gesundheit, um sein Wohlbefinden besorgt. Sie wollen seinen Arbeitsplatz optimal gestalten. So kann sich der Mitarbeiter auch als Mensch wohl fühlen.

Oder warum gibt es nie einen Wettbewerb für die Mitarbeiter? Könnte nicht zum Beispiel ein Wettbewerb über die beste Ergänzung zum bestehenden Firmenleitbild eine mindestens ebenso spannende Erfahrung sein wie irgendein Kunden-Wettbewerb?

Warum veranstalten Sie keinen Wettbewerb zur Verschönerung der Büros? Jedes Internat, das etwas auf sich hält, lädt seine Schüler ein, die Studentenbuden geschmackvoll zu dekorieren. Es finden jährliche Wettbewerbe statt. Seit langem weiss man, dass Farben einen nachhaltigen Einfluss auf unser Stimmung und auf unser Leistungsvermögen ausüben. Die weissen Bürowände z.B. wirken steril und abweisend. Viele werden dadurch auch an Spital-Atmosphäre erinnert. Die grau in grau gehaltenen Büromaschinen wirken bedrückend, machen traurig, depressiv und melancholisch. Bringen Sie Licht, Farben und Pflanzen in Ihre Arbeitsräume. Sie leisten damit auch einen Beitrag zur Reduktion der Grippeanfälligkeit. Im Winter kommen die Mitarbeite, wenn es noch dunkel ist, und sie beenden die Arbeit erst dann, wenn es bereits wieder dunkel geworden ist. Der Mensch kann nicht ohne Licht auskommen. Er benötigt Sonne, Licht und Luft genauso wie er Essen und Trinken benötigt.

Lärm ist eines der wohl gravierendsten Probleme unserer Zeit. Er ist so allgegenwärtig präsent, dass wir ihn nur allzu oft stillschweigend akzeptieren. Nichtsdestotrotz ist Lärm gesundheitsschädigend. Wenn man genau hinsieht, findet man viele Möglichkeiten, Lärm zu vermeiden. Warum muss z.B. der Kopierer im Flur stehen und damit die ganze Umgebung «verlärmen»? Könnte man ihn nicht auch in einen separaten Raum sperren?

Ihre Pausenverpflegung ist sicher bereits geregelt. Vielleicht gäbe es aber Verbesserungsmöglichkeiten. Starten Sie eine Umfrage über die Qualität des angebotenen Kaffees oder Mineralwassers. Vielleicht bevorzugt jemand Mineralwasser ohne Kohlensäure. Kaufen Sie in Zukunft bei A statt wie bisher bei B und zaubern Sie dadurch Zufriedenheit auf die Gesichter Ihrer Mitarbeiter. Übrigens bin ich der Ansicht, dass jeder Chef, auch der Generaldirektor, seinen Kaffee selbst holen kann. Die Bedienung der Maschinen ist simpel einfach, und etwas Laufen unterbricht das ewige Sitzen.

Lösen Sie das Raucherproblem. Für Nichtraucher ist das aufgezwungene Mitrauchen eine Nötigung. Einem Nichtraucher machen Sie eine grosse Freude, wenn Sie ihn vom Passivrauchen befreien.

Diese Aufzählung ist nicht vollständig. Sie soll es auch nicht werden, denn ich möchte mit diesen Stichworten Ihre eigene Phantasie und Gestaltungs-Kreativität anregen. Oft sind es kleinste Kleinigkeiten, an denen sich Mitarbeiter stören. Jede solche Störung muss beseitigt werden. Wird sie es nicht, sagen Sie dem Mitarbeiter überdeutlich, dass Sie seine Person geringschätzen.

Anhang 8
Unternehmensziel praktisch

Das Management und seine Aufgabe
Da das Unternehmensziel elementar wichtig für die Existenz und das Gedeihen eines Unternehmens ist, folgen hier einige weitere, praxisorientiere Ausführungen.

Jedes Unternehmen muss sich über seine Aufgabe und seine Zielsetzung bewusst werden. Wer könnte diese übergeordnete Aufgabe besser wahrnehmen als der Verwaltungsrat bzw. der Aufsichtsrat oder der Vorstand? Im Vorstand vieler Unternehmen sitzen neben den Vertretern der Unternehmensleitung auch Galionsfiguren. Für viele Firmen gehört es zum guten Ton, sich mit illustren Namen zu schmücken, so etwa einem Herrn Professor. Zudem werden Sessel auch von Personen belegt, die nicht freiwillig gewählt wurden, sondern beispielsweise von der Hausbank delegiert wurden.

Überlegen wir uns, wie ein solcher Vorstand seine Arbeit tut. Da es sich bei allen um vielgefragte, gestresste Top-Manager handelt, gelingt es oft nicht, mehr als zwei oder drei gemeinsame Sitzungstermine pro Jahr zu vereinbaren. An diesen seltenen und wenigen Sitzungen nun wird über das Schicksal des Unternehmens und dessen Belegschaft entschieden. Die Traktandenliste ist zum Bersten voll. Die Herren aber sind noch mit all den Problemen beschäftigt, die sie gestern und vorgestern angetroffen haben und sie vermögen sich nicht oder nur ungenügend auf das heutige Unternehmen, die Branche und die Thematik im besonderen einzustimmen. So kommt, was kommen muss: Der Hochschulprofessor spricht aus seiner Sicht und zu seinem Fachthema, und die Bankfachleute wollen primär ihren Kredit sichern. Da ist ihnen eine vorsichtige, zurückhaltende Politik gerade recht. Und neue Investitionen gibt es grundsätzlich nicht, denn der Kreditrahmen ist bereits überzogen. Zuerst soll das Unternehmen Geld verdienen.

Wie würden Sie ein solches oberstes Führungsgremium beurteilen? Einseitig auf Sicherheit ausgerichtet, risikoscheu, innovationsschwach, möglicherweise sogar, als Folge ungenügender Branchenkenntnisse, inkompetent in Sachfragen? Trotzdem wird in solchen Gremien über die Zukunft des Unternehmens entschieden, auch die Zielsetzung der Firma wird hier beschlossen. Das mag mit ein Grund dafür sein, dass veröffentlichte Leitbilder hochgeschraubt, hohl und platt wirken.

Ein Beispiel eines solchen stilistisch ausgefeilten Leitbildes? Aber gerne:

Wir wollen weiterhin zu den führenden Firmen der Welt gehören, und wir wollen auch künftig global auftreten und handeln. Das erreichen wir durch

- unsere internationale Ausrichtung und Präsenz
- die Fokussierung auf das Kerngeschäft
- modernste Technologie
- unseren technologischen Vorsprung
- weltweite Professionalität
- erhöhte Kompetenz
- bestqualifizierte Mitarbeiter

Nehmen Sie einmal an, Sie arbeiten in diesem Unternehmen als Führungskraft. Und jetzt sagen Sie mir bitte, was Sie zu tun haben. Was Sie soeben gelesen haben, ist die vom obersten Gremium beschriebene und sogar veröffentlichte (!) «überzeugende Vision für die kommenden Jahre». Ich habe sie nicht etwa aus verschiedenen Leitbildern zusammengeschustert, nein, ich habe sie lediglich etwas gekürzt. Also, was werden Sie jetzt konkret unternehmen, um diese «Vision» umzusetzen? Nein, das ist kein Spiel. Es ist bitterster Unternehmeralltag. Die obersten Herren haben ihre Sitzung aufgelöst, die sind verschwunden. Die nächste Sitzung ist erst in sechs Monaten. Und da wollen sie dann Resultate und Zahlen sehen. Was also, bitte schön, unternehmen Sie heute, damit Sie in einem halben Jahr nicht völlig nackt dastehen?

Was sagen Sie? Sie haben nur Bahnhof verstanden? Nun, um ehrlich zu sein, ich auch. Aber überlegen wir einmal: Wenn Sie als ausgewiesene Führungspersönlichkeit dieses stilisierte Leitbild nicht verstehen, wie wird wohl der gewöhnliche Angestellte darauf reagieren? Man mag einwenden, der Mitarbeiter habe Pflichtenhefte und Vorgesetzte. Stimmt. Trotzdem bleibt all das tote Materie, so lange keine nachvollziehbare und umsetzbare Zielsetzung besteht.

Oder leben wir in der Sklavenzeit? Damals herrschte ja bekanntlich folgende Philosophie: Was der Master tut, geht den Boy nichts an. Der hat nur zu gehorchen, sonst kriegt er Schläge.

Fast scheint es, als würden Leitbilder heute für die Presse geschrieben – als Teil der Corporate Identity, als Aushängeschild gegen aussen. Losgelöst vom tatsächlichen Geschehen in der Unternehmung. Kein Wunder, bewegen sich die Kolosse unserer Zeit schwerfällig. Sie haben zwar riesige Kraft und Macht und können dank ihrer schieren Grösse einiges bewirken. Trotzdem bleibt die Frage der Zukunft dieser Dinos. Müssen wir um sie fürchten, d.h. erleiden Sie das gleiche Schicksal wie die Dinosaurier, die vor Urzeiten die Erde bevölkerten?

Wie dem auch sei: Solche Leitbilder sind meilenweit entfernt vom Alltagsgeschehen im Unternehmen, das sie ja eigentlich steuern sollten. Es fehlt an zündenden Ideen, an Charisma, an Unternehmertum, an Motivations- und Durchschlagskraft.

Das motivierende Leitbild
Wie sieht ein motivierendes Unternehmensleitbild aus? Es muss verschiedene Voraussetzungen erfüllen:

- Erstens muss es in so verständliche Worten gefasst sein, dass sich alle Angestellten, inklusive die Reinemachefrau, sofort etwas darunter vorstellen können.

- Zweitens muss es ein höheres Ideal (das natürliche Ziel) enthalten, dem alle Mitarbeiter gerne nacheifern.

- Drittens muss es klare Aufgaben enthalten, die unmittelbar in die Tat umgesetzt werden können.

Sehen wir uns die einzelnen Elemente an:

Die verständlichen Worte
Diese Forderung ist scheinbar ganz einfach, und doch wird gegen sie am häufigsten verstossen. Nehmen wir noch einmal das oben dargestellte Beispiel. Was heisst «Fokussierung auf das Kerngeschäft?» Eine solche Formulierung setzt voraus, dass jedermann weiss, was fokussieren heisst. Und weiter wird vorausgesetzt, dass jeder Mitarbeiter das Kerngeschäft des Unternehmens kennt. Bei der zögerlichen Informationspolitik vieler Unternehmer bezweifle ich heftig, dass das zutrifft. Wie aber soll er mithelfen zu fokussieren, wenn er nicht weiss was das ist und worauf er sich schliesslich auszurichten hätte? Zudem: Warum soll er jetzt plötzlich das Kerngeschäft fördern, wo er doch bisher im Randbereich tätig war? Will man sein Arbeitsgebiet jetzt aufgeben? Wird er dadurch jetzt also arbeitslos oder muss er umschulen? Soll er jetzt bereits beginnen mit der Umschulung, und wenn ja, auf welche neue Sparte? Sie sehen: Je mehr man sich auf dieses Leitbild fokussiert, um so verwirrlicher wird es.

Wenn Sie Ihr Leitbild fertig formuliert haben, dann sollten Sie die Probe aufs Exempel machen. Sie sollten es von verschiedenen Leuten lesen lassen und dann das Gespräch mit diesen Personen suchen. Was haben sie darunter verstanden? Welche Bilder sind ihnen aufgestiegen? Was schliessen sie aus dem Leitbild und was würden sie als nächstes tun? Wenn Sie auf diese Fragen keine konkreten Antworten erhalten, sollten Sie nochmals von vorne anfangen. Das Ideal erreichen Sie, wenn keine Antworten, sondern Taten resultieren.

Das Ideal
Von Menschenführung haben die Verantwortlichen in unserem Beispiel ganz offensichtlich wenig verstanden. Sie haben die Mitarbeiter ohnehin mehr oder weniger aus ihrem Bild ausgeschlossen. Dabei ist ein Leitbild nachgerade ideal, um den Grundstein für eine sehr gute Mitarbeiterbeziehung zu legen. Man kann sogar noch viel mehr tun, wie ich gleich erklären werde.

Überlegen wir uns doch, was die Massen heute bewegt: Sind es nicht Sportveranstaltungen, d.h. genauer gesagt, Sportidole? Oder Schlagersänger? Oder die wöchentliche Lottoziehung mit der Aussicht auf den Hauptgewinn? Oder die Idee des Umweltschutzes? Oder die Wut über politische Ungerechtigkeit? Was ist es also, was die Menschen bewegt? Wie könnten wir all diese unterschiedlichen Interessen beschreiben? Vielleicht am ehesten als Wertvorstellungen, als Emotionen, als Ideale. Lassen wir für einen Moment die Beweggründe für die Ideale ausser acht. Jeder Mensch strebt doch nach irgend einem höheren Ziel. Er möchte reich werden oder berühmt wie das Sportidol oder der Gerechtigkeit zum Sieg verhelfen oder die Natur schützen oder den geliebten Mitmenschen glücklich machen oder sich selbst ein bequemes Leben verschaffen oder Kinder grossziehen oder…

Welches Ziel streben Sie als Unternehmer an? Was könnte Ihr Betrieb gewinnen, wenn es gelänge, Ihre Mitarbeiter für Ihr Unternehmensziel zu begeistern? Überlegen Sie sich einmal, mit welchem Einsatz, welchem Enthusiasmus, welchem Feuer und Eifer die Menschen ihren Zielen nacheifern. Warum also nutzen Sie diese urmenschliche Sprengkraft nicht für Ihr Unternehmen? Da liegen immense Leistungspotentiale, die in den meisten Firmen überhaupt nicht angekratzt sind, geschweige denn genutzt werden.

Gegen solche Gedanken mag man einwenden, sie wären unmoralisch oder Manipulation? Wirklich? Ich bin ganz anderer Meinung. Betrachten wir die Arbeit als solche einmal aus Sicht der Mitarbeiter. Für viele Menschen ist Arbeit nur Maloche. Leider. Ich persönlich habe zwar eine andere Meinung über Arbeit, aber ich sehe durchaus, dass sie für viele Leute reine Quälerei, Schinderei und lästige, oft stark belastende Pflicht ist. Als Manager haben Sie jetzt also die Wahl, den Menschen stressige Maloche oder geliebtes Streben nach dem Ideal anzutun. Was möchten Sie lieber? Oder anders gefragt, was ist unmoralischer? Die Leute leiden zu sehen oder sie dabei zu beobachten, wie sie freudig, ja geradezu begeistert zur Arbeit kommen? Gelingt mir letzteres, nehme ich gerne in Kauf, dass mir Manipulation unterstellt wird. Sehr gerne sogar. Denn ich mache die Menschen glücklich.

Ich wundere mich immer wieder über das verquere Denken vieler Führungskräfte. Sie sind fachlich top, haben auch viel Führungstechnik gelernt, aber sie machen einen riesigen Bogen um alles, was nur irgendwie nach Menschenkenntnis oder Psychologie riecht. Sie glauben, rein fachlich und sachlich vorgehen zu können, und sie bilden sich sogar allen Ernstes ein, sie wären gute Chefs, weil sie angeblich so objektiv und völlig emotionslos handeln und vorgehen.

Ich muss schon sagen, einen grösseren Blödsinn habe ich selten gehört.

Jeder einzelne Aussage (Weisung, Befehl, Meinung) Ihrerseits, meine Damen und Herren, ist ein tiefer und klarer psychologischer Eingriff in die Persönlichkeit Ihres Mitarbeiters. Ob Sie dabei sachlich vorgehen, spielt eine untergeordnete Rolle. Es ist und bleibt gelebte Psychologie. Ihr Angestellter mag die Zähne zusammenbeissen und sich zusammenreissen, d.h. Ihnen nicht gleich an den Kopf springen, aber er ist immer – ich betone ganz ausdrücklich – immer tief betroffen. Er ist keine Maschine, kein Stück Holz, kein grober Klotz. Er ist ein Mensch. Eine Psyche. Sie sind immer und in erster Linie Psychologe (genauer: beeinflussende Person) und erst in zweiter Linie Fachmann. Sie lösen immer Reaktionen aus beim Mitarbeiter. Sie beeinflussen ganz automatisch seine Gefühle und Emotionen. Ob Sie das wollen oder nicht, ist völlig gleichgültig. Die Menschen sind nun einfach einmal so gebaut. Aus diesem Grunde ist ein Chef, der nicht mindestens eine grobe Ahnung von Psychologie hat, auch niemals ein guter Vorgesetzter. Und zwar gleichgültig, welchen Führungsstil er anwendet.

Kehren wir wieder zu unserem Leitbild zurück und zur Frage, ob es denn opportun und verantwortbar ist, Menschen zu beeinflussen. Ich denke, dass ich jetzt aufzeigen konnte, dass sich die Frage so gar nicht stellt, denn jeder Führungsmann beeinflusst immer. Dabei ist es völlig gleichgültig ob er als Vater, als Chef, als Generaldirektor, als Berater oder was auch immer auftritt. Die korrekte Frage muss also lauten: Wie tue ich es am sinnvollsten? Darauf gibt es eigentlich nur eine Antwort: durch ein erstrebenswertes Ideal. Das ist die Patentlösung schlechthin! Woher aber ein solches Ideal nehmen und nicht stehlen? Nun, ich hoffe Ihr Unternehmen ist noch nicht so überorganisiert, dass sich nicht doch noch irgendwo die ursprüngliche, zündende Idee, welche die Grundlage der Unternehmensgründung war, auffindet. Wenn nicht, bleibt nur die Suche nach einem wirklich erstrebenswerten Ideal.

Wie dringend notwendig erstrebenswerte Ziele sind, ist gut an unserer zerrissenen Welt abzulesen. Frühere Generationen hatten religiöse Ziele, unsere Zeit denkt liberaler. Was hat das liberale Denken den Menschen gebracht? Eine grosse Orientierungslosigkeit. Viele jagen dem Geld nach, einige suchen ihr Heil in fernöstlichen Ritualen, andere treten Sekten bei, wiederum andere sitzen völlig apathisch vor der Glotze. Kein sehr schmeichelhaftes Bild, ich weiss. Und doch die Wahrheit. Höhere Ideale scheinen alle verloren und vergessen zu sein. Und doch gibt es sie. Zumindest eines ist tief in jedem Menschen vorhanden: Nämlich die Sehnsucht nach einem intakten Leben. Das ist weiter auch nicht verwunderlich, denn wir Menschen sind Lebewesen und fühlen uns zu jedem anderen Lebewesen dieses Planeten hingezogen.

Wenn es Ihnen gelingt, Ihr Firmenideal irgendwie mit dieser tiefen menschlichen Sehnsucht zu verbinden, wird Ihre Firma unschlagbar, denn das Erhalten, Fördern und Aufbauen des Lebens, der Natur, der Erde ist und bleibt die Grundaufgabe und -Erwartung jedes Menschen.

Ich bin im übrigen der Meinung, dass das Ideal zwar in einfachen Worten, aber doch nur allgemein formuliert werden sollte. Dieser Teil des Leitbildes darf nicht allzu starr festgelegt werden. Hier muss viel Raum für die persönliche Phantasie vorhanden sein. Viel besser ist es, das Ideal in Beispielen oder, noch besser, in Bildern darzustellen. Auch Logos, Skizzen, kleine Filmsequenzen sind hilfreich.

Beispiel erwünscht? OK, gerne:

> «Unser Unternehmen hat es sich zur Aufgabe gestellt, nur Produkte herzustellen, die im Einklang mit der Natur stehen. Unsere Produkte sollen Leben erleichtern und fördern, niemals aber behindern oder zerstören.»

Ich habe ganz absichtlich eine sehr allgemeine Formulierung gewählt. Gleichzeitig muss ich aber auch klar davor warnen, sie jetzt einfach beliebig für alle möglichen Produkte verwenden zu wollen. Die Umschreibung des Ideales muss absolut und hundertprozentig wahr sein. Sonst wird es nie ein erstrebenswertes Ziel. Die Menschen haben einen sehr feinen sechsten Sinn für die Wahrheit. Wenn Sie also z.B. Pestizide produzieren, dann wäre die obige Formulierung eine klare Lüge. Aber auch wenn Sie Fensterfarbe herstellen, und auch nur in einem einzigen Produkt ein unverträgliche, d.h. nicht natürlich abbaubare Chemikalie enthalten ist, auch dann würde ich Ihnen von dieser Formulierung dringend abraten, denn sie ist dann nicht wirklich und vollständig wahr.

Mit Kreativität zum neuen Leitbild

Sie sehen, nicht nur das Ideal zu finden, auch dieses Ideal in Worte zu fassen, ist nicht einfach. Aber wer hat denn gesagt, dass Führen einfach sei? Es ist eine Aufgabe, die viel Gehirnschmalz verlangt. Nehmen Sie die Herausforderung an, es lohnt sich. Ja, ich weiss, Sie stehen unter Druck aus dem Alltagsgeschäft. Glauben Sie mir, was Sie hier tun, ist weit wichtiger als jeder noch so dringende Anruf. Schalten Sie ab, nehmen Sie sich Zeit. Verschwinden Sie für eine ganze Woche, nehmen Sie Urlaub und nur ein einziges Blatt Papier mit. Auf diesem Blatt steht: «Das neue Firmenideal:» Genau so. Mit Doppelpunkt am Schluss. Sonst nichts. Wenn Sie am Feriendomizil ankommen, entspannen Sie sich von der Reise, und dann nehmen Sie das Blatt vor sich und lesen den Titel. Das Doppelpunkt lädt Sie zwar ein, sofort etwas hinzuschriben. Das lassen Sie aber vorerst lieber noch. Jetzt lassen Sie die Gedanken für fünf Minuten kreisen. Dann stehen Sie auf und gehen spazieren. Und genau so machen Sie es am nächsten Morgen, am Mittag und am Abend. Sie tun jeden Tag nichts anders als morgens, mittags und abends diesen Satz zu lesen und dann ausgiebig zu laufen. Widerstehen Sie dem natürlichen Drang, sofort eine Formulierung hinzuschreiben. Räumen Sie zuerst gründlich aus. Sie werden staunen, wie viel Ungereimtheiten und verquere Denkmuster da aufsteigen und wie verkorkst Ihre Vorstellungen bisher doch waren. Schlagen Sie sich durch diesen Urwald durch. Bahnen Sie sich einen klaren, eindeutigen Weg. Finden Sie das eine, worauf Ihre Firma in den kommenden 10 Jahren aufbauen wird: Das neue Ziel, hinter dem Sie als Mensch stehen können und dem die Mitarbeiter nacheifern werden wie ein Mann.

Gehen Sie ausgiebig laufen und bewegen Sie das neue Ziel immer und immer wieder. Machen Sie sich ruhig Notizen, aber nur auf der Rückseite des Blattes. Die Vorderseite bleibt so lange leer, bis Sie sicher sind, dass Sie das eine gefunden haben, für das Sie Ihr weiteres Leben aufopfern wollen. Was sage ich da: Ihr Leben und das Ihrer Mitarbeiter selbstverständlich.

Ja, ich stelle hohe Anforderungen an die Unternehmens-Ideale. Sehr hohe sogar. Aber glauben Sie mir: Unternehmen ohne solche Ideale werden über kurz oder lang von der Bildfläche verschwinden. Ich denke nicht, dass die übliche Manipulation mit Werbung, Presse-Releasen usw. noch lange funktionieren wird. Wir leben im Informationszeitalter. Jeder Mensch hat freien Zugang zu allen nur denkbaren Informationen. Und die Menschen beginnen aufzuwachen. Oder hätten Sie gedacht, dass die Bio-Welle innerhalb so kurzer Zeit so viel Boden gewinnt? Glauben Sie etwa, dass Sie diese Welle, selbst mit viel Werbung, aufhalten können? Ich glaube nicht daran. Wie gesagt, die Menschen sind dabei, Halbwahrheiten und Sachlügen aufzudecken. Das wird für einige Unternehmen ein sehr unangenehmes und hartes Aufwachen geben. Für Sie aber ist es eine riesige Marktchance.

Die klare Aufgabe

In jedem Lehrbuch steht, dass das Leitbild, ausgehend von der allgemeinen Formulierung, auf die einzelnen Hierarchiestufen angepasst werden muss. So weit, so gut. Nur habe ich noch nie ein so aufbereitetes Leitbild gesehen. Ganz offensichtlich tut das niemand. Weil es so gut wie undurchführbar ist. Oh ja, es werden Arbeitsplatzbeschreibungen gemacht, es werden Stellenbeschriebe aufgesetzt und die hierarchische Ordnung mit Verantwortungsbereichen wird fixiert. Ja, es wird fleissig auf dem Instrumentarium der Organisation gespielt. Aber die Einzelteile werden leider oft völlig losgelöst voneinander erstellt. Jeder arbeitet an seinem Gebiet, in seinem Fach. So entsteht nie ein Ganzes und so kann der Gedanke, der im Leitbild vorhanden sein mag, nie transponiert werden. Vielleicht ist das Leitbild den unteren Chargen nicht einmal bekannt. Wie also kann es so jemals Eingang in den Tagesablauf erhalten?

Das Gedankengut des Leitbilds vorerst in die hierarchische Ordnung und anschliessend auch in alle Stellenbeschreibungen aufzunehmen, ist eine gute Idee. Aber sie erfordert sehr viel Fleissarbeit. Und macht das Ganze nüchtern, trocken und starr. Und damit unlebendig. Ich aber möchte eine dynamische, aktive, vorwärtsstürmende, sprudelnde Firma. Also muss es noch einen anderen Weg geben.

Dieser andere Weg heisst Bilder. Mit Worten, Zahlen, Daten sprechen wir im Menschen die Logik und den Verstand an. Das ist, wie bereits mehrmals gesagt, nur eine Seite unseres Denkapparates. Die andere Seite können wir nur über Bilder, Emotionen und Gefühle erreichen. Wieviel die Menschen als reine Logiker zu leisten imstande sind, wissen wir heute zur Genüge. Dass gerade aus dieser Einseitigkeit viele Fehlleistungen entstanden, wird uns nach und nach klarer. Was also liegt näher, als jetzt endlich den zweiten, folgerichtigen Schritt zu tun, nämlich den Menschen als Ganzheit, bestehend aus Verstand und Gefühl, anzusprechen? Nur wenn wir so vorgehen, können wir endlich aus dem tiefen Tal der Rezession herauskriechen. Nur so wird es uns gelingen, Lösungen für die vielen anstehenden Probleme zu finden. Es führt kein Weg daran vorbei: Wir müssen den Menschen schliesslich als ganzheitliche, begabte, vollwertige Persönlichkeit sehen und ihn auch so ansprechen. Und zwar jeden einzelnen von uns. Dazu eigenen sich Bilder hervorragend. Sie bilden die Ergänzung zum schriftlich fixierten Text.

Bilder sind in jeder Organisation nahezu perfekt. Einerseits sind sie genau, denn sie stellen das zu erreichende Ziel bildhaft und unmissverständlich dar. Andererseits engen sie das Individuum nicht ein, denn jeder einzelne assoziiert mit Bildern eigene, persönliche Erlebnisse und Empfindungen. So erhält ihr Leitbild nicht nur Dynamik, sondern auch eine schöne Portion Flexibilität. Das ist bei jedem Wachstum überaus wichtig.

Zudem regen die Bilder die Phantasie der Mitarbeiter an. Jeder einzelne Mitarbeiter sieht zwar das Bild und das Ziel, aber er verbindet damit trotzdem sehr unterschiedliche Assoziationen. Dass dem so ist, lässt sich leicht nachvollziehen. Fragen Sie einmal 10 Fans, weshalb sie für ihren Lieblingsclub schwärmen. Sie werden 10 unterschiedliche Antworten bekommen. Jeder ist zwar von seinem Club völlig überzeugt, und doch verbindet ein jeder ganz andere Vorstellungen mit seinem Idol. Sie stehen zwar alle wie ein Mann hinter ihrem Club, und trotzdem findet jeder etwas anderes am Club interessant.

Etwas besseres kann Ihrer Firma gar nicht passieren. Die Technik, das Fachwissen, das haben (fast) alle. Selbst arme Entwicklungsländer verfügen heute über genügend Fachwissen, um Autos und Computer zu bauen. Da haben wir Europäer bestenfalls noch einen kleinen Vorsprung. Das ist weiter nichts als Logik und Fleissarbeit. Wenn wir überleben wollen, dann müssen wir endlich neue Wege gehen. Wie wäre es mit kreativen Ideen? Die sind doch Mangelware! Das Umsetzen, das Gewusst Wie und Wo, das ist das, was verzweifelt gesucht wird. Und genau das produzieren Bilder. Ohne grosses Aufsehen, so quasi nebenbei. Unsere Denkmaschine ist auf diese Art zu denken programmiert. Auf den ersten Blick mögen da auch unmögliche Dinge dabei herauskommen. Aber bei genauem Hinsehen, wer weiss? Vielleicht ist gerade jene geniale Idee dabei, nach der Sie all die Jahre so verzweifelt gesucht haben.

Bei dieser Gelegenheit sollte ich mit einem weiteren grossen Vorurteil in den Führungsetagen aufräumen. Die allermeisten Manager glauben nämlich, nur sie könnten denken. Das mag vom krass autoritären Führungsstil kommen. Da gilt ja bekanntlich der Spruch: «Sie sind da, um zu gehorchen, nicht um zu denken, Mann.» Sollte das auch Ihr Wahlspruch sein, müssen Sie dringend nochmals über die Bücher. Sie verhalten sich etwa so wie ein Pilzsammler, der immer nur in den Himmel schaut und sich heftig darüber beklagt, dass er keine Pilze findet. Richten Sie Ihren Blick einmal nach unten. Das meine ich jetzt wortwörtlich. Sehen Sie sich die Hierarchie einmal an. Sie mögen oben stehen. Aber Sie stehen nicht etwa im luftleeren Raum. Da unter Ihnen da sind Menschen. Und ich verrate Ihnen jetzt ein riesengrosses Geheimnis: Jeder dieser Menschen hat ein Gehirn. Zugegeben, einige davon mögen nicht so geübt sein wie Ihres. Aber Hand aufs Herz, Herr/ Frau Vorgesetzte/r: Ist das nicht (auch) Ihre Schuld? Sie sind doch derjenige, der Verantwortung trägt für die Mitarbeiter. Wenn die nicht denken, dann ist das nicht etwa (nur) Faulheit.

Aber kehren wir zurück zu den Bildern. Wie setzen Sie Ihr Ideal in Bilder um? Nichts leichter als das. Lesen Sie noch einmal meine absichtlich sehr allgemein gehaltene Formulierung eines Ideals. Na, welche Bilder steigen in Ihnen auf? Ich weiss nicht, in welcher Branche Sie arbeiten, d.h. mit welchen Produkten oder Dienstleistungen Sie sich täglich herumschlagen. Also sage ich zu den Produkten nichts. Aber bereits der nächste Begriff, nämlich «Natur», lässt in mir einen wahren Schwall von Bildern aufsteigen: See, Bach, Fluss, Wildblumen, Biene auf Blume, lachendes Kindergesicht, Forelle in klarem Wasser, fröhliche Menschen, Berge, brausende Meeresbrandung und so weiter und so fort. Versuchen Sie es selbst. Die nächsten schönen Worte sind doch «Einklang und Harmonie» und etwas später «Leben erleichtern». Wenn Sie dazu so quasi aus dem Stand eine Menge Bilder produzieren, was glauben Sie was passiert, wenn Sie alle Ihre Mitarbeiter mitdenken lassen? Können Sie sich vorstellen, dass die begeistert mitwirken? Können Sie sich vorstellen, welchen Sturm Sie da entfesseln und mit welcher Urgewalt da an der Zukunft Ihrer Unternehmung gearbeitet wird?

Wann beginnen Sie, diese Urkraft nutzbringend einzusetzen?

Sehen Sie, ich bin der Ansicht, dass die bisher genutzten Wege der Logik und des Verstandes völlig ausgereizt sind. Wir treten mühsam auf der Stelle und kommen und kommen nicht vom Fleck. Zu allem Elend sind wir von so vielen Vorschriften, Gesetzen, internen Regeln, Sachzwängen, behördlichen Auflagen und finanziellen Problemen eingeengt, dass wir oft buchstäblich nicht mehr ein noch aus wissen. Sagen wir es ganz offen: Wir sind am Ende eines Zeitalters angekommen. Wir benötigen dringendst neue Impulse. Bisher haben wir sie beim Unternehmenskörper gesucht. Wir haben ihn gepflegt, optisch und technisch aufgerüstet, viel Geld in High-Tech investiert. Das alles ist gut und recht. Aber es ist Nabelschau. Und öffnet uns den Blick für neue Grenzen nicht. Wir müssen dringend die Fenster zur Unternehmenskultur und der Unternehmensseele aufstossen. Das ist unsere einzige und auch unsere letzte Chance.

Anhang 9
Motivation

Den Menschen ansprechen

Das Unternehmensleitbild ist ein grosser Motivator. Wird es von den Mitarbeitern übernommen und erkennen sie die Aufgabe als sinnvoll, dann übernehmen sie dieses Ziel als eigene (Lebens-)Bestimmung. Sie richten nicht nur ihren Verstand auf dieses Ziel aus, sondern ihr ganzes Wesen, ihr Leben, ihre Gedanken, Ihre Emotionen. Sie fühlen und leben in und für ihr Unternehmen. Sie fühlen sich als ganzheitliche Persönlichkeiten angesprochen und akzeptiert.

Die Motivation ist die Triebfeder menschlichen Handelns schlechthin. Das heisst mit anderen Worten ausgedrückt: Ohne Motivation erhalte ich niemals wirkliche Leistung. Das Markenzeichen jedes erfolgreichen Managers war immer die Fähigkeit, die Mitmenschen mitzureissen.

Warum haben wir heute so wenig charismatische, mitreissende Persönlichkeiten? Sehen wir uns für einmal in der Politik um. Unsere heutigen Politiker haben keine Bilder, oder sie verstehen es nicht, ihre Bilder zu malen. Bei der Vorstellung der Visionen und der Aktivbilder habe ich absichtlich lange und ausführlich (mit Worten) gemalt. Wenn Sie heutige Parteiversammlungen oder Parteiprogramme hören oder sehen, dann tönt das etwa so:

«Wir als freiheitsliebende Partei sind für…,

«…wir wehren uns aber vehement gegen…»

«Unsere Partei steht seit Anbeginn fest und unverrückbar auf dem Standpunkt, dass…»

«Es wäre ein krasser Verstoss gegen unsere Prinzipien, wenn wir jetzt…»

«Wir wissen, dass das Volk … will» usw.

Fühlen Sie sich davon angesprochen? Die Reden beschränken sich auf sterile, stereotype Parolen, die niemanden vom Stuhl hochreissen. Sie sind zudem gespickt mit Aggressionen (Kampfparolen) und mit Hohn und Spott gegen andere Parteien und verstossen so leider oft gegen natürliche Ziele. Wenn eine Phrase einmal konkret wird, dann berücksichtigt sie meist lediglich den körperlich-materiellen Bereich des Menschen:.

«Wir sind für die Rentenerhöhung» ... oder

«Wir stehen für die Steuersenkung» usw.

Die geistig-seelischen Belange der Menschen werden völlig ausser acht gelassen. Solche Reden können nicht ankommen. Sie dringen bis ans Ohr, gehen vielleicht noch bis in den körperlichen Bereich, aber die inneren Schichten des Menschen, seine Seele und seinen Geist erreichen sie nicht. Und wenn doch, dann lösen sie leider oft Aggressionen aus. Man spricht ja genügend von Kampf, Stärke, Macht usw.

Wenn ich motivieren will, benötige ich ein lebendiges, attraktives, mitreissendes und so positives Bild wie möglich. Eine Zielumschreibung, die jeder Mensch als seinen eigenen Plan anerkennen und adoptieren kann. Das Vorhaben muss somit den Lebensgedanken (Erhaltung und Förderung allen Lebens auf dieser Erde) enthalten oder zumindest ethisch vertretbar sein. Der Mitarbeiter muss einen Sinn im Wunsch sehen. Er muss erkennen, dass es sich lohnt, sich dafür einzusetzen. Das Ziel muss zwingend aktiv und positiv sein.

Umkehren zur optimalen Motivation

Bei jeder Anstellung steht für den Mitarbeiter sehr viel auf dem Spiel. Er ist in einer wirtschaftlichen Notlage. Einerseits muss er arbeiten, damit er überleben kann. Andererseits möchte er vor sich selbst als Mensch bestehen können. Er möchte eine Arbeit erledigen, bei der er sich am Abend noch in die Augen sehen kann. Er möchte stolz auf seine Arbeit sein. Er möchte für seiner Frau und seine Kinder ein Vorbild sein. Wie kann er das, wenn er aus wirtschaftlicher Not gezwungen, ist einer ungeliebten Arbeit nachzugehen?

Der Motivationsträger wird oft viel zu weit oder in viel zu grossen Dimensionen gesucht. Wir meinen, nur der Filmstar lebe ein lebenswertes Leben. Dabei ist sein Leben kein Honigschlecken. Er ist z.B. ständig auf der Flucht vor Reportern, oder er erträgt den Stress nur dank ständigem Pillenschlucken. Für eine positive Motivation ist es unwichtig, ob ein Mitarbeiter in der lebenswichtigen Forschung oder in einem kleinen bescheidenen Teilbereich der Unternehmung arbeitet.

Nicht die Grösse der Arbeit entscheidet, sondern immer nur der Sinngehalt der Arbeit.

Den Sinn der Arbeit kann ich als Arbeitgeber in einem gewissen Ausmass manipulieren, indem ich die Wertschätzung, die ich mit der Arbeit verknüpfe, künstlich beeinflusse. Das ist an sich (und je nachdem, in welchem Geist es getan wird) sehr unfein, aber es ist eine Möglichkeit, eine an sich unwichtige Arbeit für einen Mitarbeiter doch wichtig zu machen. Wenn ich als Arbeitgeber die Arbeit als wichtig einschätze, dann ist sie es auch für den Mitarbeiter. Da ist allerdings eine grosse Gefahr dabei. Die Arbeit muss für mich als Arbeitgeber tatsächlich wichtig sein. In allen meinen Äusserungen ist sie wichtig, und der betreffende Mitarbeiter ist ebenso wichtig. Ohne irgendwelche Ironie, ohne Hintergedanken. Diese Haltung fällt immer dann leicht, wenn man gelernt hat, die Menschen als wichtige, ganzheitliche und liebenswerte Persönlichkeiten zu sehen und zu behandeln – und zwar alle, gleichgültig, an welchem Platz sie stehen. Wenn man den Menschen so sieht, gibt es keine wichtigen oder unwichtigen Arbeiten (und Menschen!) mehr. Sie sind alle gleichwertig. Dann manipuliere ich auch nicht.

Motivation hat wenig mit Techniken oder mit Überredungskunst zu tun. Motivation lebt vom Gehalt, vom Sinn. Ein unsinniges Ziel wird nie begeistern. Jemanden für ein solches Ziel zu motivieren, dürfte auch dem besten Überredungskünstler schwer fallen.

Unehrlichkeit, unvollständige Information und jede Art von Geheimniskrämerei verträgt sich sehr schlecht mit Motivation. Irgendwann wird der Mitarbeiter dahinterkommen und sich (zu Recht!) betrogen fühlen. Die Motivation sinkt dann nicht nur, sie schlägt ganz extrem ins Gegenteil um. Ein so «motivierter» Mitarbeiter ist höchst gefährlich. Er kann grossen Schaden anrichten.

Die beste Art der Motivierung ist folgendes Vorgehen:

Der Mitarbeiter wird aktiv an der Gestaltung des Unternehmensleitbildes (der Vision) beteiligt. Ich meine damit, dass er wirklich bildhaft mitarbeitet, sei es im Text oder sei es als Maler, Bildhauer, (Computer-)Grafiker usw. Vielleicht ist er gut in Technisch Zeichnen oder in Scherenschnitt oder in Kartonage. Nutzen Sie alle Talente voll aus.

Steht die Vision, wird davon ausgehend das Aktivbild für die Abteilung, in der der Mitarbeiter arbeitet, erstellt und besprochen. Auch hier ist das genau gleiche Vorgehen einzuhalten. Das Abteilungsbild kann kürzer sein, es muss aber auch präziser, konkreter (enger gefasst) sein.

Abgeleitet von der Unternehmens-Vision und präzisiert durch das Aktivbild der Abteilung wird jetzt über den Aufgabenbereich des Mitarbeiters gesprochen. Er wird gebeten, auch daran aktiv mitzuarbeiten. Es wird skizzenhaft umrissen, wie und in welchem Ausmass er an der Realisierung der Unternehmensvision mitarbeiten kann.

Ich möchte den Mitarbeiter sehen, der hier nicht freudig aufspringt!

Hier ist das Denken völlig umgekehrt. Nicht die Firma plant und zeichnet ein starres hierarchisches Kästchengebilde und sperrt ihre Mitarbeiter darin ein. Nein, die Mitarbeiter definieren Ihre Aufgabe kongruent zu ihrem Wissen und Können. Die Firma wächst zusammen mit den Fähigkeiten der Mitarbeiter. So sind beide Sozialpartner optimal zufrieden.

Hürde: Arbeitsverunmöglichung

Ist das Unternehmensziel oder Leitbild einmal erstellt, gilt es, noch eine Hürde zu nehmen. Sie müssen dafür sorgen, dass der Mitarbeiter seine Arbeit auch durchführen kann. Er muss sich in der Unternehmung mindestens so frei entfalten und bewegen können, dass er seine Aufgabe erfüllen kann. Dieser Satz liest sich so einfach, und doch wird gegen dieses Prinzip so oft verstossen, dass man es gar nicht mehr merkt.

Ich habe mir in meinem Leben mehrmals überlegt, ob ich nicht die Arbeit niederlegen sollte mit der Begründung, dass mir die Durchführung der Arbeit z.B. dank interner Weisungen verunmöglicht wurde. Ich erinnere mich an eine Stelle mit Unterschriftsberechtigung zu zweien. Neben mir durfte nur noch eine einzige andere Person unterschreiben. Einzelzeichnungsrecht war statutarisch untersagt. Engpässe noch und noch waren so vorprogrammiert. Die mitunterzeichnungsberechtigte Person war krank, nicht da oder in den Ferien. Kundentermine konnten nicht eingehalten werden, und fertige Arbeiten blieben liegen. Es gab Reklamationen zuhauf. Zeitraubende, unnötige, sinnlose Reibereien. Grosse interne Diskussionen, entnervte Sekretärinnen. Unmut, Wut und einen Motivationspegel, der gute 2000 Meter unter der Erde lag. Und alles nur, weil man keine dritte Unterschrift eintragen liess!

Der Hintergrund einer Arbeitsverunmöglichung ist meist das fehlende Vertrauen in den Mitarbeiter. Man will es dem Mitarbeiter, aus welchem Grunde auch immer, nicht direkt sagen. Oft reagieren Vorgesetze in solchen Situationen auch rein intuitiv. Sie würden nie offen eingestehen, dass sie dem Mitarbeiter nicht trauen. Und doch ist genau das der Punkt. Arbeitsverunmöglichung ist eine im höchsten Masse unwürdige Massnahme. Sie verletzt und zerstört die Persönlichkeit des Mitarbeiters. Der Angestellte wird für blöde verkauft. Er ist, in den Augen der Geschäftsleitung, zu dämlich, um mitzubekommen, was mit ihm gespielt wird. Leider wird dabei übersehen, dass der Mitarbeiter alles andere als dämlich ist. Mit einer solchen Einschätzung widerspricht sich die Firma auch selbst. Sie hat den Angestellten schliesslich ausgewählt und eingestellt. Würde sie wirklich und allen Ernstes jemals eine unterbelichtete Person rekrutieren? Was also soll die ganze absurde Spielerei? Machtdemonstration?

Ermöglichung der Arbeit müsste eigentlich in die Menschenrechte aufgenommen werden.

Zu Beginn der sechziger Jahre zirkulierte ein Witz in der Schweiz. Er zeigt deutlich, dass die Volksseele sich mit der Thematik Ermöglichung der Arbeit heftig auseinandersetzt. Der Witz handelt von einem italienischen Hilfsarbeiter, der seine Lohntüte abholt. Der Italiener kommt ganz entrüstet zurück und sagt zu einem Kollegen: «Für mehr Lohn Chef hetter Gelder, aber für neue Schuufel hetter nix Gelder.»

Man müsste Vorgesetzte zur Durchführung genau jener Arbeiten verdonnern, deren Realisierung sie verunmöglichen. Mag sein, dass die Verunmöglichung oft nicht aus Prinzip oder mit Absicht geschieht. Für den Angestellten spielt das keine Rolle. Es genügt nicht, eine Arbeit anzuordnen, man muss sie auch durchdenken. Entdeckt ein Mitarbeiter später, dass die Arbeitserledigung unmöglich ist, wirkt das auf ihn wie eine eiskalte Dusche. Er schmeisst die Arbeit unweigerlich hin. Wenn Sie Glück haben, kommt er zu Ihnen und ruft lautstark aus. Spätestens jetzt sollten Sie schalten.

Wenn Sie einem Mitarbeiter die Erledigung seiner Arbeit verunmöglichen, können Sie sich auch getrost jegliche weitere Motivationsanstrengung ersparen.

Drei Esslöffel vor jeder Mahlzeit
Gute Führungskräfte motivieren einmal, sehr gute Führungskräfte motivieren zwei- oder mehrmals: Täglich!

Lösen Sie sich von der Vorstellung, eine einmalige, jährliche Motivation zum Beispiel anlässlich des Weihnachtsessens, würde genügen. Auch die monatliche interne Sitzung genügt keineswegs. Sie ist sogar denkbar ungeeignet, denn an solchen Sitzungen stehen meist negative Punkte auf der Traktandenliste. Die interne Sitzung ist somit insgesamt gesehen eher ein Motivationskiller als ein Motivationsaufbauer.

Motivation ist eine Daueraufgabe. Es ist im Grunde genommen **die** Führungsaufgabe schlechthin. Wenn das Management überhaupt eine Berechtigung hat im Betrieb: hier ist seine wirkliche Aufgabe.

Ich habe verschiedene akkubetriebene Geräte: Den Rasierapparat, das Mobiltelefon, die Zahnbürste. Sie alle müssen regelmässig an die Steckdose. In sehr kurzen Abständen. Warum setzen wir nicht auch unsere Mitarbeiter immer wieder unter Strom? Meine akkubetriebenen Geräte blinken und piepsen, wenn ihnen der Saft ausgeht. Mitarbeiter tun es nicht. Hier ist Hellhörigkeit und Fingerspitzengefühl gefragt.

Viele Vorgesetzte empfinden die Motivation als schwere, belastende Aufgabe. Genau das ist sie auch. Ausser Sie setzen Aktivbilder ein.

In Unternehmen, deren Vision bildhaft vorhanden ist, ist Motivation ein reines Kinderspiel. Es ist wie die Erholung, wie die hochwillkommene Kaffeepause im alltäglichen Galopp. In solchen Unternehmen genügt es, dass die Mitarbeiter die Vision täglich ein-, zwei- oder dreimal in sich aufnehmen. Erste Voraussetzung ist natürlich die, dass die Vision jedem Mitarbeiter vorliegt. Die Vision ist – ich habe es mehrmals gesagt – nichts für die Schublade der Generaldirektion. Sie ist auch kein Geheimdokument für den Verwaltungsrat. Sie soll vom Mitarbeiter mitgetragen werden und sie ist die tägliche Nahrung für alle Betriebsangehörigen – von der Putzfrau bis hinauf zum Vorstandsvorsitzenden. Jeder einzelne von ihnen sollte sich die Vision täglich mehrmals ansehen. Den Text durchlesen. Darüber verweilen. Sich die Bilder einprägen. Eigene, weitere Bilder entwickeln. Kurz: Sich geistig damit beschäftigen.

Das Aktivbild muss in schriftlicher, gedruckter, bebilderter Form jedem Mitarbeiter vorliegen. Ob es ein ebenso vollständiges Bild ist wie das grosse Wandgemälde in der Eingangshalle, sei dahingestellt. In der Kernaussage, im Text und in den wichtigsten Bildern muss es aber jedem Mitarbeiter jederzeit zugänglich sein. Sie können es auch in den Server oder ins Computernetzwerk einspeisen und so jedem Mitarbeiter jeden Morgen beim Starten des Computers ganz automatisch erschienen lassen. Sorgen Sie in diesem Fall aber auch dafür, dass jene Mitarbeiter, die nicht am Bildschirm arbeiten, trotzdem bedient werden. Das Bild muss auch jedem Heimarbeiter, Vertreter im Aussendienst, jeder Filiale und jeder Aussenstelle verfügbar sein.

Ersetzen Sie die üblichen Bildschirmschoner durch ein Bild oder eine Sentenz aus Ihrem Unternehmensleitbild!

Es gilt, wortwörtlich, das Aktivbild täglich mehrmals zu essen. Sie gehen dabei ganz genauso vor wie bei den üblichen Mahlzeiten auch. Setzen Sie sich an den Tisch, legen Sie das Bild vor sich, und jetzt nehmen Sie das Bild auf. Sie essen mit Ihren Augen, mit Ihren Sinnen. Unser geistiger Mensch benötigt Nahrung genau gleich wie der körperliche Mensch auch. Die geistige Nahrungsaufnahme dauert etwa gleich lang wie das körperliche Essen. Sie lesen den Text, Sie betrachten die Bilder, Sie versinken darin und lassen Ihre Gedanken (zielgerichtet, visionskonform!) schweifen. Die geistige Nahrungsaufnahme hat den grossen Vorteil, dass Sie nicht kochen müssen (das taten sie bei der Erstellung der Vision), und niemand muss Geschirr wegräumen oder abwaschen oder aufwischen. Das geistige Aufnehmen ist somit insgesamt schneller durchgeführt als das physische Essen.

Bitte unterschätzen Sie die geistige Nahrung, das sich Beschäftigen mit der Vision, nicht. Es ist elementar wichtig. Wenn Sie sich als Unternehmer Mitarbeiter wünschen, die zielgerichtet im Sinn und Geist der Unternehmung arbeiten und handeln, dann müssen Sie diesem Mitarbeiter auch die Voraussetzung schaffen, so zu handeln. Sie müssen Ihren Angestellten sagen, was das Ziel ist. Sie müssen sie einstimmen. Die Vision ist dafür goldrichtig.

Bilder regen die Phantasie an. Sie sprechen die Sinne des Menschen an. Im Unternehmens-Visions-Bild haben Sie sich wahrscheinlich auf einige wenige bildhafte Darstellungen beschränkt. Diese Bilder mit zugehörigem Text sehen sich Ihre Mitarbeiter nun jeden Tag (hoffentlich mehrmals oder zumindest einmalig) an. Jeder Mitarbeiter verbindet jetzt eigene Bilder mit der Vision. Letztere beginnt für ihn zu leben. Seine Vorstellungskraft produziert Ideen, wie er, in seinem Bereich, für die Umsetzung des Leitbildes beitragen kann. Dieser wichtige Prozess läuft in aller Regel ohne Probleme ab. Mit anderen Worten gesagt: Mit einer guten Unternehmensvision kann sich der Mitarbeiter selbst motivieren. Man muss ihm nur ermöglichen, die Vision regelmässig zu sich zu nehmen.

Immerhin gibt es auch Fälle, in denen die Vorstellungen, die sich der Mitarbeiter macht, nicht zielkonform sind. In der Vision ist z.B. von einem Bächlein die Rede. Der Mitarbeiter stellt sich aber ein reissendes, tobendes Wildwasser vor. Hier muss die Notbremse gezogen werden. Ein Bächlein ist lieblich, natürlich, aufbauend. Ein Wildwasser kann zerstörend wirken. Abweichungen (positive und negative) herauszufinden und zu korrigieren, dies ist Aufgabe des Managements. Etwa in Monatsabständen sind Gespräche mit jedem Mitarbeiter notwendig. Gespräche darüber, welche eigenen Bilder und Vorstellung der Mitarbeiter beim Essen der Vision entwickelt. Wie er sie umsetzt in seiner täglichen Arbeit. Welche neuen, zusätzlichen Erkenntnisse er gewonnen hat.

Noch ein Punkt ist wichtig. Die Vision und das Aufnehmen der Vision als Motivationshilfe hat nichts mit Fatalismus zu tun. Es geht keineswegs um die «Management by Kirche»-Technik: Beten, glauben, ruhen. Es geht vielmehr um die «Management by Aktivbild»-Technik: **Visionieren, motivieren, hantieren.** Dabei ist das hantieren als handeln zu versehen. Aus der Vision nehme ich die Motivation zum Handeln.

Das hier vorgeschlagene Vorgehen ist meilenweit entfernt von «Abwarten und Teetrinken» oder von Ergebenheit in ein unabänderliches Schicksal. Man ist weder träge noch überaktiv, sondern man orientiert sich täglich am Zielbild und lässt es ins Unterbewusstsein einsickern. Und wartet bis die echte Überzeugung, die wahre Motivation aufsteigt und überkocht. Die Aufnahme des Aktivbildes ist somit vergleichbar der Ruhe vor dem Sturm. Und man tut gut daran, sich auf einen richtigen Orkan einzustellen. Durch die Vision ist man nämlich derart motiviert, dass man handelt wie ein Besessener. Man schuftet wie ein Berserker. Alles, was sich uns in den Weg stellt, wird kurzerhand beiseitegefegt. Auf dem eingeschlagenen Weg wird rigoros und unter Einsatz aller geistigen und körperlichen Kräfte vorangestürmt. Nichts, aber auch gar nichts kann uns mehr aufhalten. Wir sind voll geballter Energie, die sich hier entlädt und alles versengt, was störend ist. Wir haben unser Ziel erkannt, und wir erreichen es! Heute noch! Das verstehe ich unter wirklicher Motivation.

Wachsen und Gedeihen

Warum scheitern so viele Ehen? Warum kündigen immer wieder die besten Mitarbeiter? In der Ehe ist es oft der Versuch eines Partners, den andern nach seinen Vorstellungen zu formen. In der Unternehmung ist es oft der Versuch der Unternehmung, den eirunden Menschen in ein viereckiges, hierarchisches Kästchen zu pressen. Das sind zum Scheitern verurteilte Projekte. Ein Hund kann nie eine Katze werden, und aus einer Tulpenzwiebel wächst keine Rose. Anders ausgedrückt: Ein Mensch, eine Persönlichkeit, reagiert auf Druck und Zwang immer mit Gegendruck, mit Abneigung und/oder Auflehnung. Ich kann einen Pazifisten nicht zum Gewalttätigen machen. Ein viereckiges Ei ist in der Natur nicht vorgesehen.

Wie kommt es aber, dass lebenslustige Playboys doch verantwortungsvolle und fürsorgende Väter werden können? Wieso wird hier eine Wildblume plötzlich eine Lilie?

Erstens wird sie (oder er) nicht plötzlich und zweitens hat sie (oder er) jetzt ein Ziel, eine Aufgabe, eine Vision. Beide Momente sind sehr wichtig.

Wenn ich ein Tier aufziehe, z.B. einen Hund oder eine Katze, dann kann ich mit entsprechenden erzieherischen Massnahmen (mit Liebe!) erreichen, dass das Tier stubenrein wird. In der Entwicklung ist das Tier lernfähig. Genauso kann ich auf Pflanzen im Wachstum einwirken. Durch entsprechenden Dünger erhalte ich grössere und schönere Kabisköpfe als ohne Pflege. Ein Kabissamen wird zwar immer einen Kabiskopf hervorbringen, aber die Grösse und möglicherweise auch den Geschmack, den kann ich durch entsprechende Erde und Pflege beeinflussen.

Es gibt also zwei Dinge auf die der Mensch reagiert: Auf Pflege und auf eine Zielvorstellung, die er als richtig und sinnvoll anerkennt. So, und nur so kann ich Menschen beeinflussen und wirklich führen. Beide Teile müssen den Menschen als Ganzheit ansprechen.

Wie eine Zielvorstellung entwickelt und angewendet wird haben wir besprochen. So bleibt auszuführen, wie ein Mitarbeiter gepflegt werden kann.

Denkbar sind etwa folgende Massnahmen:

Im geistigen Bereich
- Ihm versichern, dass wir seine geistigen Kräfte sehr positiv einschätzen.
- Ihm versichern, dass wir an seine geistigen Fähigkeiten glauben.
- Ihm versichern, dass wir seine Ideen und Gedankenblitze bewundern und gerne verwenden.

Im seelischen Bereich
- Ihm unsere Wertschätzung als Menschen aussprechen.
- Er ist uns angenehm.
- Der Umgang mit ihm als Person freut uns.
- Wir schätzen sein fröhliches / ausgeglichenes / herzliches Wesen.

Im körperlich-materiellen Bereich
- Seine materielle Leistung loben.
- Sein gepflegtes Aussehen loben.

Vision anpassen
Die richtig verstandene Unternehmensvision ist etwas, an dem jetzt jeder Mitarbeiter jeden Tag mitdenkt. Man kann sich leicht vorstellen, welch ungeheure, geballte geistige Kraft hier konzentriert wird. Sie wird sich auch entfalten. Sie wird geradezu explodieren – in alle möglichen Richtungen.

Das Unternehmensbild beginnt sich nun also einerseits zu materialisieren, andererseits entfaltet es sich aber auch weiter auf der geistigen Ebene. Es wächst, sucht andere, neue Ufer, geht bis zum Horizont, füllt den Raum voll aus, fliesst bis unter den Überlauf usw.

Das Aktivbild entwickelt nicht nur Kräfte in der Materialisierung, es entwickelt auch eine Eigendynamik in der geistigen Ebene. Diese Weiterentwicklung gilt es aufzufangen, einzusammeln und ins ursprüngliche Bild mit zu integrieren.

Einerseits kommen aus den monatlichen Mitarbeitergesprächen eine Menge von neuen, zusätzlichen Ideen zusammen. Andererseits sollte man die Mitarbeiter auch offiziell einladen, immer und immer wieder weitere Erkenntnisse (in schriftlicher oder bildhafter Darstellung) einzureichen. Wir haben es hier mit dem wertvollsten Besitz des Unternehmens zu tun. Es ist sozusagen die Blaupause für das Unternehmen, wie es in 2, in 5 oder in 10 Jahren aussehen wird. Sammeln Sie alle diese Pläne minutiös. Sie werden sehen, dass diese Pläne alle zielgerichtet sind. Viele der Vorschläge werden fast wörtlich miteinander übereinstimmen. Es liegt jetzt an Ihnen, der Weiterentwicklung und weiteren Entfaltung des Unternehmens zuzustimmen.

Verfallen Sie nie mehr in den Fehler, ein Leitbild oder eine Zielformulierung einmal festzulegen und danach zu vergessen. Das Ziel ist der Plan des Unternehmens. Ohne Ziel bewegt sich nichts. Verfallen Sie nie mehr in den Fehler, sich eigene, enge Vorstellungen von der Entwicklung des Unternehmens zu machen. Halten Sie alle (gedanklichen) Grenzen offen. Lassen Sie das Unternehmen wachsen und gedeihen. Die Vision ist wie eine gute, koordinierte Baustelle. Einmal wird ein Teil des Gebäudes erhöht, dann kommt ein Wintergarten dazu, dann wird zusätzlich unterkellert, dann benötigen Sie eine zweite Garage, dann wird nach hinten erweitert, dann wird die Fassade gestrichen, dann wird ein Glockenturm aufgesetzt. Um den Kern herum gedeiht und wächst Ihre Vision – und Ihr Unternehmen wächst mit.

Anhang 10
Hintergründe zum besseren Verständnis der Menschen

Werte im Wandel der Zeiten
Früher waren die Mitarbeiter ihren Firmen viel Geld wert. Sie bauten ihnen Einfamilienhäuser.

Heute lassen die Firmen Miethäuser durch die Pensionskassen erstellen. Diese kassieren von ihren Mieter-Mitarbeitern hohe Mieten. So sichern sich die Firmen eine marktgerechte Anlage der Vorsorgegelder, d.h. die Angestellten dürfen so den Zins für die Vorsorgegelder selbst verdienen und sind zusätzlich – gegenüber den Einfamilienhäusern früherer Tage – nur zweitklassig untergebracht.

Alle Menschen sind gleich
«Vor Gott sind alle Menschen gleich.» So heisst eine bekannte Redensart, die in unserer Gesellschaft viel Gewicht hat. Gleichgültig, ob es sich um Studienplätze oder um Arbeitsplätze handelt, immer und allüberall steht die Forderung «gleiche Rechte für alle». Unvorstellbar riesige Umverteilungprogramme werden staatlich und privat gehandhabt und beeinflussen unser Leben ganz nachhaltig. Und zwar das Leben von jedem einzelnen von uns.

Sind wir dadurch etwa wirklich gleich geworden? Mitnichten! Ganz im Gegenteil. Je intensiver nach Gleichheit gerufen wird, je härter den einzelnen die staatlich verordneten Abgaben treffen, um so nachhaltiger und erfindungsreicher arbeitet jeder einzelne daran, eben gerade nicht gleichgemacht zu werden. Die Jungen protestierten durch betont schlabberige Kleidung, die Etablierten mit einer Rolex-Uhr oder einer Krawatte von Hermes. Treffen auf einem Ball zwei Damen in ein und demselben Kleid aufeinander, erschüttert das den ganzen Abend wie ein mittleres Erdbeben.

Am Boom von Mercedes, BMW, Jaguar, Rolex, Yves St. Laurent, Chanel usw. ist abzulesen, was die Menschen von der Gleichmacherei halten: Rein gar nichts. Sie hassen sie wie die Pest! Wenn Sie jetzt glauben, das treffe nur auf die oberen Zehntausend zu, dann täuschen Sie sich ganz gewaltig. Die Individualität kann zwar mit Geld extremer ausgelebt werden, aber sie wird immer praktiziert, auch ohne Geld. Die schlabberige Kleidung, der Dreitagebart, ein kleiner roter Schal kosten so gut wie überhaupt nichts. Und es gibt -zigtausende von weiteren Möglichkeiten: Eine andere Beilage zum Mittagsmenü in der Kantine, ein geziert abgestrecktes Fingerchen an der Kaffeetasse, die gekonnte Schräghaltung des Kopfes, der kleine Fingernagel wird lackiert, bevor man spricht, räuspert man sich auf eine bestimmte Art, das bewusst athletische Gehabe, die gekonnt wissenschaftliche Ausdrucksweise usw. Wenn Sie die Mitmenschen beobachten, werden Sie auf Millionen von Eigenarten und Marotten stossen. Sie alle sind Ausdruck der jeweiligen Persönlichkeit und gleichzeitig auch ein Protest gegen die Gleichmacherei unserer Zeit.

Wir Menschen brauchen die Individualität so dringend wie die Luft zum Atmen. Ohne sie würden wir sterben. Oh ja, Sie haben richtig gelesen. Der Ausdruck der eigenen Persönlichkeit ist keine Spielerei. Sie ist überlebenswichtig. Im wahrsten Sinne des Wortes.

Weshalb gibt es denn trotzdem Gleichheitsbestrebungen? Woher kommen all die sozialen Gedanken? Nun, es gibt tatsächlich einen Teil in uns Menschen, der die soziale Sicherheit und Gleichheit befürwortet: Unseren Verstand. Zudem verfügen wir über ein starkes Zusammengehörigkeitsgefühl, sind wir doch eine Rasse. Zwar mit vielen Unterschieden, angefangen bei der Hautfarbe, dann über das Geschlecht, hin zu Körperbau und schliesslich zu emotionalen und geistigen Unterschieden. Trotz all dieser Unterschiede sind und bleiben wir aber Menschen. Also können wir uns – rein verstandesmässig – für die gemeinsame Absicherung unserer Zukunft interessieren. Aber so richtig mit Feuer und Flamme ist niemand dabei. Es ist wie mit einer Vernunftehe: Man sieht die Vorteile und nimmt dafür die Nachteile gezwungenermassen in Kauf. Aus diesem Grunde kommen die Sozialwerke auch nie zur Ruhe. Es wird nie Eintracht und Friede herrschen, denn jede rein verstandesmässige Lösung birgt immer Zündstoff. Die ständigen Umbauten an den staatlichen Fürsorgeplänen und die politischen Querelen über diese Werke sind ein schlagender Beweis dafür. Sie werden auch nach hundert Änderungen nicht enden.

Vielleicht denken Sie jetzt, die Leistungsempfänger wären glückliche Befürworter der Gleichmacher-Programme. Haben Sie jemals mit einem von ihnen gesprochen? Über die staatliche Rente heisst es hinter vorgehaltener Hand: «Zu wenig zum Leben und zu viel zu sterben.» Oh ja, man nimmt die Rente gerne entgegen, aber so richtig glücklich ist niemand damit. Arbeitslosengelder und Fürsorgeleistungen werden wie Almosen empfunden. Diese Menschen sind gestempelt für ihr ganzes Leben. Sie haben es nicht geschafft. Sie sind Versager. Das schlimmste an der Sache ist, dass sie es auch postwendend schriftlich erhalten. Vom Staat nämlich.

Natürlich gibt es auch solche, die die Sozialleistungen ausnützen. Ihnen macht es nichts aus, sie zu erhalten, sie legen es ja gerade darauf an. Sie sind Trittbrettfahrer, Schmarotzer und Schnorrer. Indem sie die Leistungen erschleichen, demonstrieren sie damit auf ihre Art, dass sie nicht gleich sind wie die anderen. Sie bekämpfen das System, indem sie den Spiess umdrehen. Und wir alle anderen zahlen dafür. Wahrlich eine verfahrene Situation.

Wenn wir Menschen nicht gleich sind, was sind wir dann?

Individualisten

Wir sind es gewohnt, in Schubladen zu denken. Die Franzosen nehmen das Leben leicht, die Italiener sind feurig, die Deutschen genau, die Engländer versnobt. Dieses Denken übertragen wir unbewusst auf alles und jedes: Die Bankangestellten sind hochnäsig, Juristen übergenau, Schreiner sind Grüne, Metzger sind Rohlinge, Zöllner und Polizisten sind bedrohlich. Die Mitarbeiter der Post sind langsam, die der Bahn stehen herum, die der freien Wirtschaft müssen malochen, die von IBM sind hochgestochen international, die von Novartis sind gefährliche Alchimisten. Vorurteile, nichts als Vorurteile.

Warum verhalten wir uns so? Sicher aus Bequemlichkeit. Aber auch aus Angst. Ja, aus Angst – vor uns Menschen. Widersinnig? Nein durchaus nicht. Wir sind alle Medizin-, Psychologie- und Fachleute-geschädigt. Zum Teil mag das aus früherer Autoritätsgläubigkeit herrühren. Zum anderen Teil kommt es von unserer Leichtgläubigkeit. Wir vertrauen jedem Fachmann blindlings. Wenn er dann noch in einem weissen Kittel daherkommt, ist er bereits ein Halbgott. Die Medizin hat es bis heute verstanden, einen grossen, uneinnehmbaren Zaun um ihre «Wissenschaft» herum aufzubauen. Dabei ist weder Anatomie noch Pathologie schwierig – und auch nicht verboten. Und, ganz unter uns gesagt: Wer kennt wohl die eigenen Schmerzen, d.h. den eigenen Körper besser als jeder Patient selbst? Also ist es doch irgendwie ein Widersinn in sich, wenn ich zu einem anderen Menschen gehe, um ihn zu fragen, was mir weh tut. Viel einfacher wäre es doch, wenn ich mir – in meinem eigenen Interesse – eigene Anatomiekenntnisse aneignen würde. Nur so werde ich ein echter Gesprächspartner für den Arzt.

Was für die Medizin gilt, gilt in noch weit stärkerem Masse für die Psychologie. Die Abläufe im eigenen Körper, die kann ich ja noch verstehen, auch fühlen und teilweise auch nachvollziehen. Aber was im Unterbewusstsein abläuft, das ist – angeblich – schlicht ein Buch mit sieben Siegeln. Das fängt ja bereits bei ganz elementaren Dingen an. Wo bitte schön, ist denn dieses so vieldiskutierte, geheimnisvolle Unterbewusstsein? Etwa im Bauch? Nein, da sind doch die Därme. Also im Herzen? Auch Fehlanzeige, denn das Herz ist ein Ding mit Kammern und arbeitet wie eine Pumpe. Keine Spur von Unterbewusstsein. Also im Gehirn? Kann doch wohl nicht sein, sonst müsste es doch Oberbewusstsein heissen, oder etwa nicht? Sie sehen: Fragen über Fragen. Und kein Mensch beantwortet sie. Die Psychologieliteratur hilft da überhaupt nicht weiter. Diese wissenschaftlichen Bücher sind für Laien verwirrend. Am Ende ist man so niedergeschlagen, unsicher und ängstlich, dass man den eigenen Gefühlen nicht mehr über den Weg traut. Und genau das ist die Situation des Menschen heute: Er ist neurotisch.

Ja, leider, unsere ganze Gesellschaft hat einen neurotischen Trend eingeschlagen. Angst, Verstimmung, Zwanghaftigkeit, unsichere, wechselnde Gefühle, eingeschränkte Leistungsfähigkeit, vegetative Störungen, chronische Überforderung, Angst vor Konflikten; das ist doch das Bild unserer Zeit. Jeden Tag im Fernsehen und in jeder Zeitung nachzuprüfen. Sie findet Ausdruck in schreierischer Werbung, zerrissener Kunst und überlauter, harter Musik.

Was ist das Wunderrezept unserer Zivilisation dagegen? Die strikte Beschränkung auf den menschlichen Verstand. Die Logik, das Wissen, das ist die Domäne, die wir zu beherrschen meinen. Das ganze Schulwesen ist darauf aufgebaut, die Gesellschaftsstruktur basiert darauf, die Gleichmacherei ist Ausdruck des Verstandes und jede einzelne Unternehmung unserer Zivilisation lebt diesem Prinzip nach. «Nur keine Gefühlsduselei», das ist der Grundsatz in jedem Betrieb: In der privaten Wirtschaft genauso wie in Staatsbetrieben.

Nur mit Logik und Verstand lassen sich Unternehmen überhaupt führen. Nur so können Mitarbeiter hinter ein Ziel, eine Aufgabe gestellt und koordiniert werden. Mit Logik und Verstand lässt sich eine Struktur im Unternehmen aufbauen, die Abläufe lassen sich planen, einteilen und gliedern, und so findet jeder Mensch als kleines Rädchen seinen Platz im grossen Getriebe des Gesamtunternehmens. Alles, was diese überschaubare Ordnung stört ist vom Teufel. So lautet doch der allgemeine Grundtenor, nicht wahr?

Wie passen denn da die Tränen der Sekretärin ins Bild? Sie hat ihren Mann verloren und ist wirklich tieftraurig. Was tut der Personalchef? Er spricht ihr gut zu («das Leben geht weiter, liebe Frau Huber») und dann erteilt er den Rat, den Millionen Mütter, Väter, Chefs, Lehrer, Vorgesetzte immer wieder geben: «Reiss dich zusammen, du bist doch keine Memme.» «Was dich nicht umbringt, macht dich stark.»

Ein ganz erbärmlicher Rat, finden Sie nicht auch? Geht der Schmerz etwa weg dadurch? Keineswegs. Er wird nur verdrängt. Und zwar ins Unterbewusstsein. Oh Gott, denken Sie jetzt ganz entsetzt, was habe ich bloss angerichtet? Ich bin sehr froh, dass sie so denken. Denn jetzt kommen wir der Sache langsam auf die Spur. Wir Menschen sind nämlich alles andere als reine Verstandesmenschen. Und das will etwas heissen! Wir haben alle eine verstandesorientierte Schule überstanden, wir haben alle die rein logisch geprägte Weiterbildung hinter uns gebracht, wir leben in einem rationalen System, wir arbeiten für eine logisch aufgebaute Unternehmung. Man müsste doch annehmen, dass so viele hochkonzentrierte Beeinflussung (oder sollte ich besser sagen Gehirnwäsche) uns vollständig und unmissverständlich zu reinen Verstandesmenschen gemacht hat. Ja, es gibt einige reine solche Exemplare – zumindest halten sie sich dafür. In Tat und Wahrheit ist aber niemand rein verstandesorientiert. Denn wir Menschen sind allesamt Individualisten. Sie genausogut wie ich auch. Da gibt es keine einzige Ausnahme. Alles, was uns da antrainiert und aufgezwängt wurde, das ist alles nur Putz, der bei erster bester Gelegenheit abblättert. Oder besser gesagt, der wie eine Panzerschicht mit lautem Knall zerplatzt.

Sie glauben mir nicht? Was ist denn mit dem Chef, der vor lauter Ärger einen Tobsuchtsanfall kriegt? Ist das etwa rein verstandesmässiges Verhalten? Sie glauben vielleicht, weil er Chef sei, müsse er brüllen. Nun, ich kann Ihnen genau sagen, was es ist: Ein völlig unmotivierter, unbeherrschter Wutausbruch ist es. Gar nichts anderes. Die harte Schale der Geschäftsmässigkeit ist – wieder einmal – mit lautem Knall zerplatzt, und zum Vorschein kam das individuelle Wesen des Chefs: Jähzorn, Unbeherrschtheit, Wut. Da ist nichts mehr von Logik, Verstand, businessliker Kühlheit. Nein, jetzt ist das wirkliche, individuelle Gesicht zum Vorschein gekommen. Morgen, ja morgen ist er dann wieder ganz smarter Geschäftsmann. Aber heute, da sehen Sie ihn, wie er wirklich ist. Jetzt ist er in seinem Element. Sie erleben ihn jetzt, wie er wirklich leibt und lebt.

Vielleicht haben Sie das Glück, von Tobsuchtsanfällen verschont zu bleiben. Aber Sie kennen dafür die Sachbearbeiterin, die nahe am Wasser gebaut hat, oder den Buchhalter, der immer und sofort stark beleidigt ist, oder den Koch, der jeden Mittag von Tisch zu Tisch geht und auf Lob wartet, oder den Chef, der aus jeder Mücke einen Elefanten macht, oder die Prokuristin, die unbedingt mit dem Doktortitel angesprochen werden will. Ich breche die Aufzählung hier ab, denn wenn ich weiterfahre, dann lesen Sie die nächsten hundert Seiten nur individuelle Charakterzüge und typische Verhaltensmuster unserer Mitmenschen. Im Grunde genommen muss ich sie gar nicht aufzählen. Sie kennen alle diese kleinen Schrulligkeiten Ihrer Mitmenschen durch eigene Beobachtungen genausogut wie ich. Was sind sie anders als der Ausdruck der eigenen Persönlichkeit? Sie sind doch genau das, was wir bereits angetroffen haben: Die individuelle Art, sich gegen die Gleichmacherei zu wehren. Sich aus der Masse herauszuheben, abzusetzen, zu profilieren, in Pose zu setzen, seine eigene Duftmarke zu setzen, die eigene, ganz persönliche grosse Welt zu spielen.

Sind wir Menschen also gleich? Weit, sehr, sehr weit gefehlt. Wir sind allesamt Individualisten. Das ist die Wahrheit. Und es wird Zeit, dass wir dieser Wahrheit ins Auge blicken.

«Oh Gott», höre ich Sie jetzt stöhnen, «wenn die Menschen wirklich Individualisten sind, d.h. wenn ich sie so behandeln muss, dann fällt mein ganzes Gebäude in sich zusammen. Dann kann ich sie nicht länger verplanen, einteilen, gleichschalten. Das ist ja ärger, als ein Sack voll Flöhe. Jeder wird in eine andere Richtung streben. Die ganze Ordnung bricht zusammen. Reinste Anarchie kommt auf uns zu.»

Diese Angst ist der Grund dafür, dass unsere heutige Gesellschaft nach wie vor krampfhaft am bestehenden System der Logik und des Verstandes festhält. Zwar hat sich seit einiger Zeit herumgesprochen, dass der Mensch ein Individualist ist und dass er neben dem Verstand auch Emotionen und Gefühle hat, aber sie werden weggeleugnet, verdrängt, negiert, totgeschwiegen. Das bestehende System wird durch alle Böden hindurch behauptet und festzementiert, so gut es immer geht. Nur um im nächsten Moment wieder – etwa durch die überschäumende Herzlichkeit einer Jungvermählten – völlig aus dem angeblichen Gleichgewicht zu geraten. Freut sich der Chef, wenn die glückliche Braut das Team zu Champagner einlädt? Nein, die allermeisten reagieren doch extrem sauer: «Was soll dieser ganze Unfug. Ihr seid hier, um zu arbeiten, nicht, um Feste zu feiern.» Mit dieser Reaktion, so meint der Chef, hat er die Zucht und Ordnung wieder hergestellt. Und damit ist der emotionale Ausbruch ein Ausrutscher. Ein kleiner Fehler, der das System als solches keinesfalls gefährden kann. Jetzt herrscht wieder die übliche Sachlichkeit.

Ich wundere mich immer wieder, mit welcher Unbekümmertheit und Blindheit viele Vorgesetzte die emotionale Seite des Menschen missachten. Sie haben keine Ahnung, dass sie in Tat und Wahrheit auf hochexplosivem Boden operieren. Denn Emotionen können mit Urgewalt ausbrechen und wie ein Vulkan ganze Landstriche verwüsten. Sie können aber auch viel Gutes tun. Zum Beispiel die Natur im Frühling zu neuem Leben wachküssen. Oder im Herbst reiche Ernte einbringen. Nur leider haben das die Gewaltigen der Wirtschaft nicht begriffen. Wie sollten sie auch? Sie fürchten sich vor der menschlichen Natur genauso wie alle anderen Menschen auch.

Logische «Meisterleistungen»

Der Mensch ist schon ein komisches Ding. Da trägt er in sich gleichermassen alle Anlagen zum Glück und zum Unglück; zum Erfolg und zum Misserfolg. Und er weiss sie nicht zu nutzen. Alles, was er anstrebt, ist reine Logik. Und macht damit einen Fehler nach dem anderen. Sie glauben mir nicht? Also gut. Untersuchen wir einmal einige wenige der logischen Meisterleitungen: Die unsinkbare Titanic, zum Beispiel. Oder die zwei Weltkriege. Oder die angeblich so sicheren Atomkraftwerke.

Siege der Vernunft? Doch wohl eher Versager! Sie mögen einwenden: «Wo gehobelt wird, da fallen Späne.» Dieses Sprichwort mag für viele Gelegenheiten passen, hier finde ich es nicht nur unpassend, sondern geschmacklos.

Möchten Sie mehr hören? Apparatemedizin: Logisch bestechend, von den Menschen als unwürdig abgelehnt. Gentechnisch veränderte Lebensmittel: Verstandesmässig ein Hit, von den Menschen als potentiell gefährlich verurteilt. Agrochemie: Von der Logik hochgejubelt, für die Umwelt eine Katastrophe.

Warum stoppen wir all diese Entwicklungen nicht? Weil wir immer noch den Verstand, die Wissenschaftlichkeit und die Objektivität als einzigen Massstab ansehen. Dass wir dabei auf dem besten Weg sind, uns alle umzubringen, das beginnt erst jetzt so ganz langsam ins Bewusstsein einzusickern. Wird jetzt endlich Abschied genommen vom verstandesmässigen Denken? Nein, wir vertrauen weiter darauf und wir misstrauen immer noch allem, was auch nur annähernd mit Gefühlen zu tun hat. Was muss wohl noch geschehen, bis wir einsehen, dass der Verstand und die Logik zwar sicher hilfreiche Instrumente, aber auch – allein eingesetzt – völlig unzureichende Werkzeuge sind?

Wann werden wir einsehen, dass nicht alles, was machbar ist, gleichzeitig auch gut ist?

Neue Werte

Man kann von den Menschen kein Umdenken verlangen, so lange als keine neuen Wertmassstäbe vorhanden sind. In unserer Kultur ist einer der wohl wichtigsten Massstäbe der Fortschritt. Unser Streben ist immer bestimmt von mehr, grösser, höher, besser, schneller, weiter, genauer, billiger, kostengünstiger, rasanter, extremer, schöner, wohlschmeckender usw. Wörter wie gut, genügend, zufrieden werden bestenfalls milde belächelt. Mit dieser Haltung bringen wir Menschen uns um etwas elementar Wichtiges: Um die Belohnung. Nehmen wir als Beispiel den Sport. Nehmen wir weiter an, Sie sind Weltmeister im Sprint über 100 m. Was sind Ihre Gedanken? «Ich habe gewonnen, Sieg!» Das ist der erste Gedanke. Und jetzt kommt es: Was lauert da sofort im Hintergrund, d.h. was ist der zweite

Gedanke? «Jetzt muss ich richtig voll trainieren, der Baluto, dieser Kenianer hatte verdammt nah aufgeschlossen. Ich weiss nicht, ob ich das nächste Mal wieder siegen kann.» Sehen Sie es? Die Freude war ein flüchtiger, kleiner, unwirklicher Moment. Und gleich danach kam die grosse Sorge. Sie frisst ab heute jeden Tag an Ihrer Seele. Der Sieg hat Ihnen keine Belohnung, sondern nur neue Ängste und Sorgen gebracht. Ein Fortschritt? Doch wohl eher eine neue Belastung!

Wirklich, Verstandesmenschen sind bedauernswerte Geschöpfe.

Vielleicht denken Sie jetzt, das treffe nur auf Sportasse zu. Wieder ein gewaltiger Trugschluss. Warum haben wir denn heute so viele ausgebrannte Menschen? Warum will niemand mehr 45, 50 oder gar 55jährige anstellen? Sie sind nicht mehr leistungsfähig genug. Sie halten das Tempo unserer Zeit nicht mehr mit. Sie sind wie ausgebrannte Raketen. Mit einem Wort: Menschliche Wracks.

Das Tragische an unserer Zivilisation ist, dass es für viele Menschen wirklich zutrifft. Sie haben ein Leben lang nährwertlose Nahrung in sich hineingestopft, sich willig mit Phrasen und Parolen eindecken lassen und sie haben sich im Beruf abgerackert. Das eigene Wesen, das anfänglich noch rebelliert hat, das haben sie übergangen und stillgelegt. Ab und zu haben sie sich ja auch etwas gegönnt. Also waren sie so zufrieden, wie man eben zufrieden sein kann. Sie haben überlebt, indem sie völlig abgeschaltet haben. Sie liessen sich treiben im grossen Strom der Masse. Ja, ein ganz kleines Eckchen Individualität, das haben sie sich erhalten. Aber im übrigen bestand das Leben aus ungeliebter Maloche, Fernsehen, Werbung, Konsum, Ferienkonsum, Maloche, Fernsehen, Maloche, Fernsehen… Und genau das zerstört die Menschen. Nein, nicht wie alle Welt immer sagt, die Arbeit an sich. Nein, der innere Konflikt ist das schleichende, tödliche Gift: Das Verstossen gegen das innerste Wesen. Da liegt der wunde Punkt.

Verstandesmässig ist das Problem zwar gelöst. Sachzwang nennt man das heute. Das Herz und das Gefühl sind zwar dagegen – aber was soll man machen? Von etwas muss man ja leben. Das Brot kommt leider nicht wie Manna vom Himmel. Man muss es verdienen. Und man will ja nicht bloss Brot, sondern Hörnchen. Mit Honig oder besser noch mit Fleisch. Ach, was sage ich denn da: Lachs oder zumindest Kalbfleisch sollte es schon sein. Also duckt man sich, nimmt den tobenden Chef in Kauf, geht täglich in den Stollen und schwingt den Pickel. Bis, ja bis dieser innere Zwiespalt zwischen Gefühl und Verstand uns vollständig aufgerieben hat. Unmerklich für die meisten zwar, aber nichtsdestotrotz kontinuierlich und unerbittlich. Nein, nein man stirbt nicht gleich daran. Obwohl es auch, wenn man ehrlich ist, Dinge wie Herzinfarkte gibt. Aber wer wird denn gleich an das Schlimmste denken? Die meisten begnügen sich doch mit Verdauungsproblemen, Nieren- oder Gallensteinen, Magengeschwüren, Hämorrhoiden,

Asthma, Migräne, Hautausschlägen, Rheuma, ständigen Erkältungen, Grippeanfälligkeit oder sonstigen weiterverbreiteten Zivilisationskrankheiten.

Man mag sich gegen die Erkenntnis wehren, wie man will: Unser System ist am Ende. Die reine Logik, Objektivität und Systematik hat versagt. Und wie kläglich sie versagt hat!

Also ist es dringend notwendig, das System durch neue Werte zu ersetzen. Daran wird derzeit wie wild gebastelt. Die Grünen sind ein treffliches Beispiel dafür. Vor einem knappen Jahrzehnt noch völlig unbekannt, ist der grüne Gedanke heute in Politik und Wirtschaft nicht mehr wegzudenken. Hat er unser System grundlegend verändert? Nun, er hat uns die Augen für viele Missstände geöffnet, aber er kämpft mit den alten, abgenutzten, schartigen, rostigen Schwertern. Er ist wie neuer Wein in alten Schläuchen. Viel davon geht verloren, versickert, und der Rest nimmt den ranzigen Geschmack des alten Schlauches an. Er ist wie ein neuer Farbanstrich auf dem alten, seeuntüchtigen Kahn, der da auf dem Weltmeer ziel- und steuerlos umherschaukelt. Leider.

Was uns fehlt, ist ein neues, klares, einleuchtendes, erstrebenswertes Ziel. Ich wüsste eines. Eigentlich das einzig logische Ziel. Gleichzeitig ist es aber auch noch viel mehr. Es ist nämlich das einzige Ziel, das nicht nur logisch, sondern auch mit unser menschlichen Emotionalität genau übereinstimmt: Das Überleben.

Enttäuscht? Warten Sie einen Moment mit Ihrem Urteil. Lassen Sie es mich ausdeutschen. Ich bin nämlich weder Tierschützer noch Umweltmensch noch Grüner – mein Ziel ist sehr, sehr viel mehr. Es ist nichts mehr und nichts weniger als die Achtung vor dem Leben. Um dieses Ziel zu verstehen, muss man zuerst definieren, was das Leben ist.

Nun, das Leben umfasst einfach alles. Die Menschen, die Tiere, die Pflanzen, ja die Erde selbst. Sie haben richtig gelesen. Die Erde an sich ist ein lebendes Wesen. Wenn man sich das richtig überlegt, dann erhält das Ausbeuten der Erde plötzlich ein ganz anderes Gesicht, nicht wahr? Es tut einem in der Seele weh, was da alles mit der Mutter Erde angestellt wird. Oder mit den Pflanzen. Oder den Tieren. Die Achtung vor dem Leben verbietet jede quälende Tierhaltung oder Tiertransportart ganz von selbst. Darüber muss man gar nicht diskutieren. Es braucht auch keine Gesetze. Sie sind ein klarer Verstoss gegen das Leben an sich. Sie sind selbstzerstörerisch und sie werden letztlich uns Menschen treffen. Was sie übrigens schon getan haben. Oder finden Sie, Rinderwahnsinn sei natürlich? Im Grunde genommen ist er doch nichts anders als das, was wir gesät haben. Wir haben Tiere gering geachtet, sie zu Versuchen missbraucht, ihnen Antibiotika gefüttert, ihr natürliches Futter durch Pestizide und Fungizide verdorben, ihnen

Fleischnahrung bzw. Tiermehl aufgezwungen – und jetzt wundern wir uns über das Resultat. Ich wundere mich gar nicht. Wir ernten, was wir in unserem Unverstand und unserer Kurzsichtigkeit gesät haben. Wir haben gegen das Leben verstossen. Und wir kriegen die Quittung dafür. Nichts mehr und nichts weniger. Das Leben lässt sich nun einmal nicht betrügen. Es ist immer treu, und zwar sich selbst. Dagegen helfen weder Fortschritt noch Objektivität noch Atombomben noch politische Meinungen noch eine Gesetzesflut noch grüne Worte noch flotte Sprüche noch Expertenmeinungen. Das alles ist unbeholfen. Letztlich bleibt es, was es ist: Ein Verstoss gegen das Leben. Wie der Verstoss begründet wird und wer auch immer Gutachten erstellen mag, das ist völlig gleichgültig, denn Verstösse gegen das Leben gehen immer ins Auge. So langsam, ganz langsam sollten wir Menschen allmählich klüger werden und endlich dahintersteigen.

Wie meinen Sie? Es wären die Bauern? Und die Bauern schieben alles auf die Chemie? Lassen wir doch die Schuldzuweisungen. Hand aufs Herz: Haben Sie konsequent, wirklich konsequent aufgehört, Fleisch zu essen? Oder zumindest Rindfleisch? Sehen Sie. So lange, als es ignorante Konsumenten gibt, die kaufen, so lange kann man ja das Spiel ruhig weiterspielen. Die werden Ihnen sogar sagen, dass sie weiter produzieren müssen, weil Sie als Konsument ja kaufen wollen. Und weil sonst Arbeitsplätze verloren gehen.

Aber lassen wir das. Sehen wir lieber den Menschen an. Oh Gott, werden Sie jetzt denken, jetzt beginnt er, über Gefühle und Emotionen und womöglich über Liebe und all den Schmus zu sprechen. Ja, genau das werde ich jetzt tun. Und ich garantiere Ihnen: Sie werden es spannend finden, denn Sie werden Dinge sehen, die Sie bis jetzt nicht für möglich gehalten haben.

Gefühle und der ganze Schmus

Das ist zwar kein schöner Titel, aber er drückt in etwa das aus, was die meisten Menschen über Gefühle denken. Leider. Denn diese Haltung bringt uns Menschen um das überhaupt Schönste, was wir erleben können: Gefühle.

Doch halt: Ich spreche hier von wirklichen Gefühlen, nicht von vorgetäuschten Plastikimitaten. Ich meine nicht das zuckersüsse, aufgesetzte Lächeln, und ich spreche auch nicht von vorgetäuschter Anteilnahme. Nein, ich spreche von Liebe, Freude, Friede, Zufriedenheit, Glück. Aber auch von depressiven Anwandlungen, Verstimmungen, Koller, Launen, Trauer, Minderwertigkeitsgefühlen.

Was ist das eigentlich ein «Gefühl»? Im normalen Lexikon steht nichts darüber. Im Psychologielexikon steht: «Gefühle sind grundlegende, subjektive Erlebnisqualitäten.» Eine schöne, geschraubte Erklärung, nicht wahr? Was heisst sie auf gut deutsch? Ganz einfach: Gefühle ist das Erleben. Oder noch kürzer gesagt: Das

Leben. Das, was Sie gerade jetzt, gestern, in letzter Minute erlebt haben. Die Gefühle sind so intensiv und so eng mit dem Leben verbunden, dass ein Leben ohne Gefühl nicht möglich ist. Gefühle sind mit dem Leben engstens verwoben. Und trotzdem gehen wir hochzivilisierten und fortschrittsgläubigen Menschen hin und versuchen, unsere Gefühle mit allen Mitteln zu unterdrücken. Ein Widersinn in sich, finden Sie nicht auch?

Ich kann es auch anders sagen. Was mich an der wissenschaftlichen Definition so stört, ist das kleine Wort: Subjektiv. Wir huldigen heute stark dem Glauben an die Objektivität und rennen damit einem Phantom nach, das es nicht gibt, nie gab und auch in Zukunft nie geben wird. Jeder einzelne Mensch ist individuell und wird es auch bei aller Gleichschaltung immer bleiben. Und weil er individuell ist, kann er auch nicht rein objektiv, rein sachlich sein. Er ist immer zumindest mitbeeinflusst von seinen Gefühlen und Erfahrungen. Ob er das wahrhaben will oder nicht, ist völlig gleichgültig, es bleibt trotzdem Tatsache.

Sie glauben mir nicht? Also gut, sehen wir uns ein Beispiel an: Nehmen wir an, sie möchten eine Lohnerhöhung. Was tun Sie? Stürmen Sie rein in den Tempel des Allmächtigen und poltern los? Mitnichten. Sie werden sorgfältig auskundschaften, wann der Chef denn wohl eine gute Laune hat, und Sie werden zudem Ihre eigene Stimmung prüfen. Bin ich heute mit dem richtigen Bein aufgestanden, bin ich gut drauf, bin ich gewappnet für dieses schicksalhafte Gespräch? Es gibt Menschen, die schieben solche Gespräche während Jahren vor sich her. Und da soll mir noch einer sagen, wir wären objektive, logische Verstandesmenschen. Sind wir nur zu einem ganz, ganz kleinen Teil. Wir sind und reagieren in erster Linie subjektiv, gefühlsmässig, emotional. Das ist und bleibt Tatsache.

Wir handeln, so sagen uns Psychologen, zu etwa 80 bis 90 Prozent rein emotional. So gesehen bleibt von unserer Logik und unserem Verstand nicht sehr viel übrig. Und es gibt viele Situationen, in denen wir von Gefühlen völlig übersteuert, ja geradezu überschwemmt und überrannt werden. Das bekannteste Beispiel, ein verliebtes Paar, brauche ich nicht länger anzuführen. Im Volksmund heisst es nicht umsonst: «Er ist nicht mehr zurechnungsfähig, denn er ist verliebt.» Den tobenden Chef haben wir schon angetroffen. Auch er ist völlig überrannt von seinen Empfindungen. Der Depressive dürfte auch bekannt sein.

Es geht mir aber noch um mehr: Ich möchte klarmachen, dass wir Menschen immer von Gefühl beeinflusst sind. Eine rein verstandesmässige Entscheidung wird uns immer wieder aufstossen. Das Unterbewusstsein meldet sich und weist uns darauf hin, dass da ein Lebensbereich ist, der nicht im Einklang mit unserer Natur steht. In der Gefühlswelt leben wir gemäss unserer Art, unserem Wesen, unserer Natur. Da sind wir, wie wir nun einmal erschaffen wurden: Menschlich.

Und genau da liegt auch der wunde Punkt. Anstatt uns selbst anzuerkennen und uns so zu nehmen, wie wir sind, sind wir ein ganzes Leben damit beschäftigt, uns umzubauen, umzumodeln, umzudressieren in Richtung Ratio. Warum auch?

Zugegeben, es gibt in jedem Leben einige Eigenschaften, die nicht positiv sind und die man ganz gerne loswerden möchte. Das ist auch richtig so, schliesslich sollen wir Menschen ja wachsen an Herz und Verstand. Nur ist die Methode, die gemeinhin angewendet wird, völlig falsch. Wir gehen nämlich hin und unterdrücken, quälen und töten. Anstatt aufzubauen und dadurch zu überwinden.

Sie möchten es konkreter wissen? Ja, mache ich gerne. Wenn Sie sich schon darauf eingelassen haben, das so minenreiche Gebiet der eigenen Seele auszuforschen, dann will ich auch gerne erste konkrete Hilfestellung geben. Kehren wir nochmals zurück zur Sekretärin, die ihren Mann verloren hat. Die erhaltenen Ratschläge «Reissen Sie sich zusammen», «Stürzen Sie sich in Arbeit und vergessen Sie» helfen nichts. Das Gefühl der Trauer wird dadurch nur unterdrückt, abgemurkst, abgetötet. Es ist ein Verstoss gegen das Leben. Genau wie Tierquälerei auch. Aber es passiert doch nur in Gedanken, mögen Sie einwenden. Nun, sind denn die Gedanken nicht Teil Ihres Lebens? Versuchen Sie einmal, ohne Gedanken zu leben. Sie werden keine einzige Minute durchhalten. Sie sind da, kommen und gehen, strömen ein und aus. Und nur mit langjährigem, intensivem Training kann ich einen gedankenleeren Raum schaffen. Unter anderem ist dies das Ziel der Meditation. Aber da bin ich jetzt etwas abgeschweift. Kehren wir also nochmals zur Trauer zurück. Sie ist nun einmal da. Sie ist ein Teil des derzeitigen Lebens der Sekretärin. Die Trauer hat jetzt eine sehr grosse Bedeutung für sie. Wird sie abgemurkst, dann sinkt sie ins Unterbewusstsein. Man kann auch sagen, in die Seele. Oder ins innerste Wesen. Und hier beginnt sie, das eigene Wesen zu verändern. Sie ist wie Salzsäure, die sich langsam in mein Innerstes, in meinen Edelstein einfrisst. Und taucht immer wieder auf: «Warum gerade ich», «Was habe ich verbrochen, dass es ausgerechnet mir passiert», «hätte ich ihn doch zurückgehalten», «geschieht mir nur recht, ich bin ohnehin ein ausgemachter Pechvogel», «das Schicksal meint es immer nur schlecht mit mir» und viele solcher Gedanken mehr. Sehen Sie, wie dieses Gift langsam Ihr innerstes Wesen zerstört? Sie laufen Gefahr, das Leben nur noch negativ zu sehen. Sie werden verbittert, laufen täglich mit einer Leichenbittermiene herum, und das nächste, was passiert, ist, dass Sie krank werden. Das nicht ausgelebte Gefühl bricht sich Bahn. Ob Sie das wollen oder nicht, spielt keine Rolle. Ob Sie sich verstandesmässig und logisch dagegen wehren, ist völlig gleichgültig. Das Gefühl, wie überhaupt generell das emotionale Leben, übersteuert und gewinnt immer.

Was also ist zu tun? Nachgeben. Unvorstellbar, nicht wahr? Wir sind so auf Sieg, auf Durchsetzen, auf Ellbogen, auf Behaupten und Beweisen trainiert, dass

Nachgeben ganz ungeheuerlich klingt. Aber es ist der einzige Weg. Warum machen wir es nicht wie heute noch viele Naturvölker? Geben wir uns der Trauer hin! Leben wir sie aus. Weinen, schreien, klagen wir. Bis unsere Seele genug geweint und geklagt hat. Dann kann sie langsam zur Frage kommen, die beantwortet werden muss: Was sagt mir die Trauer? Jetzt, da ich sie in mein Leben aufgenommen, akzeptiert habe, kann ich auch fragen, was ich daraus lernen kann. Kann sich die Trauer in Freude verwandeln?

Nein, ich werde mich sicherlich nie darüber freuen, dass ich einen lieben Menschen verloren habe, aber ich habe etwas erlebt, was ich sonst nicht erlebt hätte: Ich habe Gefühle, intensivste, tiefste, rein subjektiv wertvolle Gefühle gehabt. Ich bin hinabgestiegen in tiefe Trauer, in Finsternis, in Elend und Not, aber ich bin auch wieder herausgekommen. Ich lebe, und ich bin sehr dankbar dafür, dass ich lebe. Schritt für Schritt finde ich zu mir selbst. Lerne, mich so zu akzeptieren, wie ich bin. Und ich beginne, mich selbst zu lieben. Das wiederum ist die Grundvoraussetzung dafür, dass ich anderes Leben achten, ja sogar lieben kann. Und somit ändert sich mein ganzer Gesichtswinkel: Ich sehe die Notwendigkeit, mein Leben und damit auch alles andere Leben auf diesem Planeten zu schützen, zu erhalten und zu lieben. Wie durch Zauberhand bin ich durch dieses schmerzliche Erlebnis zu einer viel grösseren, umfassenderen und wertvolleren Erkenntnis gekommen: Dem allein bestimmenden Faktor unserer Welt: Der Liebe.

Mit anderen Worten: Gefühle zu haben ist weder ungewöhnlich noch ein Grund sich dafür zu schämen. Warum auch? Sie sind rein menschlich. Und sehr, sehr wertvoll. Wann endlich werden wir aufhören, sie zu unterdrücken, verstecken oder zu verheimlichen?

Das wertvollste am Menschen

Nein, nicht alle Gefühle und Emotionen sind positiv. Genau betrachtet gibt es sogar eine lange Liste von negativen bis sehr widerlichen Dingen. Angefangen von Neid, Eifersucht, Wut, Hass über Angst, Sorgen, Probleme bis hin zu Aggressionen, die letztlich sogar zu Mord führen können. Nein, wirklich: im Menschen, da ist nicht alles eitel Sonnenschein.

Trotzdem bleibe ich dabei: Die Emotionen und Gefühle sind das wirklich Positivste und Beste, was wir Menschen haben. Betrachtet man nämlich die negativen Charaktereigenschaften, wird sofort klar, dass sich viele davon nur deshalb entwickeln, weil wir uns falsche Ziele setzen.

Nehmen wir als Beispiel den Neid. Viele sagen ja, der Neid sei der älteste Liechtensteiner / Deutsche / Schweizer / ... Neid ist allüberall weitverbreitet. Und ich bin meilenweit davon entfernt, ihn als gut zu bezeichnen. Aber wir wollten ja der

Frage nachgehen, weshalb er überhaupt entsteht. Also: Er basiert doch auf unserer Weltanschauung, die da lautet: «Haste was, so biste was.» Wenn ich in dieser Gesinnung realisiere, dass ich nichts oder zumindest weniger habe als mein Nachbar, dann, ja was wohl? Genau: Ich neide ihm seinen Reichtum. Sehen Sie? Würde nicht der Besitz als das Erstrebenswerteste auf dieser Welt angesehen, dann gäbe es keinen Grund zum Neid. Er würde gar nicht erst aufkommen. Also ist unser Denken verkorkst.

Ist es, und wie! Sehen wir uns ein Beispiel an. Viele Menschen streben nach Reichtum. Einige sind sogar bereit, dafür gegen das Urprinzip (Erhaltung und Förderung des Lebens) zu verstossen. Man muss sich das einmal vorstellen! Sie schätzen den eigenen Reichtum höher und wertvoller ein als das Leben. Völlig schizophren, finden Sie nicht auch? Leider ist es trotzdem Tatsache. Und es ist nicht etwa gesetzwidrig, nein, es steht (meist) im Einklang mit dem geltenden Recht. Sollte am Ende hier das Grundübel liegen? Und ob! Unser System ist falsch gepolt. Wir sanktionieren Verstösse gegen das Leben. Tiere beispielsweise gelten in der Gesetzgebung als tote Materie, als Dinge! Alles, was heute z.B. durch Tierschützer oder Greenpeace getan wird, ist wie ein Tropfen auf einen heissen Stein. Es ist Flickwerk, denn niemand geht gegen die verlogene, falsche und brisant gefährlich falsche Logik an: Wir können nicht länger die Augen schliessen, die Erde zerstören und ausbeuten, die Menschen knechten und emotional ausnützen: Wir müssen so rasch als irgend möglich zu einer neuen Moral finden. Für mich heisst sie: Die totale, umfassende, unumstössliche Achtung vor dem Leben.

Unsere menschliche Natur ist auf diese neue Moral bestens vorbereitet. Und zwar, seit es uns Menschen gibt auf dieser Welt. Wir alle sind mit dem schlechten Gewissen ausgerüstet. Viele von uns haben es verloren oder kaltgestellt, wie die ganze übrige Gefühlswelt auch. Trotzdem besteht es nach wie vor. Denn alle Gefühle sind auf das Leben gerichtet. Oder können Sie sich völlig kalt und emotionslos Bilder von quälerischen Tiertransporten ansehen? Wenn die zu Tode erschöpften Tiere am Schluss der Reise einfach – lebendigen Leibes wohlverstanden – an einen Fleischerhaken gehängt werden und mit dem Kran hochgezogen werden? Lässt Sie das kalt? Was tun wir dagegen? Ja, wir regen uns ein wenig auf, die Tierschützer machen Lärm, der Staat setzt den leider oft gebisslosen Gesetzestiger ein, und dann gehen wir über zur Tagesordnung. Am nächsten Tag hat die Presse das Interesse verloren. Es war eine Meldung unter anderen. Unsere Zivilisation hat es weit gebracht, wirklich. Schande über uns Menschen.

Warum schiessen wir nicht endlich die ganze verlogene Objektivität und Logik auf den Mond und stehen zu dem, was wir sind: Emotionale, lebendige Wesen. Die mitfühlen und mitleiden, wenn irgendwo auf dieser Welt etwas passiert, das sich gegen das allgegenwärtige Leben richtet. Wann endlich werden wir das Leben als wichtig, würdig, erhaltenswert einschätzen? Wann werden wir uns aufraffen, dafür auch einzustehen?

Vielleicht denken Sie jetzt, die ganze Wirtschaft, ja unsere ganze Gesellschaft würde zusammenbrechen, wenn jedermann so denken würde wie ich. Das glaube ich nicht. Diese Behauptung wird zwar sicherlich viele zustimmende Experten finden, aber sie ist und bleibt falsch. Horchen Sie doch einfach in sich hinein. Da finden Sie die Antwort. Im übrigen habe ich gezeigt, dass jeder Mensch, folgt er seiner inneren Stimme, viel mehr leisten kann, als wenn er die herkömmlichen, ausgetretenen Wege der Logik und des Verstandes geht. Und das sollte doch jedermann überzeugen. Zumindest alle jene, die aus der menschlichen Arbeit Nutzen zu ziehen versuchen – also vorrangig die Wirtschaft und deren Manager.

Literaturverzeichnis

Berne Eric, Dr. med., **Spiele der Erwachsenen,** Rowohlt Taschenbuch, Hamburg, 1970

Harris Thomas A., **Ich bin o.k., Du bist o.k.,** Rowohlt Verlag, Hamburg

Lanz Arnold H., **Erfolg trotz Krise,** Cosmos Verlag, Bern, 1998

Lanz Arnold H., **Erfolg und Vitalität mit den Fünf «Tibetern»,** Integral Verlag München, 1998

Lexikon Institut Bertelsmann, **Lexikon der Psychologie,** Gütersloh 1995

Lindemann Hannes, **Überleben im Stress,** Wilhelm Heyne Verlag, München, 1985

Murphy Joseph, Dr., **Die Gesetze des Denkens und Glaubens,** Ariston Verlag, Genf

Peale, Norman Vincent, **So hilft positive Phantasie,** Leonis Verlag, Zürich, 1984

Ponder Catherine, **Die Dynamischen Gesetze des Reichtums,** Goldmann Verlag, 1980

Robert Musil, **Psychologische Bilder der österreichischen Gesellschaft**

Stangl Anton, **Die vergessene Welt der Gefühle,** Econ Verlag, Düsseldorf, 1995

Buchprogramm & Anzeigen

SmartBooks im Internet

Einen stetig aktualisierten Überblick über unser gesamtes Buchprogramm inklusive aller Neuerscheinungen finden Sie auf unserer Homepage unter **http://www.smartbooks.ch** und unter **http://www.netzmarkt.de/smartbooks**

Schauen Sie mal vorbei!

Produktiver mit System 8 – so wird's gemacht

Aus der Feder von Bestseller-Autor Thomas Maschke: Das grosse Buch zum grossen Wurf von Apple. Der Autor hat intensiv recherchiert und zeigt den Lesern, wie sie das System von der ersten Minute an perfekt nutzen. Schritt für Schritt führt er die Anwender durch Installation und Anpassung zum perfekten Einsatz, so dass sie sofort produktiv sind. Was ist neu, was ist besser? Maschke verrät haufenweise Tips und Tricks (vor allem solche, die nicht im Handbuch stehen), erklärt den Umgang mit den Schlüsseltechnologien und zeigt Modifikationsmöglichkeiten auf.

Autor: Thomas Maschke
224 Seiten • ISBN: 3-908488-41-9
sFr. 45.–/DM 49.–/ÖS 358.–

Jeder Mac ist eine kleine Multimedia-Maschine!

Dieses Buch zeigt jedem Macintosh-Benutzer, wie er die inneren Fähigkeiten seines Mac ausschöpft und mit wenig Aufwand die Multimedia-Fähigkeiten seines Rechners nutzt. Zum Vergnügen ebenso wie für ernsthafte Projekte.
Auf der beiliegenden CD-ROM finden Sie die besten und wichtigsten Programme und Utilities, die Sie in die Lage versetzen, Audio, Video, Bilder und QuickTime-Movies zu erstellen, zu bearbeiten und in Ihre Projekte einzubinden.

Autor: Thomas Maschke
336 Seiten mit CD-ROM
ISBN: 3-908488-08-7 • sFr. 75.–/DM 79.–/ÖS 577.–

SMARTBOOKS • VERLAGSPROGRAMM

Das Grundlagenbuch zu FileMaker Pro 4

Das Powertrio zum neuen FileMaker Pro 4

Das Grundlagenbuch zu FileMaker Pro 4
Nicolaus Busch, Mara Busch & Dr. Christopher Busch
368 Seiten, mit CD-ROM für Macintosh und Windows
ISBN 3-908488-45-1 • sFr. 65.–/DM 69.–/ÖS 504.–

Das Profibuch zu FileMaker Pro 4
Dr. Christopher Busch
448 Seiten
Mit CD-ROM (Macintosh & Windows)
ISBN 3-908488-44-3
sFr. 75.–/DM 79.–/ÖS 577.–

Die besten Tips und Tricks zu FileMaker Pro
Klaus Kegebein
224 Seiten
Mit CD-ROM (Mac&Win)
ISBN 3-908489-01-6
sFr. 65.–/DM 69.–/ÖS 504.–

FileMaker Pro 3-Standardwerke

FileMaker Pro 3 für den Macintosh/für Windows 95
Klaus & Marcel Zellweger

Macintosh-Version
416 Seiten, mit CD-ROM
ISBN 3-908488-07-9
sFr. 65.–/DM 69.–/ÖS 504.–

Windows-95-Version
400 Seiten, mit CD-ROM
ISBN 3-908488-11-7
sFr. 65.–/DM 69.–/ÖS 504.–

Das Profibuch zu FileMaker Pro 3
Dr. Christopher Busch
440 Seiten
Mit CD-ROM
(Macintosh & Windows)
ISBN 3-908488-13-3
sFr. 75.–
DM 79.–
ÖS 577.–

LERNEN • SPASS HABEN • WEITERKOMMEN!

VERLAGSPROGRAMM • SMARTBOOKS

Erfolgreiche Präsenz im Internet
Machen Sie Ihre Homepage zum Hit!

2. aktualisierte Auflage

Dabeisein ist im Internet längst nicht mehr alles. Heute konkurrieren Millionen von Webseiten um die Gunst der Surfer – warum sollten diese also ausgerechnet bei Ihnen hereinklicken? Dieses Buch verrät es Ihnen! Es zeigt Ihnen eine integrierte Strategie, mit der Sie Ihre Website zum Erfolg führen. Sie lernen, wie Sie die Surfer dieser Welt zu zufriedenen Stammgästen machen, die immer wieder gerne hereinschauen. Von den Tips und Tricks dieses Buchs profitieren Sie immer wieder – egal, ob Sie zum ersten Mal eine Internet-Präsenz aufbauen oder einer bestehenden zum Durchbruch verhelfen wollen. Umfangreiche Checklisten machen dieses SmartBook zum optimalen Begleiter.

Highlights
- Ziele und Möglichkeiten einer Präsenz im Internet
- Überblick Veröffentlichungsmöglichkeiten für Webseiten
- Beispiele erfolgreicher Unternehmenspräsenzen im Internet
- Layouttricks mit Tables und Frames
- Innovative Möglichkeiten zur Leserbindung
- Effektive Werbung für Ihre Site
- Erfolgskontrolle mit Hilfe von Serverlogs

Autorin: Petra Vogt • 288 Seiten mit CD-ROM für Windows und Mac
ISBN: 3-908489-00-8 • sFr. 65.–/ DM 69.–/ÖS 504.–

WebDesign in der Praxis
Was macht den Besuch meiner Webseite zum angenehmen Erlebnis? Welchen echten Nutzen biete ich potentiellen Kunden? Mit Tips zur Planung und Strukturierung von Inhalten, Strategien zur visuellen Umsetzung und Ideen zur Interaktion zeigt dieses Buch anhand von Beispielen aus der Praxis Schritt für Schritt das Entstehen einer professionellen Website.

Autoren:
Olivier Heitz, Christof Täschler, Claudia Blum
Mit CD-ROM (inkl. Vollversion Claris HomePage)
ISBN: 3-908488-27-3 (durchgehend vierfarbig)
sFr. 63.–/DM 69.–/ÖS 504.–

Mit dem Macintosh ins Internet

Dieses SmartBook nimmt den Internet-Neuling an die Hand und führt ihn Schritt für Schritt in die aufregende Welt des Internets hinein. Alle Fragen werden leichtverständlich erklärt und Klippen gemeinsam umschifft. Auf der CD ist alles, was Sie brauchen. So macht das Internet von der ersten Minute an Spass!

Autorin: Helga Kleisny • 240 Seiten mit CD-ROM
ISBN: 3-908488-36-2 • sFr. 55.–/DM 59.–/ÖS 431.–

Netscape Communicator 4 im Internet

Der «Communicator», Nachfolger des legendären «Netscape Navigator 3.0», das von Grund auf neue Online-Produkt, bildet ein Komplettpaket für alle Internet-Surfer und deckt damit rund 90% der täglichen Anwendungsgebiete vollständig ab.
Das erste deutschsprachige Standardwerk zur neuen Software schildert im Detail und leicht verständlich die Installation, Konfiguration und die Bedienung des Communicators und enthält viele Tips und Tricks aus der Praxis für die effektive Arbeit.
Ein Buch für den Einsteiger-Internauten ebenso wie für den Internet-Freak – mit garantiert hohem Nutzwert!

Autor: Oliver Pott •304 Seiten, mit CD-ROM für Windows und Macintosh
ISBN 3-908488-23-0 • sFr. 45.–/DM 49.–/ÖS 358.–

Microsoft Internet Explorer 4

Mit dem Internet Explorer 4 knüpft Microsoft an den grossen Erfolg der Vorgängerversion 3.0 an. Die nächsten Windows-Versionen werden serienmässig mit dem Explorer 4 ausgeliefert; als Vollprodukt ist der Explorer jedoch auch kostenlos im Internet erhältlich.
Das SmartBook zur Software befasst sich mit der Konfiguration und Bedienung des Explorers und nennt Tips und Tricks aus der Praxis. Der Leser erhält ausserdem eine leicht verständliche Einführung in die Funktion und Struktur des Internets und zahlreiche weitere Informationen.
Die CD-ROM enthält aktuelle Software zur Verwendung unter Windows 95 und Windows NT 4.0, die eine optimale Nutzung des Internets ermöglichen.

Autoren: Oliver Pott und Gunter Wielage • 272 Seiten, mit CD-ROM
ISBN: 3-908488-24-9 • sFr. 55.–/DM 59.–/ÖS 431.–

Surfen im Internet — 2. aktualisierte Auflage
Die Faszination, die vom Internet ausgeht, liegt nicht in den Bits und Bytes, sondern in den schier unbegrenzten Möglichkeiten des neuen Mediums und in den damit verbundenen Geschichten.
«Surfen im Internet» erzählt diese Stories des Internets und zeigt dabei anschaulich, wie sich das World Wide Web benutzen lässt. Es entführt die Leser in die unendlichen Weiten des World Wide Webs und macht sie mit den Menschen der virtuellen Welt bekannt.
«Surfen im Internet» verknüpft die Anekdoten um das Netz auf unterhaltsame Weise mit Tips und interessanten Netz-Adressen und ist damit Reiseführer und Handbuch zugleich.

Autor: Matthias W. Zehnder • 368 Seiten mit CD-ROM für Windows und Mac
ISBN: 3-908488-05-2 • sFr. 65.–/DM 69.–/ÖS 504.–
Besuchen Sie uns im Internet! http://www.smartbooks.ch

Webphoning & Netfax – weltweite Kommunikation zum Ortstarif
2. überarbeitete und erweiterte Auflage
Die Alternative zum Telekom-Monopol «Sprachvermittlung»! Wer im Internet surft, kann auch damit telefonieren – zu massiv niedrigeren Kosten! Die benötigte Hardware ist preiswert und oft bereits vorhanden; die Webphoning-Software liegt diesem Buch bei.
Das SmartBook «Webphoning» führt auch technisch nicht vorgebildete Leser Schritt für Schritt in die Geheimnisse ein und hilft bei Einrichtung, Konfiguration und Nutzung eines funktionsfähigen Webphoning-Systems über Internet-Faxen bis hin zu Videoconferencing. Die beigelegte CD-ROM enthält viel aktuelle Webphoning-Software für Macintosh und Windows.

Autor: Oliver Pott • 176 Seiten mit CD-ROM für Windows und Macintosh
ISBN 3-908488-37-0 • sFr. 55.–/DM 59.–/ÖS 431.–

Akte Internet – 250 Seiten, die es gar nicht geben dürfte…
Aus den Akten der Internet-Abenteurer Oliver Pott und Gunter Wielage: Skurrile, mysteriöse, ausgeflippte, unerklärliche, irrsinnige und witzige Seiten, die Sie mit keiner Suchmaschine so einfach finden!
Schnallen Sie sich an und lehnen Sie sich entspannt zurück! Wir laden Sie ein zu einer zugleich faszinierenden, begeisternden, spannenden, bunten, skurrilen und kuriosen Rundfahrt durch das Mega-Medium der Zukunft und Gegenwart.

Autoren: Oliver Pott und Gunter Wielage • 160 Seiten
ISBN: 3-908488-42-7 • sFr. 18.–/DM 19.–/ÖS 141.–

SMARTBOOKS • VERLAGSPROGRAMM

Sehnsucht Internet
Sucht und Sehnsucht, Liebe und Leid – ein intimer Internetkurs mit Gaby

Ein «erotisch-lebendiger» Roman, der auf einer wahren Begebenheit beruht: Eine Frau wird zufällig auf das für sie neue Medium Internet aufmerksam und taucht von da an fasziniert in die Welt der modernen Kommunikation ein. Sie lässt sich auf waghalsige amouröse Abenteuer ein und steckt mit ihrer Begeisterung auch bisher internet-unerfahrene Leser an. Ein Glossar und eine Kurzanleitung erleichtern den Einstieg. Während die Leser mit Gaby, Peter und ihren Online-Freunden mitfiebern, lernen sie gleichzeitig auf unterhaltsame Weise, sich des Internets und der Online-Dienste zu bedienen. Ein Glossar und eine Einführung für Einsteiger im Anhang des Buches laden die Leser ein, sich direkt zu Gaby in die Wunderwelt von Gesprächsforen, Konferenzen und Internet zu begeben.

Autorin: Gabriele Farke • 224 Seiten • ISBN: 3-908489-12-1 • sFr. 28.– / DM 29.– / ÖS 212.–

SmartBooks Intranet-Bibel

Neben technischen Konzepten und in der Praxis verwendbaren Lösungen legt der Autor grossen Wert auf die direkte Anwendbarkeit der vorgestellten Anwendungen in der Firmenkommunikation und löst sich damit von der reinen Technik.
Unverzichtbar für Technik- und Intranet-Profis ebenso wie für Manager und Geschäftsführer von Unternehmen, die Intranets einsetzen möchten.

Autor: Oliver Pott • mit CD-ROM (Mac & Windows)
ISBN: 3-908488-22-12 • sFr. 75.– / DM 79.– / ÖS 577.–

SmartBooks Computer-Lexikon

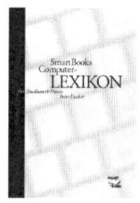

Entmystifizierte Computer-Terminologie! Adressbus und Callback, Disassembler, Firewall, Intranet und Overdrive, Pipeline, SCSI, TCP/IP und WWW: Das Dickicht der Fachbegriffe in der Computerwelt wird jetzt gelichtet!
In mehr als 2500 Definitionen führt Peter Fischer – seit 1986 als Lexikon-Autor erfolgreich – seine Leserinnen und Leser heran an die verwirrende Fülle deutscher und englischer Fachbegriffe der Informatik und Telekommunikation.
Berücksichtigt sind Fachwörter aus der Hardware-Technik, Entwicklung und Anwendung über alle Computer-Plattformen. Die Definitionen sind kurz und prägnant, Querverweise helfen beim Einordnen eines Wortes in sein begriffliches Umfeld.

Autor: Peter Fischer • Taschenbuchausgabe, 288 S.
ISBN 3-908488-14-1 • sFr. 23.– / DM 24.90 / ÖS 182.–

1000 Fragen & Antworten – das grosse Werk der PC-Allgemeinbildung

Warum – weshalb – wieso? Tausend Fragen drängen sich bei der Arbeit mit dem Computer auf – ebensoviele Antworten gibt dieses SmartBook. Das grosse Nachschlagewerk der PC-Allgemeinbildung lässt die Anwender nicht allein auf der Suche nach Lösungen. Kompetente Auskünfte und allgemeinverständlicher Schreibstil machen das Buch mit den tausend Fragen und Antworten zum unentbehrlichen Weggefährten durch die manchmal unlogischen Wirrnisse der Datenverarbeitung.

Autor: Oliver Rosenbaum • 864 Seiten
ISBN: 3-908488-20-6 • sFr. 55.– / DM 59.– / ÖS 431.–

LERNEN • SPASS HABEN • WEITERKOMMEN!

Willkommen zu Macintosh!
Dies ist nicht nur der perfekte Einstieg in die Welt des Macintosh, sondern zugleich ein Muss für alle, die mehr über ihren Lieblingscomputer wissen möchten. Es ist nicht nur Nachschlagewerk, sondern um ein leichtverständlicher, lockerer und unterhaltsamer Begleiter für die erste Zeit. Auch wenn Sie sich bereits ein wenig auskennen, wird «Willkommen zu Macintosh» Ihr Wissen erweitern, offene Fragen beantworten und Sie auf neue Ideen und Arbeitstechniken bringen.
Jede Seite enthält wertvolle Informationen und erklärende Illustrationen – und auf der CD-ROM finden Sie viele Schriften, Bilder und Töne!

Autor: Max Schlapfer • 400 Seiten mit CD-ROM
ISBN: 3-908488-09-5 • sFr. 65.–/DM 69.–/ÖS 504.–

Erste Hilfe für den Macintosh · 4. aktualisierte & überarbeitete Auflage
Was unterscheidet den Profi vom Amateur? Woran liegt es, dass sich die einen Anwender selbst helfen können, während andere auf Hilfe von aussen angewiesen sind? Mit «Erste Hilfe für den Macintosh» wird jeder Anwender zum Profi. Viele Listen zu immer wieder auftauchenden Problemen und vor allem umfassende Grundlagen machen dieses Buch so wertvoll!
Ob es nun um die Festplatte, das Betriebssystem oder um Viren geht – «Erste Hilfe für den Macintosh» vermittelt auf leichtverständliche und kompetente Art scheinbar komplexe Zusammenhänge. Dieses Buch ist innert kürzester Zeit zu einem Bestseller geworden.

Autor: Thomas Maschke • 736 Seiten mit CD-ROM
ISBN: 3-908488-31-1 • sFr. 78.–/DM 89.–/ÖS 650.–

1500 Tips & Tricks für den Macintosh
· 3. aktualisierte & überarbeitete Auflage
Dies ist die geballteste Ladung an Tips, die je für den Macintosh erschienen ist! Seite um Seite reihen sich nützliche Kleinigkeiten aneinander und führen zu massiven Arbeits- und Zeiteinsparungen. Über 100 Seiten widmen sich allein dem System und dem Finder. Dazu kommen themenspezifische Tips zu Textverarbeitung und Desktop Publishing.
Ausserdem haben wir für Sie die besten Kniffs für populäre Programme wie Word, ClarisWorks, FileMaker, PageMaker und viele mehr zusammengetragen!
Die Standardlektüre für alle Anwender!

Autor: Thomas Maschke • 688 Seiten mit CD-ROM
ISBN: 3-908488-32-X • sFr. 78.–/DM 89.–/ÖS 650.–

ClarisWorks Office 5 für Macintosh und Windows

Eines für alles! Mit ClarisWorks Office 5 auf dem Rechner gibt es keinen Grund mehr, andere teure Software anzuschaffen und mühsam zu erlernen. Das integrierte Paket schreibt wie ein Grosses, zeichnet und malt mit Pinsel, Formen und Effekten, rechnet wie ein Mathematiker und verwaltet Datenbanken für jeden Zweck. Und das in einer Weise, die keine Vorkenntnisse verlangt.

Das Buch bietet eine fundierte Einführung, beschreibt die Installation und Fehlerbehebung und zeigt Ihnen dann anhand vieler Beispiele und Tricks, wie Sie aus jedem Modul das Maximum herausholen! Auf der beiliegenden CD-ROM finden Sie die besprochenen Beispiele und Vorlagen wieder.   **Autor: Martin Kämpfen • 288 Seiten mit CD-ROM (Mac/Win)**
ISBN: 3-908488-15-X • sFr. 55.–/DM 59.–/ÖS 431.–

Claris Works 4 für den Macintosh

Keine andere Integrierte Software bietet eine so nahtlose Verschmelzung der einzelnen Module wie ClarisWorks 4! Was immer Ihr Herz begehrt – das SmartBook «ClarisWorks 4 für den Macintosh» macht Sie fit für die Praxis! Umfangreiche Beispiele und sofort nachvollziehbare Übungen führen Sie Schritt für Schritt in die Feinheiten dieser Wundersoftware ein. Dutzende von Schritt-für-Schritt-Anleitungen – für den schnellen und sicheren Einstieg!

Autor: Martin Kämpfen • 336 Seiten mit CD-ROM
ISBN: 3-908488-16-8 • sFr. 55.–/DM 59.–/ÖS 431.–

Excel 5 für den Macintosh

Im SmartBook «Excel 5 für den Macintosh» setzt der Autor seine langjährige Erfahrung als Kursleiter um. In über 200 Abbildungen und leichtverständlichen Anleitungen zeigt er Ihnen Schritt für Schritt, wie Sie das meistbenutzte Tabellenkalkulationsprogramm auf dem Macintosh erfolgreich einsetzen. Dabei arbeiten Sie an alltäglichen Beispielen aus der Praxis: Kassabuch, Rechnungsformular, Arbeitszeitabrechnung, Adressverwaltung, Umsatzstatistik, Preiskalkulation. Theorie gibt's nur so viel wie nötig. Grundkenntnisse und -techniken stehen im Zentrum und werden angereichert mit vielen Tips und Tricks für schnelles, effizientes Arbeiten. Hier finden Sie alles, was Sie für den professionellen Einsatz von Excel 5 benötigen.

Autor: Roger Klein • 400 Seiten mit Diskette
ISBN: 3-908488-12-5 • sFr. 65.–/DM 69.–/ÖS 504.–

Kommunikation total mit dem Macintosh

Dank Apples Weitblick ist kein Computer für die Kommunikation besser geeignet als der Macintosh. Egal, ob es um E-Mail, Datenaustausch oder die Nutzung von Informationsquellen geht – «Kommunikation total mit dem Macintosh» bringt Sie weiter.

Das Buch enthält das Grundlagenwissen, das Sie für die Kontaktaufnahme mit dem Rest der Welt benötigen. Lernen Sie alles über: Modem, BTX, Videotext, CompuServe, Internet, E-Mail oder den Zusammenschluss von Netzwerken.

Autor: Peter Fischer • 360 Seiten mit CD-ROM
ISBN: 3-908488-06-0 • sFr. 65.–/DM 69.–/ÖS 504.–

Macintosh und Musik

Möchten Sie in die Welt der elektronischen Musik einsteigen oder sind Sie bereits ein gestandener Anwender? Hier finden Sie in einem Werk alle Themen, die für Sie wichtig sind. Ob Sie sich nun für MIDI-Standards, für Notationsprogramme oder Harddisk-Recording interessieren.

Dieses Werk vermittelt Ihnen praxisorientiertes Know-how und bietet nebst unzähligen Hintergrund-Informationen zudem Demoprogramme, hilfreiche Tips für die Anschaffung von Hard- und Software sowie alle wichtigen Sharewareprogramme. Der «sanfte Einstieg» in die Welt der Musiziererei mit dem Macintosh!

Autor: Kalli Gerhards • 360 Seiten mit CD-ROM
ISBN: 3-908488-04-4 • sFr. 65.–/DM 69.–/ÖS 504.–

Macintosh zu Hause

Erfahren Sie, wie Sie zu Hause ohne Mehrkosten eigene Multimedia-Produkte erstellen, wie Sie zu schon fast symbolischen Beträgen Ihre Softwaresammlung mit Profiprodukten ausbauen, wie Sie eigene Spiele gestalten und vieles mehr! Erst dieses Buch macht den Macintosh zu dem, was er eigentlich ist: Der beste Computer für den Heimbereich!

Auf der CD-ROM: Vollversion von ClarisImpact, viele Clip-Arts und Schriften. Dieses Buch ist ein Vielfaches seines Preises wert und sorgt dafür, dass Sie zu Hause und im Beruf mehr Spass und Freude an Ihrem Macintosh haben und dass Ihre Kinder sinnvoll in die Welt der Computer eingeführt werden!

Autor: Klaus Zellweger • 454 Seiten mit CD-ROM
ISBN: 3-908488-02-8 • sFr. 69.–/DM 79.–/ÖS 577.–

Macintosh im Kleinbetrieb

Dies ist der Wegweiser zu einer effizienten Computeranlage – holen Sie mit einem Minimum an Aufwand das Maximum heraus!

Sie erfahren hier, wie Sie Schritt für Schritt eine Anlage aufbauen, die nicht nur Ihrem Budget gerecht wird, sondern auch Fehlinvestitionen ausschliesst und an der Zukunft orientiert ist.

Autor: Gary Czychi • 424 Seiten mit CD-ROM
ISBN: 3-908488-03-6 • sFr. 69.–/DM 79.–/ÖS 577.–

Der Business-PC: Erfolgreicher Computer-Einsatz im Unternehmen

Auf leichtverständliche Weise wird dieses Buch Ihnen helfen, die richtigen Entscheidungen bei der Planung, Anschaffung oder der Erweiterung von betrieblicher Soft- und Hardware zu fällen.

Durch kompetente Entscheidungshilfen erfahren Sie, wie Sie das Beste für Ihr Geld bekommen und dabei den einen oder anderen Geldschein sparen. Workshops und Fallbeispiele machen den EDV-Einsatz im Betrieb nachvollziehbar. Firmengründer, die bei der Ausstattung ihres Betriebes mit EDV Rat suchen und sich vorab informieren möchten, werden dieses Buch genauso zu schätzen wissen wie Betriebseigner, die im Begriff sind, ihre Firma mit Computern auszustatten oder die Computeranlage zu erweitern. **Autor: Norbert Salomon • 440 Seiten mit CD-ROM für Windows**
inkl. Vollversion ClarisWorks 4 und Virenscanner
ISBN: 3-908488-35-4 • sFr. 65.–/DM 69.–/ÖS 504.–

SMARTBOOKS · VERLAGSPROGRAMM

Der Jugoslawien-Krieg – Meine Wahrheit
Aus der Feder des amtierenden Premierministers von Slowenien und Präsidenten Jugoslawiens bis kurz vor Kriegsausbruch, der sein Volk aus den Wirren des Jugoslawien-Kriegs herausführte

«Mit diesem Buch möchte ich Antworten geben auf Fragen, die die Menschheit noch einige Zeit beschäftigen werden. Dieses Buch erklärt, wo und wie die Vision eines modernen und demokratischen Jugoslawien begraben wurde. Als Hauptakteur und privilegierter Zeuge dieser kapitalen Ereignisse bin ich verpflichtet, meinen Anteil zur Aufklärung zu leisten.» *Dr. Janez Drnovšek, amtierender Premierminister*
Autor: Dr. Janez Drnovšek • ISBN 3-907601-00-9 • sFr. 47.-/DM 49.-/ÖS 358.-

Erfolgreiches Selbst-Marketing
Nur derjenige wird sich auf dem Arbeitsmarkt durchsetzen können, der gutes Selbst-Marketing betreibt. Und: Selbst-Marketing auf dem Arbeitsmarkt ist heute Grundvoraussetzung, um überhaupt bestehen zu können, nicht nur als Arbeitsloser oder Stellensuchender, sondern bereits als Angestellter, der seine Stelle behalten will. In seinem Buch zeigt der Autor die Parallelen zwischen Produkte-Marketing und Selbst-Marketing auf und zeigt den Lesern mit vielen Beispielen und Checklisten, wie sie sich besser verkaufen können. **Autor: Flavian Kurth • 320 Seiten
ISBN: 3-908488-38-9 • sFr. 47.–/DM 49.–/ÖS 358.–**

In 7 Tagen zum Spitzenverkäufer
Bernhard P. Wirth bildet seit 8 Jahren in seinen Seminaren Verkäuferpersönlichkeiten bei grossen Unternehmen aus der Luftfahrt, dem Automobilbau und dem Bank-, Bauspar- und Versicherungswesen aus.
Er lässt Sie verstehen, was sich in Verkäufer und Käufer abspielt und wie Sie mit diesem Wissen zu Erfolg gelangen. Viele Grafiken und Checklisten machen das Buch zum Begleiter auf Ihrem Weg zum glücklichen Verkäufer. Ein Weg, der über 7 Stufen führt, von denen jede in einem Tag zu nehmen ist. **Autor: Bernhard P. Wirth • 288 Seiten
ISBN: 3-908488-30-3 • sFr. 47.–/DM 49.–/ÖS 358.–**

Heile Dich selbst – sonst heilt Dich keiner!
Über 500 Krankheitsbilder und ihre verschlüsselten Botschaften
Für Gesunde, Kranke und wieder Genesene, die den tieferen oder dahinterliegenden Sinn ihrer Krankheit oder Krisen erkennen und verstehen lernen möchten. Der Mensch kann aus seiner Krankheit lernen. Er kann lernen, was sein Körper als Lehrer – über den Umweg der Krankheit – ihm eigentlich sagen will. Der Mensch kann durch die Krankheitsbilder im Leben erkennen, welche Aufgaben er zu überwältigen hat und auf welchen weiteren Weg er sich begeben sollte. **Autor: Bernhard P. Wirth
288 Seiten • ISBN: 3-907601-01-7 • sFr. 47.–/DM 49.–/ÖS 358.–**

LERNEN · SPASS HABEN · WEITERKOMMEN!

Lesermeinung

Ihre Meinung ist uns wichtig!

Der Inhalt des Buchs «Das Schwarz-Weiss-Buch der Mitarbeiter-Motivation» ist
☐ ausgezeichnet ☐ gut ☐ genügend ☐ ungenügend ☐ unbrauchbar

Ich konnte das Wissen
☐ grösstenteils anwenden ☐ teilweise anwenden ☐ nicht anwenden

Die grafische Aufmachung und die Gestaltung sind
☐ ausgezeichnet ☐ gut ☐ genügend ☐ ungenügend ☐ unbrauchbar

Der Preis für das Buch ist
☐ zu hoch ☐ gerade richtig ☐ zu tief

Die Anschaffung hat sich
☐ gelohnt ☐ nicht gelohnt

Das hat mir sehr gut gefallen:
_____
_____

Das hat mir nicht gefallen:
_____
_____

Weitere Bemerkungen:
_____
_____

Ich wünsche mir weitere SmartBooks zu den Themen:
_____
_____

Vorname/Name: _____

Adresse: _____

PLZ/Ort: _____

Tel. tagsüber: _____ Fax: _____

☐ Ich möchte über das Buchprogramm in Zukunft automatisch informiert werden.

Bitte einsenden oder faxen an: SmartBooks Publishing AG • Seestrasse 182 • CH-8802 Kilchberg
Faxnummer aus der Schweiz: 01-716.14.25 • Aus Deutschland oder Österreich: 0041-1-716.14.25

SmartBooks bringen Sie weiter!

Index

A

Agitation *51*
Aktivbild *65, 70, 214*
Aktiver Draufgänger *145*
Almosenempfänger *24*
Altersvorsorge *99*
Anerkennung *91, 109, 114, 118*
Angestellter, erfolgreicher *156*
Antagonismus *150*
Antiautorität *17*
Apathie *150*
Arbeitskämpfe *66*
Arbeitsverunmöglichung *212*
Aufmerksamer Mitarbeiter *53*
Aufpasser *53*
Ausnahmen *39*
Autorität *14*

B

Bedürfnispyramide *97*
Bedürfnisse *89*
    Rangfolge *89*
Begeisterung *129*
Beherrschung der Gemütsbewegungen *136*
Beispiel, gutes *14*
Besserwisser *46, 53*
Bestechung *22*
Betriebsrat *21*
Betrüger *46*
Bezahlung, gute *114*
Bild, visionäres *65*

C

Charakterlich gefestigt *22*
Chauvinist *27*
Chef, erfolgreicher *157*
Coach *155*
Controlling *45*

D

Dealing at arm's length *163*
Demokratie *20*
Demotivieren *41*
Denken, positives *76*
Denkfaulheit *46*
Denunziant *53*
Depression *16, 41*
Desinformation *112*
Despot *27*
DIB-Modell *24*
Diktator *19*
Dominanz der Männer *18*
Draufgänger *145*
Duckmäuser *16*
Dynamischer Mitarbeiter *52*

E

Echtes Lob *117*
Egoist *27*
Einflussmöglichkeit *96*
Ellbogenmentalität *146*
Eminenz, graue *45, 54*
Emotionale
    Entwicklung *147*
    Erziehung *145*
    Forderungen *106*
    Intelligenz *137*
    Kompetenz *138*
    Motivation *108-109*
    Reife *150*
    Unreife *121*
    Wachstum *142*
    Weiterbildung *105*
Emotionen *135-157*
    negative *140*
    positive *142*
Emotions-Skala *150*
Enthusiasmus *130, 150*
Entwicklung, emotionale *147*
Erde, ihre Erhaltung *63*
Erfolgreiche Führungspersönlichkeit *154*
Erfolgreicher
    Angestellter *156*
    Chef *157*
Erhaltung der Erde *63*
Erziehung, emotionale *145*
Exception *39*
Extrovertiert *52, 145*

F

Faktoren (Motivation) *123*
Fehler *40, 93*
Feindseligkeit *150*
Feuer und Flamme *130*
Firmen-
    Knigge *105*
    Leitbild *60*
Flegel *18*
Forderungen, emotionale *106*
Frauenhasser *19*
Friedliebend *54*
Führungspersönlichkeit
    erfolgreiche *154*
    gefestigte *27*
Furcht *150*

G

Ganzheit *67*
Gefestigt, charakterlich *22*
Gefestigte Führungspersönlichkeit *27*
Gefühle *228 (s. auch Emotionen)*
Gefühllosigkeit *150*
Geist *69*
    ungefestigter *121*
Geistige Kräfte *140*
Geistiges Gebilde *66*
Gemütsbewegungen, Beherrschung *136*
Gesundheit
    psychische *57*
    Risiken *57*
Gleichheit, vor dem Gesetz *20*
Gram *150*
Graue
    Eminenz *45, 54*
    Maus *51*
Grundbedürfnisse *90, 97*

H

Harzburger Modell 23
Hierarchie 25, 167, 180
　(Information) 45
Hippokrates 136
Homo oeconomicus 23
Humutopia 2, 77

I

Ideal 202
Individualist 221
Information 110
　Hierarchie 45
　Politik 112
Innerbetriebliche
　Motivation 103
　　Weiterbildung 105
Innere Sehnsucht 32
Intelligenz 21
　emotionale 137
Interesse 128, 150
Introvertiert 145
Irrwege 56
ISO-Zertifizierung 42

J

Jeder Mensch ist gut 184

K

Klima, Betriebs- 84
Knigge, Firmen- 105
Kollegenkontakt 114
Kommunikation 110
　Bedürfnis 114
Kompetenz, emotionale 138
Kompromiss 22
Konkretisierung 76
Konservativismus 150
Kontakt mit Kollegen 114
Korruption 22
Kostenziele 33
Körper 69
Kräfte, seelisch-geistige 140
Kreativbilder 195
Kreativität 16, 21, 25, 56, 191
Kritik 92
Kultur 84
Kündigungen 100

L

Langeweile 150
Lärm 197
Leistungs
　-killer 41
　-prämien 114
Leitbild 30, 60, 201

Gruppenarbeit 112
Gunst 150
Gute Bezahlung 114

Lob 26, 91, 109, 117
　echtes 117
Lohn 98
Loyalität 50

M

Macher 17, 27, 52
Macht 120, 155
　-Kämpfe 90
　-Missbrauch 120
　-Spiele 22
Maloche 86
Management by…
　Exception 39
　Information and Communication 42
　Objectives 30
　Planning and Controlling 45
　Results 33
　System 42
Mangel an Verantwortung 22
Maslow 95, 97
Maus, graue 51
MbE 39
MbO 30
MbR 33
Mensch
　emotional unreifer 121
　guter 188
Menschenmaterial 24
Minimalisten 103
Missbrauch der Macht 120
Mitleid 58, 150
Mitteilungsbedürfnis 110
Mobbing 16, 26, 160
Monarchie 20
Motivation
　Faktoren 97, 123
　negative emotionale 108
　negative innerbetriebliche 103
　Pegel 127
　positive emotionale 109
　positive innerbetriebliche 104
　Stufenfolge 96
　Reize 132
Musil 150

N

Natürliche Ziele 63
Negative
　emotionale Motivation 108
　Emotionen 140
　innerbetriebliche Motivation 103
NPI-Modell 24
Nörgler 54

O

Objektivität 232
Oligarchie 20
Ordnungsprinzipien des Hippokrates 136
Organigramme 181
Organisationshandbuch 42

249

Index

P

Pascha 19
Passivrauchen 197
Patriarch 19
Pegel der Motivation 127
Personalvorsorge 100
Petzer 53
Planung und Kontrolle 45
Polizist 53
Positive
    emotionale Motivation 109
      Emotionen 142
      innerbetriebliche Motivation 104
Positives Denken 76
Prämien 114
Prämien für Leistung 114
Praxisbezogene Psychologie 31
Primus inter Pares 21, 154
Profilneurotiker 22, 27
Psychische Gesundheit 57
Psychologie, praxisbezogene 31
Pyramide, Bedürfnisse 97

R

Rangfolge der Bedürfnisse 89
Raubritter 35
Rauchen 197
Reife, emotionale 150
Reize, Motivation 132
Risiken für die Gesundheit 57
Roboter, seelenlose 46
Ruf, schlechter 11, 171
Rüpel 18

S

Schmerz 150
Schuldzuweisung 40
Seele 69
Seelenlose Roboter 46
Seelisch-geistige Kräfte 140
Seelisches Wachstum 57
Sehnsucht, innere 32
Selbst-
    Bestätigung 87
    Entfaltung 58
    Herrlichkeit 54
    Mitleid 58
    Sicherheit 58
SIB-Modell 24
Sicherheit 99, 101
Statussymbole 114
Strukturen 15
Stufenfolge der Motivation 96
Sturheit 44

T

Tadel 92
Team 25, 114
Tradition 162
Traurigkeit 150
Triebfeder 209
Türöffner 146

U

Übervater 20, 27
Ungefestigter Geist 121
Unreifer Mensch (emotional) 121
Unselbständigkeit 44, 174
Unternehmens-
    Körper 185
    Kultur 84, 189
    Leitbild 201
    Seele 187
    Vision 59
    Ziel 75, 199

V

Verantwortung, Mangel an 22
Verdrängte Vorstellungen 40
Vernunftbegabt 44
Versäumnisse der Eltern 105
Verstandesmensch 226
Vertrauen 180, 212
Verunmöglichung der Arbeit 212
Vision 59, 66, 75, 216
Visionäres Bild 65
Vorbild 105, 122, 154, 160
Vorgabe, Ziel 30
Vorschlagswesen 194
Vorsorge
    Alter 99
    Personal 100
Vorstellungen, verdrängte 40

W

Wachstum
    emotionales 142
    seelisches 57
Weiterbildung 101
    emotionale 105
    innerbetriebliche 105
Wertschätzung 116
Widerspruchsgeist 150
Wiedergutmacher 150
Wohlwollen des Vorgesetzten 20
Wunschdenken 76

Z

Zertifizierung, ISO 42
Ziele 30
    natürliche 63
Ziel
    Unternehmens- 75, 199
    -Setzung 60
    -Vereinbarung 30
    -Vorgabe 30
Zorn 150
Zurechtweisung 92
Zurückhaltender Charakter 145
Zwangslage 16